左常升 ◎ 主编

农垦国有农用地：
管理与利用研究

中国农业出版社
北 京

本书编委会

主　　　编　左常升

副　主　编　彭剑良　陈　晨

其他参编人员（按姓氏笔画排序）

于文轩　王卫真　王立法　冯瀚元

朱　安　刘　锐　刘俊杰　许　文

李文慧　庞玥坤　姜峻婷　顾庆康

高　海　崔　博　程俊霖　蒲思倩

前　　言

2015年，中共中央、国务院印发《关于进一步推进农垦改革发展的意见》（以下简称《意见》），明确指出：土地是农垦最重要的生产资料，是农垦存在与发展的基础。要从强化农业基础地位、切实保护国有土地资源、实现可持续发展的高度，深化农垦土地管理制度改革。2022年中央1号文件强调健全农垦国有农用地使用权管理制度。这些要求充分彰显了土地在农垦深化改革、加快发展、更好履行国家使命中的重要地位，为新时代新征程做好农垦土地管理与利用工作指明了方向。

《意见》印发以来，在自然资源等有关部门大力支持下，全国农垦聚焦用3年左右时间基本完成农垦国有农用地使用权确权登记发证、强化农垦土地保护与管理、创新农垦土地资产配置方式等中央文件明确提出的重点任务，积极开展工作，取得明显成效。同时，在推动国有农用地使用权入法、健全完善农垦土地管理制度等方面，持续组织有关专家团队开展研究，形成了一系列研究成果。在各方共同努力下，完善国有农用地权利体系、依法依规管好用好国有农用地、充分发挥其在保障国家粮食安全等方面的重要作用，已成为越来越多的部门、专家及农垦上下的共识。

当前，农垦在土地确权维权、耕地保护、国有农用地资产化资本化等方面还存在不少难点问题需要攻克。其中，既有国有农用地使用权作为一项用益物权缺乏明确法律规定、农垦土地管理制度不健全等客观原因，也有农垦管理部门土地管理职责不清晰、管理手段缺乏、管理能力偏弱等主观原因。解决这些问题，进一步提升农垦管好用好国有土地的水平，既是农垦企业做强做优做大的需要，更是农垦履行好国家赋予的农业国家队使命的要求。

2021年编印出版的《国有农用地：权利体系与农垦实践》一书，从法学、社会学、经济学角度，阐述了国有农用地管理与利用的基础理论，梳理了具体实践经验，提出了进一步健全完善国有农用地权利体系与农垦土地管理制度的建议。作为该书的姊妹篇，《农垦国有农用地：管理与利用研究》立足于近年来国有农用地相关研究成果以及各地创新农垦土地管理方式的实践经验，主要围绕推动国有农用地权利体系纳入法律体系、完善农垦国有土地管理制度等实践中反映出来的重点需求，统筹设计了本书的主要内容。**国有农用地权利制度部分**，重点对国有农用地权利制度及其运行实践进行了研究分析，在此基础上提出了完善国有农用地权利制度的意见建议；**农垦国有农用地管理部分**，重点梳理分析了农垦土地在确权登记、收回补偿等方面存在的难点问题，从强化农垦管理部门履职能力、履职方式等方面，提出了解决问题的思路建议；**农垦国有农用地处置利用部分**，重点总结分析了不同垦区有关国有农用地处置情况和处置效果，按照防范风险底线要求，提出了优化农垦国有农用地处置方式的意见建议，并就如何更好地引导金融和土地要素相结合、增强国有农用地资源融资能力等提出了相应的政策建议。

本书基于近年来的理论研究和实践探索，客观分析了农垦国有农用地管理和利用中存在的问题，且有针对性地提出了相关政策建议，希望引起社会各界对这一重要问题的关注，并为这方面的理论政策研究和具体工作提供借鉴。由于编者水平有限，书中内容难免有不妥之处，敬请广大读者批评指正。

编　者

2024 年 6 月 28 日

目　　录

第三部分　农垦国有农用地处置与利用

PART 1 | 第一部分

国有农用地权利制度

第一章 >>>

国有农用地权利制度及其
存在的问题

>>>

第一节　国有农用地权利制度概论

一、国有农用地基本情况

（一）我国土地的基本分类

我国的土地，以所有权归属为标准可分为国家所有（全民所有）土地和集体所有土地；以土地用途为标准，又可划分为农用地、建设用地和未利用地。若以所有权归属和土地用途两个标准分类，其结果即为六大类：国有农用地、国有建设用地、国有未利用地、集体农用地、集体建设用地和集体未利用地。国有农用地是指法律规定国家所有的用于农业生产的土地。1998 年《土地管理法》在将土地根据用途区分为农用地、建设用地和未利用地的基础上，进一步规定农用地是指直接用于农业生产的土地，包括耕地、林地、草地、农田水利用地、养殖水面等，建设用地是指建造建筑物、构筑物的土地，包括城乡住宅和公共设施用地、工矿用地、交通水利设施用地、旅游用地、军事设施用地等，未利用地是指农用地和建设用地以外的土地[①]。不过，需要指出的是，我国的土地利用分类近二十年来不断调整，因此，要准确理解我国不同时期的国有农用地范围及其状

---

① 参见 1998 年《土地管理法》第 4 条第 3 款。2019 年《土地管理法》修正未修改该条。

况，需要结合土地利用分类的变化情况。

（二）第一次全国土地调查时的国有农用地概况

第一次全国土地调查（统一时点为 1996 年 12 月 31 日，以下简称"一调"）将土地按用途划分为一级类型 8 类、二级类型 46 类。一级类型包括耕地、园地、林地、牧草地、居民点及工矿用地、交通用地、水域、未利用土地①。"一调"结果显示，全国国有土地面积 75.82 亿亩，占调查总面积的 53.17%。国有土地中，最多的是国有未利用地，面积为 28.15 亿亩，占国有土地总面积的 37.13%。属于国有农用地的耕地、林地、园地和牧草地分别为 1.16 亿亩、14.09 亿亩、0.17 亿亩、26.90 亿亩，4.36亿亩国有水域面积中部分为国有农用地。国有居民点及工矿用地 0.71 亿亩和交通用地 0.26 亿亩基本属于国有建设用地②。

（三）第二次全国土地调查时的国有农用地概况

第二次全国土地调查（统一时点为 2009 年 12 月 31 日，以下简称"二调"），以《土地利用现状分类》（GB/T 21010—2007）为基础。《土地利用现状分类》确定的土地一级分类共 12 类，分别是耕地、园地、林地、草地、商服用地、工矿仓储用地、住宅用地、公共管理与公共服务用地、特殊用地、交通运输用地、水域及水利设施用地、其他用地；土地二级分类包括水田、水浇地、旱地、果园、茶园等 56 类。中华人民共和国国土资源部、国务院第二次全国土地调查领导小组办公室编著的《中国土地资源与利用》一书对农用地的界定是：农用地是指直接用于农业生产的土地，包括耕地、园地、林地、农田水利地、养殖水面等，包含《土地利用现状分类》中的水田、水浇地、旱地、果园等 16 个二级类。"二调"结果显示，全国共有农用地 97.17 亿亩，占全国土地总面积的 68.34%；其中国有农用地 41.86 亿亩，占农用地总面积的 43.08%；集体农用地 55.31 亿亩，占农用地总面积的 56.92%。可以看出，我国农用地在三大类土地中占比较多，而且集体农用地比国有农用地的占比稍高③。"二调"结果还显示，全国国有土地面积 75.28 亿亩，占调查总面积的 52.95%。

---

① 参见李元主编，《中国土地资源》，中国大地出版社 2000 年版，第 102 - 104 页。
② 参见李元主编，《中国土地资源》，中国大地出版社 2000 年版，第 351 页。
③ 参见中华人民共和国国土资源部、国务院第二次全国土地调查领导小组办公室编著，《中国土地资源与利用》，地质出版社 2017 年版，第 224 页。

在国有土地中，草地 30.33 亿亩，占国有土地总面积的 40.29%；其他土地 21.59 亿亩，占国有土地总面积的 28.68%；林地 14.39 亿亩，占国有土地总面积的 19.12%；水域及水利设施用地 4.74 亿亩，占国有土地总面积的 6.30%；耕地面积约 2.16 亿亩，占国有土地总面积的 2.87%；城镇村及工矿用地面积 1.33 亿亩，占国有土地总面积的 1.77%；交通运输用地 0.49 亿亩，占国有土地总面积的 0.64%；园地 0.25 亿亩，占国有土地总面积的 0.33%[①]。

对比"一调""二调"国有土地数据，耕地、园地、林地、草地、城镇村及工矿用地、交通运输用地、水域及水利设施用地占全国国有土地总面积的比例都有增加，其中，草地占比增加最多，增加 4.81%，耕地增加 1.35%，园地增加 0.11%，林地增加 0.53%。比例减少的地类只有其他土地，减少比例为 8.45%[②]。需要说明的是，"一调"中的牧草地不包括"二调"中的其他草地，按照分类，其他草地属于未利用地范畴。"二调"数据显示，全国其他草地面积为 10.14 亿亩。

"二调"数据表明，各省（自治区、直辖市）三大地类权属结构中，国有农用地占该省（自治区、直辖市）农用地总面积的比例大于 70% 的是黑龙江、新疆、青海和西藏等省（自治区），其中新疆、青海和西藏 3 个省（自治区）的国有农用地分布比例高达 93.70%、97.67% 和 99.30%。国有农用地占比最少的是贵州省，比例为 1.71%[③]。

（四）第三次全国国土调查前后国有农用地概况

第三次全国国土调查（调查时点为 2019 年 12 月 31 日，以下简称"三调"），以 2017 年 11 月 1 日发布实施的《土地利用现状分类》（GB/T 21010—2017）（以下简称"2017 年国标分类"）为基础，2017 年国标分类将土地分为 12 个一级类型、73 个二级类型。其中农用地包括耕地（水田、水浇地、旱地）中的所有地类、园地（果园、茶园、橡胶园、其他园地）中的

---

① 参见中华人民共和国国土资源部、国务院第二次全国土地调查领导小组办公室编著，《中国土地资源与利用》，地质出版社 2017 年版，第 206 页。

② 参见中华人民共和国国土资源部、国务院第二次全国土地调查领导小组办公室编著，《中国土地资源与利用》，地质出版社 2017 年版，第 214 页。

③ 参见中华人民共和国国土资源部、国务院第二次全国土地调查领导小组办公室编著，《中国土地资源与利用》，地质出版社 2017 年版，第 224 页。

所有地类、林地（乔木林地、竹林地、红树林地、森林沼泽、灌木林地、灌丛沼泽、其他林地）中的所有地类、草地（天然牧草地、沼泽草地、人工牧草地、其他草地）中的前三类，以及交通运输用地（共 8 类）中的农村道路（指农村范围内，南方宽度≥1 米、≤8 米，北方宽度≥2 米、≤8 米，用于村间、田间交通运输，并在国家公路网络体系之外，以服务于农村、农业生产为主要用途的道路，含机耕道），水域及水利设施用地（共 10 类）中的水库水面、坑塘水面、沟渠，其他土地（共 7 类）中的设施农用地。《第三次全国国土调查工作分类》在 2017 年国标分类的基础上，进一步增设、细化、合并了一些分类，主要变化是将"湿地"列为一级地类，"湿地"之下又包括红树林地、森林沼泽、灌丛沼泽、沼泽草地、盐田、沿海滩涂、内陆滩涂、沼泽地 8 个二级地类，其中红树林地、森林沼泽、灌丛沼泽、沼泽草地属于农用地。

根据《国土资源统计年鉴》（2018），截至 2017 年 12 月 31 日，我国共有农用地 96.73 亿亩，其中耕地 20.23 亿亩、园地 2.13 亿亩、林地 37.92 亿亩、牧草地 32.90 亿亩、其他农用地 3.55 亿亩[1]。关于国有农用地的最新情况，已出版的第三次全国国土调查成果中，与"一调""二调"出版成果内容不同的是，并没有土地权属方面的统计数据。根据《国务院关于 2020 年度国有自然资源资产管理情况的专项报告》[2]，截至 2020 年底，全国国有土地总面积 78.50 亿亩。其中，国有建设用地 2.64 亿亩、国有耕地 2.94 亿亩、国有园地 0.36 亿亩、国有林地 16.93 亿亩、国有草地 29.60 亿亩、国有湿地 3.27 亿亩。截至 2022 年末，全国国有土地总面积 78.54 亿亩。其中，国有建设用地 2.73 亿亩、国有耕地 2.94 亿亩、国有园地 0.36 亿亩、国有林地 16.89 亿亩、国有草地 29.61 亿亩、国有湿地 3.26 亿亩[3]。以上土地类型中，国有耕地、园地、林地均为国有农用地，

---

① 参见中华人民共和国自然资源部编，《中国国土资源统计年鉴 2018》，中国地质出版社 2019 年版，第 3 页。

② 参见《国务院关于 2020 年度国有自然资源资产管理情况的专项报告——2021 年 10 月 21 日在第十三届全国人民代表大会常务委员会第三十一次会议上》，http://zcgls.mof.gov.cn/gyzcgzdt/202110/t20211027_3761421.htm，访问日期：2023 年 10 月 28 日。

③ 参见《国务院关于 2022 年度国有资产管理情况的综合报告——2023 年 10 月 21 日在第十四届全国人民代表大会常务委员会第六次会议上》，http://bgt.mof.gov.cn/zhuantilanmu/rdwyh/czyw/202311/t20231102_3914410.htm，访问日期：2023 年 11 月 1 日。

国有草地中的其他草地属于国有未利用地（"三调"显示全国其他草地共7.62亿亩，其中绝大多数为国有），国有湿地中的红树林地、森林沼泽、灌丛沼泽、沼泽草地属于国有农用地。另外，"三调"成果显示，农村道路0.71亿亩、设施农用地面积0.15亿亩[①]，这些农用地中部分属于国有农用地。

（五）国有农用地的主要利用部门

从利用国有土地的部门来看，"一调"数据显示：国有土地主要分布在农业部门，面积为26.41亿亩，主要为一些大型国有农场用地；林业部门的国有土地面积为9.26亿亩，主要是国有林场；水利部门的国有土地面积为1.92亿亩；交通部门的国有土地面积为0.26亿亩；工矿企业所用的国有土地面积为0.59亿亩；其他部门用地面积19.48亿亩[②]。具体就国有农用地的管理使用情况看，国有农用地又可区分为农垦（含新疆生产建设兵团）国有农用地、国有林场农用地、华侨农场农用地、劳改农场农用地等国有单位使用的国有农用地，以及国家所有交由农村集体的国有农用地。《2023中国农垦统计年鉴》显示，全国农垦（包括新疆生产建设兵团）土地总面积约5.28亿亩，其中耕地1.06亿亩、牧草地2.29亿亩、林地0.61亿亩[③]。

二、国有农用地权利制度建设进程

新中国的国有农用地权利制度建设发端于1950年《土地改革法》及其后的《城市郊区土地改革条例》，历次《宪法》及《森林法》《草原法》《土地管理法》《农村土地承包法》等单行法不断推进，基本成型于《物权法》，《民法典》亦有贡献。以下分阶段介绍。

（一）新中国成立后至改革开放之前

《土地改革法》适用于一般农村，根据该法，农村的土地除少量收归国有外，均分配给农民所有，包括山林、鱼塘、茶山、桐山、桑田、竹

---

① 参见中华人民共和国自然资源部、国务院第三次全国国土调查领导小组办公室编，《第三次全国国土调查数据报告》，地质出版社2023年版，第4-5页。
② 参见李元主编，《中国土地资源》，中国大地出版社2000年版，第356页。
③ 参见中华人民共和国农业农村部农垦局、中国农垦经济发展中心编，《2023中国农垦统计年鉴》，中国农业出版社2023年版，第132-133页。

林、果园、芦苇地、荒地及其他可分土地，但大森林、大水利工程、大荒山、大盐田和矿山及湖、沼、河、港等，均归国家所有。而之后出台的《城市郊区土地改革条例》，明确规定城市郊区所有没收和征收得来的农业土地，一律归国家所有，由市人民政府管理，连同国家在郊区所有的其他可分的农业土地，交由乡农民协会统一、公平合理地分配给无地少地的农民耕种使用。

1954 年《宪法》在《土地改革法》和《城市郊区土地改革条例》的基础上，在其第 6 条第 2 款中进一步规定，"矿藏、水流，由法律规定为国有的森林、荒地和其他资源，都属于全民所有"。1975 年和 1978 年《宪法》都有类似 1954 年《宪法》第 6 条第 2 款的规定。

（二）改革开放之后至《物权法》颁布

1979 年《森林法（试行）》依然延续以土地上的资源界定所有权的思路，规定森林资源包括林木、竹子和林地，以及林区范围内的植物和动物。该法规定森林属于全民所有和劳动群众集体所有，但人民公社社员在房前屋后和生产队指定的地方种植的树木归社员个人，机关、团体、部队、学校、厂矿、农场、牧场等单位在当地革命委员会指定的地方种植的林木归单位所有。这就意味着森林资源中，林地之上的林木、竹子及其他植物和动物，都可以在林地之外成立独立的所有权，哪怕是农民个人房前屋后的零星林木，也可以成立林木所有权。

1982 年《宪法》基本奠定了现行自然资源所有权制度的格局。根据《宪法》第 9 条和第 10 条，自然资源所有权主要包括矿藏、水流、森林、山岭、草原、荒地、滩涂等所有权，珍贵动物和植物所有权，城市、农村和城市郊区土地所有权等类型。可以说，1982 年《宪法》关于自然资源所有权的规定主要是对既有自然资源所有权法律规定的继承和拓展，除了以往法律已经规定的矿藏、水流、森林、荒地、野生动植物所有权及农村和城市郊区土地所有权外，增加规定山岭、草原、滩涂和城市土地所有权类型。

1982 年《宪法》之后，《森林法》《草原法》《土地管理法》《海域使用管理法》等自然资源单行法相继出台。1984 年颁布的《森林法》依然按照《森林法（试行）》和《宪法》根据自然资源类型界定森林资源所有权，但与《森林法（试行）》不同的是，《森林法》分别规定了森林、林木和林地三种所有权，并规定个人可以对林木享有所有权，对林地享有使用权。1985年《草原法》虽然规定草原包括草山和草地，但只规定了草原所有权一种所有权类型，这与《森林法》的规定明显不同。1986年《渔业法》规定了水面所有权和滩涂所有权。1986年颁布的《民法通则》将森林、山岭、草原、荒地、滩涂等与土地并列①，意味着土地并不包括林地、山岭、草地、荒地、滩涂等类型土地。1986年出台的《土地管理法》在《宪法》有关土地规定的基础上，增加规定宅基地和自留地、自留山，属于集体所有。同时规定全民所有制单位、集体所有制单位和个人依法使用的国有土地，由县级以上地方人民政府登记造册，核发证书，确认使用权；确认林地、草原的所有权或者使用权，确认水面、滩涂的养殖使用权，分别依照《森林法》《草原法》和《渔业法》的有关规定办理②。1991年《土地管理法实施条例》将林地、草地、山岭、荒地、滩涂、河滩地纳入土地范畴③。1998年《土地管理法》第4条按照土地的用途，将土地分为农用地、建设用地和未利用地三类，其中农用地又包括耕地、林地、草地、农田水利用地、养殖水面等。值得强调的是，虽然1998年《土地管理法》在概念上对土地作了必要拓展，将林地、草地等纳入了土地范围，但该法第11条第4款规定，确认林地、草原的所有权或者使用权，确认水面、滩涂的养殖使用权，分别依照《森林法》《草原法》《渔业法》的有关规定办理，从而依然延续了分资源类型界定权利归属的一贯做法。2001年《海域使用管理法》第2条第1款将海域界定为内水、领海的水面、水体、海床和底土，同时规定"海域属于国家所有，国务院代表国家行使海域所有权"。

（三）《物权法》颁布至今

2007年《物权法》，在总结吸收《宪法》与各自然资源单行法规定的基础上，全面规定了自然资源所有权制度。该法用若干个条文粗线条地勾勒了国有农用地权利制度。其中第47条、第48条涉及国有农用地所有权，第47条规定，"城市的土地，属于国家所有。法律规定属于国家所有的农村和城市郊区的土地，属于国家所有"。第48条规定，"森林、山岭、

---

① 参见《民法通则》第74条。
② 参见1986年《土地管理法》第9条第2款、第3款。
③ 参见《土地管理法实施条例》第3条。

草原、荒地、滩涂等自然资源，属于国家所有，但法律规定属于集体所有的除外"。第 45 条第 2 款规定，"国有财产由国务院代表国家行使所有权；法律另有规定的，依照其规定"。第 118 条、第 119 条规定了国有农用地等自然资源使用的原则。第 118 条规定，"国家所有或者国家所有由集体使用以及法律规定属于集体所有的自然资源，单位、个人依法可以占有、使用和收益"。第 119 条规定，"国家实行自然资源有偿使用制度，法律另有规定的除外"。此外，《物权法》还在第 11 章"土地承包经营权"中对国有农用地承包经营作了规定，一方面，第 124 条第 2 款规定，"农民集体所有和国家所有由农民集体使用的耕地、林地、草地以及其他用于农业的土地，依法实行土地承包经营制度"。第 127 条第 2 款规定，"县级以上地方人民政府应当向土地承包经营权人发放土地承包经营权证、林权证、草原使用权证，并登记造册，确认土地承包经营权"。另一方面，第 134 条规定，"国家所有的农用地实行承包经营的，参照本法的有关规定"。

《物权法》之后，2009 年《海岛保护法》第 4 条规定，"无居民海岛属于国家所有，国务院代表国家行使无居民海岛所有权"。2014 年《不动产登记暂行条例》（国务院令第 656 号）在第 2 条第 2 款规定"本条例所称不动产，是指土地、海域以及房屋、林木等定着物"的基础上，明确列举了可以登记的不动产权利，即集体土地所有权，房屋等建筑物、构筑物所有权，森林、林木所有权，耕地、林地、草地等土地承包经营权，建设用地使用权，宅基地使用权，海域使用权，地役权，抵押权，以及法律规定需要登记的其他不动产权利[①]。2019 年修正的《森林法》第 15 条第 1 款规定，"林地和林地上的森林、林木的所有权、使用权[②]，由不动产登记机构统一登记造册，核发证书。国务院确定的国家重点林区（以下简称重点林区）的森林、林木和林地，由国务院自然资源主管部门负责登记"。第 16 条第 1 款规定，"国家所有的林地和林地上的森林、林木可以依法确定给林业经营者使用。林业经营者依法取得的国有林地和林地上的森林、林木的使用权，经批准可以转让、出租、作价出资等。具体办法由国务院制定"。第 17 条规定，"集体所有和国家所有依法由农民集体使用的林地

---

① 参见《不动产登记暂行条例》第 5 条。
② 意味着存在林地所有权、森林所有权和林木所有权三种所有权及相应的三种使用权。

（以下简称集体林地）实行承包经营的，承包方享有林地承包经营权和承包林地上的林木所有权，合同另有约定的从其约定。承包方可以依法采取出租（转包）、入股、转让等方式流转林地经营权、林木所有权和使用权"。2019年修正的《土地管理法》删除了原法"确认林地、草原的所有权或者使用权，确认水面、滩涂的养殖使用权，分别依照《中华人民共和国森林法》《中华人民共和国草原法》和《中华人民共和国渔业法》的有关规定办理"的规定，从而为林地、草地等国有农用地的统一登记扫清了制度障碍。

2020年编纂完成的《民法典》，就农用地权利制度而言，除土地经营权的制度创新外，基本延续了《物权法》的规定。

三、国有农用地权利制度现状

（一）国有农用地所有权制度

第一，关于国有农用地所有权的类型。《民法典》第249条和第260条分别规定了国家土地所有权和集体土地所有权。但根据《民法典》第250条和第260条，森林、山岭、草原、荒地、滩涂等自然资源又分别成立国家和集体所有权，这些资源所有权表面上与土地所有权不同，但实质为土地所有权或主要为土地所有权。《民法典》之外，不少单行法涉及土地权利规定。《森林法》在森林资源所有权之下又规定了林地所有权、森林所有权、林木所有权等权利类型。《草原法》规定了草原所有权，没有规定草地所有权。由此可见，除了国有农用地所有权这一概括所有权类型外，在具体国有农用地之上还可能成立国有林地所有权、国有草原所有权、国有养殖水面所有权、国有农田水利设施所有权等具体类型。

第二，关于国有农用地所有权的行使主体。原则上，国有农用地所有权由国务院代表国家行使，除非法律另有规定。现行法特殊规定的有：无居民海岛所有权明确由国务院代表国家行使（《民法典》第248条）；国家所有的森林资源的所有权由国务院代表国家行使，国务院可以授权国务院自然资源主管部门统一履行国有森林资源所有者职责（《森林法》第14条第2款）。

第三，关于国有农用地所有权的流转。现行《宪法》第10条第4款规定"任何组织或者个人不得侵占、买卖或者以其他形式非法转让土地"。

现行《土地管理法》第 2 条第 3 款也同样规定"任何单位和个人不得侵占、买卖或者以其他形式非法转让土地"。这就意味着土地的所有权是不能转让的①。既然土地所有权不能转让，国有农用地所有权就没有转让的可能。

值得探讨的是，海域是否属于土地的范围？《土地管理法》并没有对土地概念进行界定，历次全国土地（国土）调查并没有涵盖海洋，其结果是造成了土地与海洋的分离。由此引发的问题是，《海域使用管理法》规定的海域所有权如果不属于国有土地所有权范畴，在海域之上设立的从事养殖、捕捞的海域使用权不可能纳入农用地使用权范围，以及国有单位取得的类似海域使用权也不属于国有农用地使用权范畴。在德国，"《民法典》意义上的土地是指通过土地登记监管进行丈量、在空间上被确定了界限的地球表层的一部分②"。查《辞海》，"土地"经济学上指大自然所赋予人们的，以陆地、水、空气、光热等形式存在的资源等③；对"领土"的界定是：在一国主权下的区域，包括一国的陆地、河流、湖泊、内海、领海以及它们的底床、底土和上空（领空）④。由此可见，在我们的语言系统中，土地包含了国家主权下的陆地、河流、湖泊、内海、领海等区域。事实上，《不动产登记暂行条例》已将海域使用权纳入了可登记的不动产权利范围，而不动产就是土地及其定着物。由此可见，现行不动产登记已将海域视为土地的一部分。

（二）国有农用地使用权制度

第一，关于国有农用地使用权的类型。《民法典》规定了土地承包经营权、土地经营权⑤、（国有）建设用地使用权、宅基地使用权等用益物权，以及养殖权、捕捞权等准物权。其中，实行承包经营的土地包括农民集体所有和国家所有交由农民集体使用的耕地、林地、草地以及其他用于农业的土地⑥，承包的方式包括家庭承包和其他方式承包。按照《民法

---

① 集体土地征收虽导致所有权的转移，但由于集体土地征收在理论上被认为是土地所有权的原始取得，因此不属于土地所有权转让的范畴。

② 参见曼弗雷德·沃尔夫主编，《物权法》，法律出版社 2002 年版，第 211 页。

③ 参见夏征农主编，《辞海》（缩印本 1989 年版），上海辞书出版社 1990 年版，第 583 页。

④ 参见夏征农主编，《辞海》（缩印本 1989 年版），上海辞书出版社 1990 年版，第 2080 页。

⑤ 对土地经营权的性质，理论界还有不小争论。

⑥ 参见《土地利用现状分类》（GB/T 21010—2017），这里的其他土地主要指水库水面、坑塘水面用地。

典》和《农村土地承包法》，家庭承包产生土地承包经营权，其他方式承包产生土地经营权。此外，《土地管理法》《森林法》《草原法》等还规定了集体建设用地使用权、集体经营性建设用地使用权、林地使用权、草原使用权。值得注意的是，《森林法》第 62 条和《农民专业合作社法》第 13 条规定了涵盖林地、森林和林木所有权和使用权的林权。由于林权本质上是包括林地所有权、林地使用权等权利的"口袋"权利，因此在林地承包经营的情形下，承包方取得的权利既可以称为林地承包经营权，也可以称为林权。《农村土地承包法》第 24 条也规定：国家对耕地、林地和草地等实行统一登记，登记机构应当向承包方颁发土地承包经营权证或者林权证等证书，并登记造册，确认土地承包经营权。在以上土地用益物权中，涉及国有农用地的用益物权类型主要有土地承包经营权、土地经营权、林地使用权、草原使用权。《不动产登记暂行条例实施细则》第 52 条第 1 款规定：以承包经营以外的合法方式使用国有农用地的国有农场、草场，以及使用国家所有的水域、滩涂等农用地进行农业生产，申请国有农用地的使用权登记的，参照本实施细则有关规定办理。

第二，关于国有农用地使用权的流转。国家交由农村集体发包的国有农用地，其土地使用权的类型和流转与农村集体土地无本质区别。但国有单位管理使用的国有农用地，国有林场、农场等占有使用的公益林使用权流转自然受限，国有农场通过划拨方式取得的国有农用地使用权也不能自由流转。总体看，通过市场对价方式取得的国有农用地使用权，其进一步流转的自由度就高。当然，国有农用地，尤其是其中的耕地、公益林负有粮食安全、生态安全等重大社会义务，其自由流转受到的限制因所担负的公共利益之不同而有别。

第二节　国有农用地权利制度改革进程

一、国有农用地所有权制度改革

（一）国有农用地所有权的早期取得

国有农用地权利的取得包括所有权的取得和使用权的取得，阐述国有农用地所有权早期取得制度是讨论国有农用地所有权制度改革的前提和基础。国有农用地所有权的早期取得主要有两个依据：一是 1950 年《土地改革法》"大森林、大水利工程、大荒地、大荒山、大盐田和矿山及湖、沼、河、港等，均归国家所有，由人民政府管理经营之"的规定；二是《城市郊区土地改革条例》"城市郊区所有没收和征收得来的农业土地，一律归国家所有，由市人民政府管理，连同国家在郊区所有的其他可分的农业土地，交由乡农民协会按照土地改革法第十一条及十二条规定的原则，统一地、公平合理地分配给无地少地的农民耕种使用"的规定。由于没收和征收属于原始取得所有权方式，因此，新中国成立之初国有农用地所有权的取得属于原始取得。不过，也有通过其他方式取得土地所有权的，如一些农村社队通过并入农场的方式将农村集体所有土地转化成了国家所有土地。

（二）国有农用地所有权制度改革探索

国有农用地所有权制度的改革主要表现在探索明晰所有权具体行使主体上。2003 年《中共中央、国务院关于加快林业发展的决定》就深化重点国有林区和国有林场、苗圃管理体制改革提出：按照政企分开的原则，把森林资源管理职能从森工企业中剥离出来，由国有林管理机构代表国家行使，并履行出资人职责，享有所有者权益。2015 年 2 月，中共中央、国务院印发《国有林区改革指导意见》，启动重点国有林区改革。通过改革，理顺了中央和地方的关系，建立了国家林草局代表国家行使重点国有林区国有森林资源所有者职责的森林资源管理新体制①。

党的十九届三中全会通过的《中共中央关于深化党和国家机构改革的决定》以及《深化党和国家机构改革方案》，明确组建自然资源部"统一行使全民所有自然资源资产所有者职责"。2019 年 4 月，中共中央办公厅、国务院办公厅印发《关于统筹推进自然资源资产产权制度改革的指导意见》，其中明确指出，"探索开展全民所有自然资源资产所有权委托代理机制试点，明确委托代理行使所有权的资源清单、管理制度和收益分配机制"。目前，全民所有自然资源资产所有权委托代理机制试点正在推进中，一些农垦企业被纳入试点范围。

---

① 参见《关于重点国有林区改革》，国家林业和草原局政府网，http：//www.forestry.gov.cn/main/6088/20210304/192124071697216.html，访问日期：2023 年 10 月 29 日。

二、国有农用地使用权制度改革

国有农用地使用权制度及其改革主要集中于取得制度，故以下重点围绕国有农用地使用权的早期取得制度及改革开放以来的使用权取得制度改革予以介绍。

（一）国有农用地使用权的早期取得制度

国有农用地使用权的取得方式，在改革开放之前主要随着国有农场（包括新疆生产建设兵团）、林场等国有单位的组建，通过划拨国有农用地、未利用荒地等方式取得。1950 年《土地改革法》第 15 条规定"分配土地时，县以上人民政府得根据当地土地情况，酌量划出一部分土地收归国有，作为一县或数县范围内的农事试验场或国营示范农场之用。此项土地，在未举办农场以前，可租给农民耕种"。农场通过并场队方式取得土地使用权的，也应属于划拨范围。另外，从 20 世纪五六十年代开始，国家在无林少林、荒山集中连片地区兴办以造林和资源培育为主要任务的国有林场。国有林场通过划拨取得国有林地使用权或国有荒地使用权，荒地经种植培育之后成为国有林地。

（二）改革开放以来国有农用地使用权取得制度改革探索

改革开放以来，尤其是 20 世纪 90 年代中期之后，各地开始探索国有农用地使用权出让、承包经营、授权经营、作价出资等市场化配置方式。

一是通过出让方式取得使用权。早期通过出让方式取得国有农用地使用权的典型例子是上海农垦。上海农工商集团是国有农垦企业，现已合并归入上海光明食品集团有限公司。20 世纪 90 年代后期，上海农工商集团遭遇东南亚经济危机，巨额债务无法按期偿还。1997 年起，由上海市政府牵头，各相关职能部门协调主导，以上海农工商集团的共 31.6 万亩存量建设用地和农业用地空转出让的形式，先后分三批注入 213.58 亿资本金，一方面快速降低了集团资产负债率，另一方面可采用土地抵押借新还旧，逐步代替担保贷款、降低金融杠杆。之后，海南、山东东营等地均有国有农用地出让的探索。

二是通过承包经营方式取得使用权。1998 年国土资源部发文，同意黑龙江北大荒农垦集团总公司（现为北大荒农垦集团有限公司，以下简称北大荒集团）作为总承包人，以承包方式取得 1 296 万亩国有耕地和可垦荒地的使用权（其中耕地 936 万亩、荒地 360 万亩），承包期为 50 年，文件要求北大荒集团完成粮食订购任务。之后，黑龙江省土地管理局作为发包方与承包方北大荒集团签订了国有土地承包合同，合同约定承包方有权在上述土地上设立承包经营的他项权利，并将此项权利授予承包方依法重组设立并控股的北大荒实业股份有限公司（以下简称股份公司），要求完成订购任务，并给北大荒集团上交承包费的 4%。2016 年，北大荒集团取得了"国有土地使用证"，股份公司取得了"土地他项权利证明书"。近年来，海南也开始探索承包经营方式。

三是通过授权经营方式取得使用权。1998 年《国有企业改制中划拨土地使用权管理暂行规定》（国家土地管理局〔1998〕8 号）提出，国家根据需要，可以以一定年期的国有土地使用权作价后授权给经国务院批准设立的国家控股公司、作为国家授权投资机构的国有独资公司和集团公司经营管理，并发给国有土地使用权经营管理授权书。1999 年《国土资源部关于加强土地资产管理促进国有企业改革和发展的若干意见》（国土资发〔1999〕433 号）规定，"以授权经营方式处置的，土地使用权在使用年期内可依法作价出资（入股）、租赁，或在集团公司直属企业、控股企业、参股企业之间转让，但改变用途或向集团公司以外的单位或个人转让时，应报经土地行政主管部门批准，并补缴土地出让金"。21 世纪初，甘肃农垦依据《甘肃省人民政府关于组建甘肃省农垦集团有限责任公司的批复》（甘政函〔2002〕26 号）中"同意授权甘肃省农垦集团有限责任公司（以下简称甘肃农垦集团）享有国有土地使用权和经营权"的意见和甘肃省国土资源厅《关于甘肃省农垦集团有限责任公司国有土地使用权授权经营的批复》（甘国土资〔2002〕89 号），由甘肃农垦集团享有国有土地使用权，授权经营土地使用年限部分按连续划拨土地使用年限、部分按批准国有土地使用年限 50 年。批准授权经营土地在使用期内可依法作价出资（入股）、租赁，或在集团公司所属企业、参股企业之间转让，但改变用途或向集团以外的单位或个人转让时，应报经当地土地行政主管部门批准并补缴土地出让金。2006—2016 年，甘肃农垦集团对所属 17 家农牧场 433.92 万亩土地进行了评估，并经国土部门办理了授权经营手续。

四是通过作价出资方式取得使用权。1999 年《国土资源部关于加强土地资产管理促进国有企业改革和发展的若干意见》（国土资发〔1999〕

433 号）规定："以作价出资（入股）方式处置的，土地使用权在使用年期内可依法转让、作价出资、租赁或抵押，改变用途的应补缴不同用途的土地出让金差价。"2012 年宁夏回族自治区人民政府批复同意自治区农垦事业管理局"将所属黄羊滩农场使用的 1 宗（55.98 公顷）国有划拨土地，按评估价格作为国家资本金全额注入宁夏农垦集团有限公司"。

党的十八大以来，国有农场、国有林场进一步深化改革。2015 年发布的《中共中央、国务院关于进一步推进农垦改革发展的意见》明确指出："对农垦企业改革改制中涉及的国有划拨建设用地和农用地，可按需要采取国有土地使用权出让、租赁、作价出资（入股）和保留划拨用地等方式处置。省级以上政府批准实行国有资产授权经营的国有独资企业、国有独资公司等农垦企业，其使用的原生产经营性国有划拨建设用地和农用地，经批准可以采取作价出资（入股）、授权经营方式处置。有序开展农垦国有农用地使用权抵押、担保试点。"2016 年，国土资源部等部门出台《关于扩大国有土地有偿使用范围的意见》（国土资规〔2016〕20 号）指出："国有农用地的有偿使用，严格限定在农垦改革的范围内。农垦企业改革改制中涉及的国有农用地，国家以划拨方式处置的，使用权人可以承包租赁；国家以出让、作价出资或者入股、授权经营方式处置的，考虑农业生产经营特点，合理确定使用年限，最高使用年限不得超过 50 年，在使用期限内，使用权人可以承包租赁、转让、出租、抵押。国家以租赁方式处置的，使用权人可以再出租。"近年来，国有农用地使用权制度改革加快推进，除了授权经营、作价出资方式外，参照农村土地承包经营方式的改革一些地方正在探索。

第三节　国有农用地权利制度存在的问题

一、国有农用地所有权制度存在的问题

国有农用地所有权制度存在的问题，事实上也是包括国有农用地在内的自然资源所有权制度设计存在的问题。总体看，主要有以下几个方面的问题。

（一）权利客体不清

第一，土地、林地、草地等之上分别设立所有权不符合自然资源划分

的基本原理。按照现行制度设计，通常意义上的土地所有权被分割为土地所有权、林地所有权、草地所有权、荒地所有权、滩涂所有权、山岭所有权等具体类型。相应地，通常意义上的国有农用地所有权被切割为国有林地所有权、国有草地所有权、养殖水面所有权及其他国有农用地所有权。其实，关于自然资源的种类，不同的学科有不同的划分结果。《不列颠百科全书》对自然资源的定义是："人类可以利用的自然生成物，以及生成这些成分的源泉和环境功能。前者包括土地、水、大气、岩石、矿物、生物及其群集的森林、草地、矿藏、陆地、海洋等；后者则指太阳能、生态系统的环境机能、地球物理化学循环机能等①。"在法学研究中，有的学者认为自然资源主要包括土地资源、生物资源、矿产资源、淡水资源、能源资源、风力资源、潮汐资源、气候资源以及其他的自然资源②。主导《物权法》制定和《民法典》编纂的全国人大常委会法工委民法室认为，"自然资源包括土地资源、水资源、矿产资源、生物资源、气候资源、海洋资源等"③。毫无疑问，现行法律关于自然资源所有权的界定，与上述自然资源的分类并不一致。

第二，土地、森林、草原等之上分别设立所有权不符合基本逻辑规律。现行法对于包括国有农用地在内的自然资源所有权的规定，存在的逻辑问题，至少违反了逻辑划分的"每次划分的依据必须同一、划分之后子项的外延必须互相排斥以及不能越级划分"等标准。首先，土地、山岭和森林、草原等自然资源类型的划分并未遵守同一划分标准。土地以城市、农村和城市郊区为标准，山岭为地形地貌意义上的概念，森林和草原等又是以土地上的出产物为标准。《土地改革法》调整的农村土地不仅是农村的耕地，还包括农村的山林、鱼塘、茶山、桐山、桑田、竹林、果园、芦苇地、荒地等，也就是对农村的山林、鱼塘、茶山等以土地的形式予以分配，但对大森林、大水利工程、大荒地、大荒山、大盐田和矿山及湖、沼、河、港等又作出了特别规定。其次，划分之后各子项之间有交叉、不互相排斥。山岭所涵盖的自然资源可以为森林、草原、荒地等资源类型所

---

① 参见李景怡，《自然资源功能与用途多样性分析》，载《中国林业》2006年第8期。
② 参见王洪亮等主编，《自然资源物权法律制度研究》，清华大学出版社2017年版，第2页。
③ 参见许文昌主编，《土地法基础》，元照出版公司2015年版，第1页。

覆盖①，滩涂与土地、水域有交叉。荒地本属于土地的一种类型，即使在《宪法》《物权法》和《民法典》对土地有所限定的意义上，荒地与土地也存在交叉。最后，存在越级划分问题。按照最新土地用途分类，将荒地、滩涂与土地等并列，显然存在越级划分的问题。

第三，土地、林地、草地等分别设立所有权也不符合基本物权原理。所有权制度属于民法基本制度，《物权法》规定了土地、林地和草地等国家所有权制度，《民法典》的物权编基本延续了《物权法》的规定。存在的主要问题是：若以物权客体独立性衡量，森林、草原之上能否存在独立于土地的所有权？所谓物的独立性，是指物的单独、个别的存在②。在独立性方面，最具争议的是土地与建筑物、林木的关系认定。各国立法对待土地与建筑物的关系有两种截然不同的模式，一种是结合主义，将土地与其上的建筑物结合作为一个不动产，只是一个物，建筑物只是土地的附着物，不是独立的不动产，以德国民法为代表；另一种是分别主义，将土地与其上的建筑物分别作为独立的不动产，即是不同的两个物，以法国、日本民法为代表③。在对待土地和其上的林木的关系上，德国的结合主义自不待言，但在认可土地与房屋分别为独立之物的学者中，对于林木是否为独立之物又有不同观点。如我国台湾地区王泽鉴教授认为房屋为独立之物，可以为物权客体，但树木与土地密着成为一体，是为土地的部分，不是独立之物，不能成为物权的客体④。但大陆有学者主张林木是独立的，是区别于土地的不动产，理由是根据《担保法》和《森林法》的规定，林木可以成为抵押物，并可以进行登记⑤。在物的独立性方面，土地之上的定着物，不管是房屋等建筑物，还是土地的出产物（林木、草木、农作物等），从本质上讲都应当是土地的重要组成部分⑥，这也是德国法将建筑物、林木等视为土地结合物的原因。有些国家的立法之所以认可建筑物相对于土地的独立性，应该与房屋等建筑物与土地相比的价值以及人们的观

① 参见王文玉，《自然资源统一确权登记的自然资源分类问题初探》，载《国土资源》2018年第9期。

② 参见钱明星主编，《物权法原理》，北京大学出版社1994年版，第27页。

③⑤ 参见梁慧星、陈华彬主编，《物权法》，法律出版社2003年版，第31页。

④ 参见王泽鉴主编，《民法总则》，中国政法大学出版社2001年版，第208页。

⑥ 参见王泽鉴主编，《民法总则》，中国政法大学出版社2001年版，第219页。

念有关，也就是说，物是否具有独立性，不仅仅是其客观上是否独立，也与在人们的观念中其是否独立有很大关系。与此相对的是，土地的出产物无论是在与土地的价值比上，还是在人们的观念中，其独立性显然不能与建筑物相提并论。基于以上讨论，《民法典》关于自然资源所有权的规定中，森林所有权和草原所有权的界定值得进一步探讨。按照《森林法》，森林资源所有权包括林地所有权、森林所有权和林木所有权，但《草原法》只规定了草原所有权一种所有权。从《森林法》的规定来看，显然林地之上的森林和林木是独立之物，其上存在独立的森林和林木所有权。但《草原法》并未明确草原所有权究竟指草地所有权还是草地之上的草的所有权。不过，由于《草原法》及其他法律并没有就草原之"草"本身规定相应的使用权，因此，此处的草原所有权应该解释为包括草地和其上草的草原所有权。果真如此，就意味着我国立法在森林和草原资源所有权的界定方面分别采取了分别主义和结合主义的模式。如此规定的问题是：森林和林木在物权所有权界定意义上究竟有什么不同？为什么同为土地出产物的树木和草，在所有权的界定上会有如此不同？需要进一步讨论的问题是：如果这里的草原所有权就是草地所有权，其与土地所有权又如何区分？

(二) 权利主体不明

包括国有土地在内的国有自然资源所有权主体不明是长期存在的突出问题。现行法律法规的基本表达是"国家所有即全民所有"或者"全民所有即国家所有"。无论是国家还是全民，都是抽象的概念，无法真正担当所有权的行使主体。目前除《企业国有资产法》规定由国务院和地方政府分别代表国家行使所有权外，其他法律很少涉及国家所有权的具体代表行使主体。然而，事实上国务院是无法担当规模庞大的国有自然资源所有权代表行使主体的，法律意义上的国有自然资源的所有权主体事实上长期处于空缺状态。从实践来看，国有建设用地所有权主要由地方政府行使，国家获得部分出让收益。国有农用地所有权目前处于分级行使状态，国家级国有农场、林场主要由土地、林业等管理部门行使所有者职责，地方国有农场、林场由各级政府及其部门行使所有者职责。国有农用地所有权主体制度规定的欠缺和不明确，使得国有农用地权利的维护、实现和发展均出现了程度不同的问题。20 世纪 80 年代某中央部门出台的文件明确规定国有农用地所有权归农场享有。国有农场确权受阻、维权困难、行权不畅，以及国有农用地大量流失，均与所有权主体不明有关。

（三）处分权能不彰

如前所述，我国《宪法》和《土地管理法》都明确禁止土地以买卖或其他形式非法转让。禁止以买卖方式转让所有权，意味着所有权的处分权能严重受限。基于土地所有权不可买卖，可以推论出土地所有权不可通过赎买、置换转移。土地所有权不能通过买卖等方式转移，一个可能的解释是确保土地公有制不被买卖等方式动摇，但其结果是堵死了国有土地和集体所有土地之间的双向流通，国有土地和集体土地之间的置换可能违法，国家除了征收集体土地之外，不能通过购买或赎买取得集体土地所有权。然而，国有土地和集体土地的置换在实践中早已发生，国家购买或赎买集体所有土地也势在必行。在海南热带雨林国家公园建设过程中，解决复杂土地权利问题的一个亮点就是土地置换方式的采用，即将白沙县位于核心区的 3 个自然村 7 600 亩集体土地，与园区外 5 480 亩国有土地进行置换①。在国家公园等自然保护地建设过程中，置换相对于征收来说，国家的财政压力要小得多。其实，置换不仅在自然保护地建设过程中被采用，一些地方在水库移民、扶贫搬迁过程中也采用了置换的方式。此外，在近年的国家公园体制试点区，有些地方使用了赎买集体土地的方式②。不仅如此，随着土地征收的不断规范、限缩，未来通过国家购买或赎买方式取得集体土地所有权也不失为一种改革方向。

二、国有农用地使用权制度存在的问题

第一，国家交由国有单位使用的国有耕地使用权地位不明。国家交由国有农场、林场、牧场等使用的国有农用地中，林地、草地和养殖水面使用权已有《森林法》《草原法》《渔业法》《农村土地承包法》等依据，可通过林权证、草原使用证等予以确认，但耕地使用权并无相应法律依据，

---

① 参见《海南热带雨林国家公园生态搬迁工作将按计划完成》，海南省人民政府网，https：//www.hainan.gov.cn/hainan/tingju/202212/534d41e173064bd0a3c45851abbadd5b.shtml，访问日期：2023 年 1 月 5 日。

② 当然地方实践中的赎买可能是使用权赎买，也可能是所有权赎买。从国家公园等自然保护地建设的目标看，一定期限内使用权的赎买显然满足不了人与自然和谐共生的自然保护地建设需要。

现行不动产登记法律法规也没有明确其登记资格①。

第二，国家交由集体使用的国有农用地，集体享有何种权利也不明晰。国家交由集体使用的国有农用地，根据《农村土地承包法》《民法典》等法律，集体享有发包的权利，也承担发包的义务。在发包后，经营者享有承包经营权，该权利为用益物权。但问题是，对于国家交由集体使用的国有农用地，集体究竟享有什么权利？经营者的承包经营权究竟是基于国家所有权产生，还是基于集体的某种权利产生？集体获得国有农用地之后，是否可以保留部分土地不发包直接经营，如果可以，集体享有什么权利？如果集体在取得国有农用地之后并不享有什么权利，而仅仅扮演将国有农用地发包给集体成员的角色，那就意味着集体组织仅仅是一个"二传手"而已。显然，现行法律法规在这一问题上并未给出明确答案。

---

① 规范不动产统一登记的《不动产登记暂行条例》事实上也没有规定林地使用权、草地使用权、养殖水面使用权为可登记的不动产权利。

第二章 >>>

国有农用地权利运行实践及其存在的问题

第一节　国有农用地确权登记进展及其存在的问题

一、国有农用地确权登记进展

长期以来，我国对国家所有的土地等自然资源所有权可以不确权登记。《物权法》第9条第2款规定"依法属于国家所有的自然资源，所有权可以不登记"。《民法典》第209条第2款也作了同样规定。土地确权主要指的是集体土地所有权和各种土地使用权的确权。党的十八届三中全会通过的《中共中央关于全面深化改革若干重大问题的决定》对自然资源统一确权登记作出重大战略部署。在此之后，中央出台的有关生态文明、自然资源配置和产权制度改革的系列文件中，均涉及自然资源统一确权[1]。与此同时，

---

[1]　如2015年4月《中共中央、国务院关于加快推进生态文明建设的意见》、2015年9月《生态文明体制改革总体方案》、2017年1月《中共中央办公厅、国务院办公厅印发〈关于创新政府配置资源方式的指导意见〉》、2017年2月《中共中央办公厅、国务院办公厅印发〈关于划定并严守生态保护红线的若干意见〉》、2017年5月《生态保护红线划定指南》、2018年1月《国务院第三次全国土地调查领导小组办公室关于印发〈第三次全国土地调查总体方案〉的通知》、2019年4月《中共中央办公厅、国务院办公厅印发〈关于统筹推进自然资源资产产权制度改革的指导意见〉》等。

自然资源部等部委先后出台自然资源统一确权登记的具体制度①。如今，自然资源统一确权登记已在前期试点的基础上正式推进。自然资源统一确权不可避免地涉及国家所有土地所有权的确权。以下重点介绍国有农用地使用权确权进展。

（一）总体确权进展

我国的耕地、林地、草地等确权分别由不同部门推进，进展并不一致②。林地确权方面，"全国45.6亿亩林地中有42亿亩完成确权登记，占全国林地总量的92%……在这42亿亩完成确权登记的林地中，依法登记并核发林权证的有36.1亿亩③"。另外，中国政府网2016年11月27日的信息表明，"集体林权制度改革以来，全国已完成集体林权确权面积27.05亿亩，累计发证面积26.41亿亩，占确权面积的97.6%，共有1亿多农户直接受益④"。草地确权方面，《现代畜牧兽医》杂志2013年第1期刊载的消息称，"据官方统计，中国共有草原约60亿亩，南方的草山、草坡占了十多亿亩，这部分确权基本还未开展。也就是说，北方接近50亿亩的草原中，确权面积已经超过75%⑤"。按照当时主管部门的要求，2015年确权率要达到80%。耕地确权方面，农业部印发的《2018年农村经营管理工作要点》（农办经〔2018〕1号）提出，要全面完成农村承包地确权登记颁证。因此，从理论上来说，农村承包地确权工作已经完成。

（二）农垦确权具体进展

从农垦的情况来看，中国农林水利工会调研组2004年的调研报告显示，新疆生产建设兵团土地总面积745.42万公顷（约1.1亿亩），已确权743万公顷，确权率为99.7%。黑龙江垦区土地总面积535.63万公顷（约8 000万亩），已确权517.87万公顷，确权率为96.7%。而其他垦区

---

① 如2016年12月《国土资源部、中央编办、财政部等关于印发〈自然资源统一确权登记办法（试行）〉的通知》、2019年7月自然资源部等五部门印发《自然资源统一确权登记暂行办法》、2020年2月自然资源部印发《自然资源确权登记操作指南（试行）》。

② 由于我国法律历来规定对国家所有权可以不确权登记，因此，本部分仅对使用权的确权进展进行介绍。

③ 《全国92%林地完成确权登记发证》，湖南省林业局官网，http://lyj.hunan.gov.cn/lyj/zt-zl/gdzt/qlgg/201603/t20160310_2946360.html，访问日期：2021年1月10日。

④ 参见《集体林权确权完成27.05亿亩》，中国政府网，https://www.gov.cn/xinwen/2016-11/27/content_5138305.htm，访问日期：2021年1月10日。

⑤ 参见《官方称全国草原已确权37.6亿亩》，载《现代畜牧兽医》2013年第1期。

进展相对比较缓慢，该调研报告称，截至 2004 年 4 月，除新疆生产建设兵团和黑龙江农垦外，被调查的湖北、广东、辽宁、广西、陕西、宁夏、云南和内蒙古海拉尔垦区，平均发证率为 33.06%[1]。十八大以来，各地农垦加大了确权力度，确权率大幅度提高。截至 2018 年底，全国农垦已基本完成土地确权登记发证，共发证土地面积 4.13 亿亩（不含新疆生产建设兵团），其中国有农用地和未利用地 4.05 亿亩，全国农垦国有土地确权登记发证率达到 96.2%。

从对农垦的调研情况看，各地确权的具体做法并不相同。广东农垦的林权证、国有土地使用证均以农场为土地使用权人[2]，国有土地使用证未对农用地和建设用地严格区分，如"湛国用（2006）第 50329 号"国有土地使用证的土地使用权人为广东省国营湖光农场，地类（用途）为农用地、建设用地，使用权面积 78 197 平方米，记事栏记载该宗地农用地 69 400 平方米，建设用地 8 797 平方米。甘肃农垦土地按照使用权人划分，主要分三种类型，一是使用权人为甘肃省农垦集团有限责任公司，二是使用权人为集团所属企业，三是使用权人为控股上市企业甘肃亚盛股份公司。从甘肃条山农工商（集团）有限责任公司反映的情况看，1998 年经景泰县人民政府初始确权登记使用权人为该公司，总面积为 72 592 亩，使用权类型为"划拨用地"。2004 年根据甘肃农垦集团公司关于土地资产权属统一管理的相关文件精神，土地使用权人变更登记为甘肃农垦集团有限责任公司，土地使用权类型为"授权经营"。2007 年根据《国土资源部关于加强土地资产管理促进国有企业改革发展的若干意见》（国土资土〔1999〕43号）精神，土地使用权在使用年期内可依法在农垦集团直属企业、控股企业、参股企业之间转让，甘肃农垦集团公司将其大部分土地 69 235.26 亩农用地转让给了亚盛盐化工业集团有限责任公司，并已确权登记，土地使用权证号为"景国用（2007）第 01039 号"，使用权类型为"授权经营"，剩余的 3 356.7 亩建设用地原留在甘肃农垦集团公司。之后，又根据《关于亚盛盐化工业集团公司部分资产与亚盛股份公司部分资产进行置换的批复》（甘垦集团〔2006〕77 号）精神，亚盛盐化工业集团公司将该公司 46 030.38 亩

---

[1] 参见中国农林水利工会调研组，《农垦土地确权情况调查》，载《中国农垦经济》2004 年第 9 期。

[2] 20 世纪 90 年代前，受当时条件限制，一些地方林权证发放也是"一局一证"或者"一场一证"方式。

的农用地转让给了亚盛实业股份有限公司，评估价值 33 142.06 万元，并已确权登记，土地使用权证号为"景国用（2007）第 01040 号"，使用权类型为"授权经营"，剩余的 23 204.88 亩农用地原留在甘肃亚盛盐化集团。2019 年甘肃农垦集团公司批复同意将甘肃亚盛盐化工业集团公司 23 204.88 亩农用地和甘肃农垦集团有限责任公司 3 356.7 亩建设用地土地使用权人变更为甘肃条山农工商（集团）有限责任公司。

二、国有农用地确权登记存在的问题

（一）主要问题

总体来看，各类土地确权的成绩不小，但一个突出的问题是，不同类型农用地的确权存在比较严重的交叉重叠。比如，前述全国土地"二调"成果显示，我国的林地面积和草地面积分别约为 38 亿亩和 43 亿亩，《中国国土资源统计年鉴 2018》载明的草地面积更少，约为 33 亿亩，而前述林地和草地确权成果统计的林地和草地分别超过了 45 亿亩和 60 亿亩。即使与"二调"成果比，也超过了 24 亿亩[①]。其实，我国 960 万平方公里的总土地面积为 144 亿亩，按照"二调"成果推算，我国有 28 亿亩左右的未利用地，如果前述林地和草地确权成果统计的林地 45 亿亩和草地 60 亿亩准确，就意味着几乎没有未利用地，这显然是不符合事实的。毫无疑问，各类确权中重复确权、权属交叉问题是比较严重的。有资料反映，西北某县林草重叠面积超过 300 万亩。北方某市范围内"一地多证"现象涉及林权证、草原证、土地承包经营权证等重叠，主要体现为林权证与草原证重叠，林权证与土地承包经营权证等证书重叠，各级国有林场林权证之间也存在重叠。北方某县级行政区域各国营农场用地与林权证划定范围重叠面积超过 700 万亩。林地、草地、承包地等确权的质量必然会影响到国有农用地及农垦国有农用地的确权。

（二）农垦的具体问题

从农垦国有农用地确权情况看，既存在未确权的问题，也存在重复确权、权属交叉的问题。全国农垦土地（不含新疆生产建设兵团）中，权属争议地达 1 500 万亩，权属有争议是无法完成确权的。前几年的调研表

---

① 不同时期、不同部门主导的不同自然资源确权结果的差异，可能是受统计标准不同的影响。

明，甘肃农垦实际权属土地面积 726.02 万亩中，未确权发证面积 171.31 万亩。广东省农垦总局反映，虽然垦区整体上农场土地确权登记任务基本完成，但国土、林业、农垦不同部门间数据统计交叉重叠现象严重，数据统计交叉重叠的背后就是权属不清。湛江垦区现有土地权属争议面积 17 万亩，其中农场已领取权属证书面积达 12.6 万亩（土地证 9.8 万亩，林权证 2.8 万亩），未发证面积 4.4 万亩。新疆农垦 124 个地方国有牧场中，尚有 3 个牧场没有发证，与兵团争议土地面积 95 万亩。黑龙江农垦因争议或遗漏，尚有 103.53 万亩土地未确权，其中争议区面积 54.27 万亩。海南省既颁发了林权证给非垦区其他单位，又颁发了国有土地使用证给农垦的土地面积有 8.45 万亩。河北农垦土地权属争议面积 21.06 万亩。吉林农垦权属争议面积 19 万亩。由于农垦国有农用地既有耕地，也有林地和草地等其他农用地，因此，农垦国有农用地确权的情况也基本能够反映出我国国有农用地确权的状况及问题。

第二节　国有农用地权利保护存在的问题

一、国有农用地流失严重

我国现行《宪法》明确规定"社会主义的公共财产神圣不可侵犯"，但从实践来看，包括国有农用地在内的国有土地被侵占、随意转为集体土地现象比较严重。一个典型的例子是，"一调"结果显示，全国国有土地面积 75.82 亿亩，占调查总面积的 53.17%，"二调"结果显示，全国国有土地面积 75.28 亿亩，占调查总面积的 52.95%，而且，"一调"时还有一部分权属未定的争议地。在我国国有土地不可能转为集体土地，而集体土地可通过征收转为国有土地的制度框架下，以及"一调"至"二调"期间大量集体土地被征收为国有土地的现实背景下，国有土地面积在"二调"时比"一调"时不升反降，可能的解释无非就是国有土地大量流失。事实上，国有土地流失是比较严重的。前引《2017 中国农垦统计年鉴》载明的全国农垦（包括新疆生产建设兵团）土地总面积约 5.75 亿亩，而《2021 中国农垦统计年鉴》显示，全国农垦（包括新疆生产建设兵团）土地总面积约 4.9 亿亩。从农垦来看，国有农用地流失主要表现在国有农用地被侵占、被随意划走或收回、被随意确权给其他组织等方面。以下主要介绍近年来调研发现的一些情况。

(一)国有农用地被侵占

在广东垦区，全垦区被侵占地共约 345 801 亩。湛江垦区被农场周边村民长期侵占使用的土地达 17 万亩。廉江片农场共有 48 202 亩土地被周边农村侵占，占全部土地面积的 15.2%，以长山农场为例，该场土地总面积 43 779 亩中，有 14 794 亩土地被长期侵占，占比高达 33.7%。海南农垦目前已发证至集团的权属土地中，仍有约 66 万亩土地被地方集体所占有。甘肃农垦现在的 720 万亩土地中，被侵占面积 51.25 万亩，其中已确权被侵占 38.96 万亩，未确权被侵占面积 12.29 万亩。山西万荣县黄河农场建场时有土地 1 万多亩，20 世纪七八十年代开始逐渐被周边农民蚕食，目前仅剩场部土地 30 亩，成为一个空壳农场。

(二)国有农用地被随意划走或收回

甘肃农垦土地从最早的 820 万亩，到现在的 720 万亩，流失了不少，其中的黄羊河农场曾经有 30 万亩土地，现在只有 13 万亩，近 60% 被划走。

一些地方政府随意收回农垦国有土地，补偿不到位。广东农垦在 2003—2018 年，共被政府收回土地 54 249 亩，土地补偿共计 20.36 亿元，平均每亩补偿款为 3.75 万元。湛江农垦反映，自 2003 年以来，湛江市各县（市）区累计收回农垦农场国有土地使用权面积 19 908.23 亩（数据统计时间点截至 2020 年 9 月 30 日），垦区被收回土地后得到的补偿不足，大部分留用地未能落实，特别是公益性项目收回土地没有落实留用地，垦区也没有拿到对应的货币补偿，失地职工的安置问题基本上由农场来承担和消化，失地职工安置难及生活保障难。地方农垦反映，在收回垦区国有土地使用权的补偿、涉及垦区职工切身利益及垦区稳定的职工住房用地管理的土地管理业务具体操作上，仅仅按"参照农村集体土地""划拨供应"方式执行是没办法具体实施的，需要给予更加明确的规定及指引。

(三)国有农用地被随意确权给其他组织

广东曙光农场在 2006—2009 年，先后完成 1.87 万亩土地的测绘、公示、申报等手续，但地方国土部门因当时个别村委的村民的口头异议，对已打印出的国有土地使用证暂缓核发给农场。后续农场多次向国土资源局提出请求，要求核发尚未领取的 142 宗国有土地使用证都未果。2018 年

10 月份，广东省农垦总局和省国土部门赴曙光农场联合督导，发现该场未确权的 1.87 万亩土地中，有 0.7 万亩土地地方国土部门在未告知农场的情况下，已经于 2014 年颁发了集体土地使用权证，其他土地的档案资料丢失。东埔农场未确权土地面积 2 061 亩，地方国土部门一直以争议为由搁置，2018 年核查出早已颁发了集体土地使用权证。

海南农场大部分土地的组成均在 20 世纪七八十年代，至今年限跨度较大，出现调查取证难的现象，如农垦无法提供相关的使用证明，则市县政府将土地确权登记至其他经济组织名下，该类土地面积为 60.6 万亩。此外，林业部门未邀请农场指界，将原国家划拨给农场的土地，单方面颁发林地权证给非垦区国有林场或农村集体，该部分林地面积为 29.28 万亩（如万宁市发给上溪、茄新等 5 个森林经营所面积就达到 17.44 万亩）。

湖北部分地方通过直接将使用权证发放给农场以外的其他主体，变相无偿强制划走农场国有土地。

二、一些地方国有农用地权利没有得到平等保护

在广东、甘肃等地调研过程中，地方农垦反映比较集中的一个问题就是一些地方政府对农垦土地权利不能平等保护。具体表现在以下几个方面：

一是确权时不能平等对待农垦企业。一些农垦企业有充分权属资料的土地，也被地方政府直接确权给了其他单位或农民集体，至于争议地，确权时更是不利于农垦企业。

二是不动产统一登记后，农垦国有农用地使用权也不能确权到位。广东垦区鸡山农场依据 20 世纪 80 年代政府颁发给农场的山林权证换发申报不动产登记证，地方国土部门以没有农场与农村双方指界为由，颁发的不动产登记证中权利类型为"林地使用权"，权利性质为"经济林"而非"划拨"，用途为国有林地，没有明确农场的林地为国有农用地。其实，按照《不动产登记暂行条例》，并没有"林地使用权"这种不动产权利类型。

三是发生农垦土地权利侵犯事件时，地方政府部门不能及时查处。随着农场企业化改革的顺利推进，农垦逐步丧失了行政管理和执法职能，制止农垦土地违法行为和土地侵占行为，需要地方政府职能部门严格规范公正执法，但农垦企业普遍反映一些地方政府在维护农垦权益方面存在比较突出的不作为现象。

四是一些地方法院在面对农垦和其他组织、个人的纠纷时，不能公正裁决，即使裁决胜诉，也得不到及时有效执行。例如湛江垦区黎明农场石板队930亩土地农场已经领取国有土地使用权证，但是该地块从1999年起就被当地村民侵占，虽然农场获得土地归属为农场的法律判决，要求对方退还土地，但是至今都未能如愿。

第三节　国有农用地权利实现状况及其存在的问题

一、国有农用地权利实现状况

国有农用地主要包括国有草地、林地和耕地，以下依次讨论国有草地、国有林地和国有耕地的权利实现。

（一）国有草地的权利实现

2013年《草原法》第2条将草原分为天然草原和人工草地，第10条第1款规定："国家所有的草原，可以依法确定给全民所有制单位、集体经济组织等使用。"《农村土地承包法》第13条第2款规定："国家所有依法由农民集体使用的农村土地，由使用该土地的农村集体经济组织、村民委员会或者村民小组发包。"与耕地承包经营权相比，草原承包经营权的期限更长（30~50年），流转的限制与耕地承包经营权基本一致。从实践看，除了交集体经济组织使用的外，确定给全民所有制单位使用的，有的也采用了农村集体土地承包的方式。如新疆国有牧场主要分布在巴州、伊犁、塔城、阿勒泰等地，有农用地104 49.32万亩，多以山地草地为主。牧场的土地基本按照农村集体土地二轮承包方式承包，有"退休不退地"或"退休退地"的原则，土地长期承包，收取或部分收取承包费和管理费用。对于未采取农村集体土地承包方式经营的，由于《草原法》并没有对国有单位享有的草原使用权流转明确禁止，因此，国有单位有进一步流转的权利。

（二）国有林地的权利实现

2009年《森林法》第4条将森林分为防护林、用材林、经济林、薪炭林和特种用途林五类，并在第15条明确规定用材林、经济林、薪炭林的林地使用权等可以依法转让。与此不同的是，2019年修改的《森林法》

第83条按照用途将森林分为防护林、特种用途林、用材林、经济林和能源林五种，且只在第16条规定，国家所有的林地和林地上的森林、林木可以依法确定给林业经营者使用。林业经营者依法取得的国有林地和林地上的森林、林木的使用权，经批准可以转让、出租、作价出资等。并在第17条规定，集体所有和国家所有依法由农民集体使用的林地（以下简称集体林地）实行承包经营的，承包方享有林地承包经营权和承包林地上的林木所有权，合同另有约定的从其约定。承包方可以依法采取出租（转包）、入股、转让等方式流转林地经营权、林木所有权和使用权。从修改后的《森林法》的规定来看，一般意义上的林地使用权流转要经过批准，但交由农民集体使用的林地实行承包经营的，承包方取得的林地承包经营权的进一步流转则相对自由，不需经过批准。从国有林地的实际占有使用及管护情况看，国有林场拥有8亿亩左右林地，交由农民集体组织的林地不会太多，如果按照"二调"数据总计38亿亩林地计算，扣除28亿亩集体林地[①]，交由农民集体使用的国有林地也就2亿亩左右，但是如果按照国家林草局的数据45.6亿亩林地计算[②]，则交由农民集体使用的国有林地近10亿亩。交由农民集体使用的国有林地应采用承包经营的方式，限于缺乏这方面资料，此处只讨论国有林场使用的国有林地。我国的国有林场，经过新一轮改革，基本被确定为公益性事业单位。统计显示，截至2018年年底，全国4 612个国有林场改革任务基本完成，占国有林场总数4 855个的95%[③]，完成改革的国有林场被定为公益性事业单位的占95%，完成了《国有林场改革方案》确定的合理界定国有林场属性的任务，而且国有林场由改革前的4 855个减少到4 359个[④]。考虑到绝大多数国有林场的公益属性及其所管理森林主要为公益林的实际，国有林场对林地的市场

---

① 《集体林权确权完成27.05亿亩》，中国政府网，https://www.gov.cn/xinwen/2016-11/27/content_5138305.htm，访问日期：2021年1月10日。

② 《全国92%林地完成确权登记发证》，湖南省林业局官网，http://lyj.hunan.gov.cn/lyj/zt-zl/gdzt/qlgg/201603/t20160310_2946360.html，访问日期：2023年1月10日。需要说明的是，"二调"数据显示，国有林地14.39亿亩，"三调"数据显示，林地总面积为42.62亿亩。《国务院关于2020年度国有自然资源资产管理情况的专项报告》显示国有林地16.93亿亩。

③ 参见国家林业和草原局编，《中国林业和草原年鉴2019》，中国林业出版社2019年版，第256页。

④ 参见国家林业和草原局编，《中国林业和草原年鉴2019》，中国林业出版社2019年版，第257页。

化需求并不高。

(三) 国有耕地的权利实现

相对于国有草地和林地，国有耕地的数量要少得多，"一调""二调"和"三调"数据显示，国有耕地数量不断增加，三次调查依次为 1.16 亿亩、2.16 亿亩和 2.94 亿亩。在 2.94 亿亩耕地中，农垦（包括新疆生产建设兵团）占有使用的约 1 亿亩，其余的 2 亿亩左右由其他单位（如农业科研院所）或个人使用。农业科研院所等单位使用的国有耕地严格限制流转。交由农民集体组织使用的国有耕地，其权利实现和交由农民集体组织使用的国有林地、草地一样，不再赘述。国有耕地的权利实现，主要是农垦对其国有耕地的权利如何实现。考虑到农垦还有为数不少的未通过承包经营的国有草地，其享有的林地也主要不是公益林，因此有流转的可能。从甘肃农垦、宁夏农垦对国有农用地作价出资情况看，既包括耕地、园地，也包括草地。以下一并讨论农垦对其包括耕地在内的农用地权利的实现。

虽然国有农用地使用权这一概念尚未获得法律的正式认可，但农垦对其草原享有的草原使用权、对其林地享有的林地使用权是有法律明确依据的。现行法没有国有耕地使用权或国有农用地使用权的概念，但国有单位依法占有使用国有林地、草地之外的其他国有农用地是不争的事实，农垦对包括林地、草地在内的国有农用地依法行使使用权利也是不争的事实。1986 年《民法通则》第 9 条第 2 款明确规定："全民所有制单位、集体所有制单位和个人依法使用的国有土地，由县级以上地方人民政府登记造册，核发证书，确认使用权。"1998 年《土地管理法》第 11 条第 3 款规定："单位和个人依法使用的国有土地，由县级以上人民政府登记造册，核发证书，确认使用权；其中，中央国家机关使用的国有土地的具体登记发证机关，由国务院确定。"只不过，2019 年《土地管理法》修改删除了前述规定。

1. 关于经营方式

甘肃农垦的土地经营方式，主要有职工承包经营、非职工租赁经营、外来人员或单位租赁经营、农场统一经营等四种。以 2019 年为例，以上土地经营方式分别占垦区总种植面积的 26.5%、48.6%、3%、21.9%。宁夏农垦的土地经营模式，一是按照承包人身份将国有农场现有承包土地划分为职工承包地、两金置换地、经营性承包地，二是实行反租倒包的方式，收回土地集中统一经营管理。从全国农垦的情况看，基本上无外乎采用上述经营管理方式中的若干种，只不过不同地方在具体方式的选择上侧重点不同而已。

2. 关于资产化、资本化改革

农垦的集团化、企业化、市场化改革不可避免地触及农垦土地的资产化、资本化。而从农场到公司的改革，首先需要明确土地资产的出资人代表。目前，两大中央直属垦区中，黑龙江农垦已经明确由财政部代表国务院履行出资人职责，广东农垦尚未明确出资人代表。地方农垦中，广西壮族自治区人民政府授权自治区国资委作为出资人代表依法对农垦控股集团履行出资人职责，并根据自治区国资委申请，同意农垦控股集团作为国有资本投资公司试点，由自治区国资委对农垦控股集团进行授权。宁夏回族自治区国资委代表自治区政府对农垦集团公司依法履行出资人职责，农垦集团公司领导班子由自治区党委、政府管理。农垦土地的所有权属于国家，自治区政府授权农垦集团统一管理，农垦集团享有土地使用权和经营权。通过这一改革，宁夏农垦实现了农垦控股集团对所有农垦土地使用权的集中统一行使，各农垦企业对土地的权利行使，须农垦集团再授权，占用征用农垦土地须征得农垦集团同意，并报经自治区政府批准。如前介绍，甘肃农垦依据《甘肃省人民政府关于组建甘肃省农垦集团有限责任公司的批复》（甘政函〔2002〕26号）等文件通过授权经营方式享有国有土地使用权。2006—2016年，甘肃农垦对所属张掖、下河清、条山、饮马、临泽、鱼儿红、宝瓶河等17家农牧场433.92万亩土地进行了评估，评估总价值294 007.93万元，并经国土部门办理了授权经营手续。通过资产置换、定向增发、现金收购等方式，向亚盛股份公司授权经营土地面积433.92万亩，土地资产入账价值294 007.93万元，土地用途为农业用地及设施农业用地。

截至2019年底，全国20多个省的部分农垦企业开展了国有土地（包括农用地）资产化、资本化探索，共有1 000多万亩土地使用权经评估作价出资（入股）注入农垦企业，金额达1 650多亿元；还有10个省开展了国有农用地使用权抵押担保试点，其中辽宁、河南、广西、海南、陕西五省试点取得了积极进展。

3. 关于收回国有农用地的决定权

虽然农垦国有农用地的登记使用权人在各地并不相同，如广东农垦登记为各农场，宁夏农垦登记为农垦集团公司，但在收回农垦国有土地的最终决定权上，广东和宁夏农垦都由省级农垦部门审批办理。如广东农垦收回土地的程序均是地方县级或县级以上人民政府或者自然资源局来函收回国有土地使用权，收回土地全部上报省农垦总局进行审批办理。

二、国有农用地权利实现面临的困难

（一）地方实践遇到的困难

各地在国有农用地资产化、资本化过程中，面临的主要困难有：

一是国有农用地法律地位不明，一些农场在申报土地确权发证工作时受到阻碍。《民法典》《土地管理法》等法律并没有明确规定国有农用地使用权，2019 年修改的《土地管理法》还将原法规定的"单位和个人依法使用的国有土地，由县级以上人民政府登记造册，核发证书，确认使用权"的内容删除，导致国有农用地使用权的登记无实体法可依。实践中，有的登记为"国有农用地使用权"，有的登记为"国有农用地的使用权"。2018 年 6 月，广东垦区梅陇农场向地方国土部门申报一宗 3 073 亩地块的土地确权时，对方复函答复不动产登记系统的申请登记事由中没有"国有土地使用权"或"国有农用地使用权"的权利类型，不能受理收件。经过省农垦总局与省国土部门的积极协调，地方国土部门于 2018 年底给梅陇农场新发证土地面积 5 807 亩，但是权利类型为"国有农用地的使用权"，不是"国有农用地使用权"。

二是一些地方土地使用权及国有资产授权经营资格尚未明确，制约了土地资产化资本化改革。广东农垦集团公司的国有资产授权经营资格尚未明确。根据现行政策，由省级以上政府批准实行国有资产授权经营的国有独资企业、国有独资公司，方可采用授权经营或作价出资（入股）方式配置土地。目前广东省农垦集团公司尚未获得国有资产授权经营主体资格。而且，采取作价出资（入股）方式处置时政府委托持股主体存在不确定性。根据《国有企业改革中划拨土地使用权管理暂行规定》，土地使用权作价出资（入股）形成的国家股权，由有批准权的人民政府土地管理部门委托有资格的国有股权持股单位统一持有。

三是作价出资对象企业的范围及可能引发的税费负担问题。天津农垦反映，天津食品集团土地权属基本分布于一、二、三级企业，土地作价出资时，若将约30%的土地评估备案值作为国家注册资本金注资到一级企业即集团层面，将涉及不动产转移登记工作及相关费用；若采取逐级增资的方式，将土地作价出资给原土地房产权利人，首先需要考虑的是原土地权利人（可能是集团所属二、三级企业）是否符合政策，是否能够采取作价出资方式处置；另外逐级增资将涉及契税、增值税、土地增值税、印花税等相关税费。其实，作价出资时的税费负担问题，是不少农垦企业在推进国有土地资产化资本化过程中普遍反映的问题。

（二）中央职能部门和立法部门的顾虑

关于国有农用地资产化、资本化，中央土地管理部门和立法部门也不无疑虑。总体看，可能的疑虑有：

一是国有农用地资产化资本化回报率问题。国有农用地具有经济功能、资源功能、生态功能，农业是需要财政补贴的行业，因此，国有农用地资产化、资本化须经得起市场检验。要考虑融资能够带来的利润率，如低于社会平均利润率，将会导致国有资产变少，国家或国有单位最终会失去控制权，甚至资不抵债，走得过快容易引发制度性问题。因此，建议国有农用地作价出资可限定在一些领域或行业去做，坚决不能因为资产化资本化而出现耕地"非粮化"问题。

二是国家粮食安全、重要农产品保障问题。农垦（包括新疆生产建设兵团）使用的耕地接近1亿亩，虽然只占全国耕地数量的5%左右，但却生产了占全国总量约6%的粮食、41.6%的棉花，以及数量不少的油料、糖料。此外，农垦还是天然橡胶等重要农产品的重要生产保障基地。2017年国务院发布的《关于建立粮食生产功能区和重要农产品生产保护区的指导意见》（国发〔2017〕24号），着眼国家粮食安全战略和保障重要农产品有效供给，提出要划定粮食生产功能区9亿亩、重要农产品生产保护区2.38亿亩，其中，大豆保护区1亿亩、油菜保护区7000万亩、棉花保护区3500万亩、糖料蔗保护区1500万亩，天然橡胶生产保护区1800万亩。毫无疑问，农垦在粮食生产功能区、重要农产品生产保护区建设中担负重任。农垦耕地资产化、资本化是否影响农垦战略功能的发挥，值得研究。

三是国有农场与其职工及职工家属的利益平衡问题。农垦国有农用地中，有相当一部分已由农场职工及其家属承包租赁经营，虽然从法律关系上讲，农场对土地享有使用权，且事实上已领取国有土地使用证，但已由农场职工及其家属承包的农用地，相当程度上已成为职工及其家属的口粮田、发展田，是其生存发展的基础。一些地方农垦为了便于管理和为企业经营留有空间，尽可能地缩短了与职工及其家属承包租赁合同的期限，但如果解决不好职工及其家属的生存和发展问题，要将土地收回来集中统一经营是有难度的。对于已经承包租赁的土地，如果农场以其作价出资给农垦公司，一旦公司经营出现问题，土地的处理将成为突出问题，职工及其家属，乃至其他租赁者权益的保障必将成为问题，因为土地承包租赁不适用"买卖不破租赁"规则。

第三章 >>>

国有农用地权利制度的完善

>>>

第一节　制度完善的必要性

一、健全自然资源权利体系的需要

我国的自然资源法治建设是在相关理论研究薄弱、缺乏系统规划和基本法统领的背景下逐步开展的，自然资源权利一开始没有遵循传统物权法的基本原理，以土地为基础构建，因而出现了比较突出的体系紊乱问题，这一问题突出表现在国有农用地领域。

我国的土地按照用途被分为农用地、建设用地和未利用地。建设用地之上配置了国有建设用地使用权（该权利基本实现了市场化流转）、集体建设用地使用权和宅基地使用权（集体经营性建设用地使用权的市场化改革已获得法律认可，宅基地使用权改革尚在试点探索中），可以说三种建设用地使用权完全涵盖了所有建设用地。未利用土地之上本无配置使用权的必要。农用地中，集体所有的和国家所有交由集体使用的农用地之上已经配置了土地承包经营权、土地经营权、林地使用权等权利。然而，国有单位使用的国有农用地上，除了林地使用权之外，并无针对耕地、草地的专门权利。过去，依照《土地管理法》等法律，尚有颇具争议的土地使用权，而2019年《土地管理法》修改之后，该项比较模糊的土地使用权也不复存在。从土地权利乃至自然资源权利体系的角度视之，有必要尽快完善国有农用地权利制度。

二、维护农垦及农场职工权益的需要

国有农用地使用权法律地位不明确影响了农垦的权益维护。国有农用地使用权法律规定的缺乏，导致国有农用地使用权确权受阻、流转受限、维权困难，毫无疑问影响了农场的权利。

然而，国有农用地使用权制度的欠缺，事实上也影响到农场职工的利益。在国家、农场和农场职工的关系中，农场是关键一环，不明确农场对国有农用地的使用权，就无法确定农场职工对农场土地的权利，影响农场职工对承包租赁的农场土地的稳定占有使用。

三、推动农垦进一步健康发展的需要

土地是农垦最重要的资产，农垦的健康发展，需要土地权利的清晰界定，这不仅是预防和化解纠纷的需要，也是推动农垦集团化、企业化、市场化发展的基础。从实践来看，国有农用地使用权法律地位不明确导致一些国有农场职工误认为其国有土地承包租赁权与农村集体土地承包经营权一样，从而提出各种不合理诉求。有的职工在确权登记中，要求政府给自己发放国有农用地使用权证书或承包经营权证书；有的职工在国家收回农场土地使用权时，要求将自己视为国有农用地使用权人，将收回土地的补偿费全部给个人；有的职工在生产经营中，虽享受了农场提供的生产经营服务和养老保险企业缴费，仍拒不缴纳土地承包租赁费；有的职工退休享受企业职工养老保险后，仍不肯退还承租土地；等等。如果在法律上对国有农用地使用权作出明确规定，上述问题都会迎刃而解，所有者、使用者、承租经营者和其他权利主体的矛盾就可能得到较好解决。此外，产权清晰是有序流转的前提，农垦的市场化改革必须建立在国有农用地产权明晰的基础上。

四、规范不动产登记的需要

由于国有农用地使用权缺乏明确的法律规定，《不动产登记暂行条例》未将国有农用地使用权作为一种不动产权利给予确认，只是在《不动产登记暂行条例实施细则》中用"国有农用地的使用权"替代"国有农用地使用权"。这样虽然解决了登记发证问题，但在实践中，各地不动产登记机构发放的不动产权证书中所标注的土地权利类型不统一，有的是"国有农用地使用权"，有的是"国有农用地的使用权"，还有的是"其他权利"等，不利于更好地保护和利用国有农用地。

不动产登记法已被纳入十四届全国人大常委会一类立法规划，总体看，该法被界定为不动产登记的程序法，在实体法未认可国有农用地使用权之前，将其纳入不动产登记的可能性不是很大，但不动产登记又不可能完全忽略国有农用地登记问题。

五、贯彻落实中央文件精神的需要

近年来，中共中央、国务院有关文件对明晰"国有农用地使用权"提出了明确要求。2015年出台的《中共中央、国务院关于进一步推进农垦改革发展的意见》和中共中央、国务院印发的《生态文明体制改革总体方案》，《国务院关于全民所有自然资源资产有偿使用制度改革的指导意见》等，均对明晰国有农用地使用权提出了要求，应该在实践中得到有效贯彻落实。

第二节 制度完善的基本思路

一、厘清国有农用地所有权

所有权是财产权的基础，国有农用地权利体系的构建，需正本清源，科学设计。

（一）以土地为基础构建国有农用地所有权

我国现行法规定的国有农用地所有权包括土地所有权、林地所有权[①]、草原所有权、水面所有权，也即土地所有权并不涵盖林地所有权、草地所有权、水面所有权。其实，如前所述，在土地所有权之外设立林地所有权、草地所有权等本质上属于土地所有权范畴的所有权类型，是我国1950年《土地改革法》以来区别不同自然资源分别立法的产物，这一立

---

① 2019年《森林法》第15条第1款规定了林地和林地上的森林、林木的所有权、使用权，这意味着存在林地所有权、森林所有权和林木所有权三种所有权及相应的三种使用权。

法模式既不符合自然资源分类，也不符合逻辑，更不符合物权法基本原理。从比较法上看，在土地和房屋的关系上，有所谓结合主义（如德国）和分离主义（如法国、日本），但其在对待林、草等土地出产物的态度上是基本一致的，即将与土地未分离的林、草视为土地的附着物，不能成立独立的所有权，更没有将林地、草地等从土地中分离出来单独成立所有权。在这方面，德国法的经验值得借鉴，德国《民法典》和《土地登记条例》均以"土地"作为其规范前提。而且，德国法律所采取的土地概念，不是经济意义上的土地概念，而是一种纯粹形式的地表界定①。事实上，1938 年陕甘宁边区政府颁发《土地所有权证条例》也是如此，其第 1 条规定："本条例所称土地，包括农地、林地、牧地、房地、水地，及其他水陆天然富源。"将林地所有权、草地所有权与土地所有权并列是过去行业分别管理、分别登记的产物。虽然我国长期以来对国家所有权不登记，但基于国有土地所有权、国有林地所有权、国有草地所有权的国有土地使用权、国有林地使用权、国有草地使用权登记却出现了比较严重的多头登记、重复交叉登记等问题。一些地方将本属于农垦的土地使用权登记在别人名下，或者将农垦有争议的土地使用权随意登记给他人，与国有土地所有权设计的不科学不无关系。不动产统一登记后，这一问题会得到一定程度的缓解，但很难彻底解决。因此，理想的途径是以土地资源为核心构造自然资源民法所有权体系，将林、草等土地的出产物视为土地的附着物，其上不存在独立的资源所有权。同时，山岭、荒地等均应纳入土地所有权的范畴。基于此，法律不应单独规定森林、草原、山岭、荒地等所有权类型，只须改变以城市、农村和城市郊区为限规定土地所有权的立法模式，将土地所有权扩及所有类型土地（包括海岛）。

（二）合理确定国有农用地所有权的范围

历史地看，罗马法上有"可有物"与"不可有物"、"财产物"与"非财产物"的划分，大陆法系国家一般将"公物"排出民法"所有权"调整范围（由行政法等调整）。在公物之外，有可以纳入民法中"所有权"的"国有物"，国有物又进一步划分为不得处分的国有物与可以处分的国有物。二者的区别在于，后者可以基于私有化的政策转让给私人，而前者不

---

① 参见鲍尔·施蒂尔纳主编，《德国物权法》，张双根译，法律出版社 2004 年版，第 284 页。

能被私有化①。著名意大利罗马法学家彼得罗·彭梵得（Pietro Bonfante）甚至认为，某物是否具备经济目的与可交易性，是判断一个民事主体对该物能否取得所有权的标准②。相比之下，我国《宪法》《物权法》等关于自然资源国家所有权的规定要笼统得多③，《宪法》在没有对自然资源科学分类的基础上，原则性地宣告"矿藏、水流、森林、山岭、草原、荒地、滩涂等自然资源，都属于国家所有，即全民所有；由法律规定属于集体所有的森林和山岭、草原、荒地、滩涂除外"④。《物权法》《民法典》在落实《宪法》国家所有权规定、归并单行法国家所有权规定方面并未进行体系化整理，造成了不小的理论困惑和实践麻烦。其实，《宪法》关于自然资源国家所有的规定更多是一种宣示、政治表达，与其说强调权利归属，不如说强调资源的"合理利用"。《森林法》《草原法》等自然资源单行法大多成型于商品经济萌芽、民事权利意识觉醒的20世纪80年代，其没有对自然资源国家所有作出精致规定自在情理之中。但作为民法重要构成部分的《物权法》和《民法典》是在我国法学研究有了一定程度积累的背景下制定的，理应对《宪法》和自然资源单行法的国家所有规定作出系统规定。未来包括土地在内的自然资源国家所有权制度的完善，应当借鉴其他国家和地区的立法经验，合理确定国家所有权的"标的物"，将无法排他、供公众自由使用的"公物"排出国家所有权范围；明确区分可交易国有自然资源与不可交易国有自然资源，并根据不同类别的自然资源合理界定代表主体、行使主体及其权利与义务；结合集体自然资源所有权，明确国家所有权与行政管理权的界限，避免行政公权过度侵入自然资源国家所有权。

二、科学构建国有农用地使用权

国有农用地使用权，由国有农用地所有权派生而来。在国有农用地所

---

① 参见薛军：《自然资源国家所有权的中国语境与制度传统》，载《法学研究》2013年第4期。

② 参见彼德罗·彭梵得主编：《罗马法教科书》，黄风译，中国政法大学出版社1992年版，第185页。

③ 此次《民法典》编纂，基于其"编纂"的定位，不可能对国家所有权重新构造。同时，《民法典》实施不久，个人觉得不宜批评过多，所以在注释中简单交代。

④ 相对而言，《宪法》对土地的规定要明确具体一些。

有权尚不能涵盖林地所有权和草地所有权的背景下，构建国有农用地使用权，似乎只能在现行农用地所有权的框架体系下委曲求全，不可能另起炉灶。即按照所有权—使用权——对应关系，国有农用地使用权只能是国有林地使用权、国有草地使用权、国有养殖水面使用权和其他国有农用地使用权。

然而，值得注意的是，新修改的《土地管理法》已经删除了影响不动产统一登记的相关规定。《不动产登记暂行条例》的可登记不动产权利规定，并未严格遵守《物权法》《森林法》《草原法》等法律对于不动产权利的规定。其第5条列举的可登记不动产权利类型中，有森林、林木所有权，耕地、林地、草地等土地承包经营权，没有《森林法》《草原法》规定的林地所有权和使用权、草原所有权和使用权，也没有一般意义上的国有农用地使用权。应该说，《不动产登记暂行条例》的立法思路是清晰的，其不明确规定林地所有权和使用权，草地所有权和使用权是符合物权和不动产登记基本原理的。但对包括耕地、林地、草地等国有农用地使用权一概不予明确规定必然造成可登记权利的漏洞，事实上也不利于国有农用地确权登记、权利保护。诚然，作为行政法规和程序法范畴的《不动产登记暂行条例》"无权"创设新的权利类型，但"破旧"不"立新"的后果就是国有农用地使用权登记空缺及其权利保护乏力。

构建国有农用地使用权体系，需要重点处理好国有农场等单位和其职工、职工子女以及长期使用国有农用地的外来人员之间的利益关系。历史地看，国有农场等国有单位早期主要通过划拨方式无偿取得了对国有农用地的使用权，但在发展过程中，国有农场比较普遍地将国有农用地参照集体土地承包经营的方式承包或租赁给了职工、职工子女乃至外来人口。一些外来人口甚至在国有农场非法开垦土地、长期使用已超过二十年。面对这种情况，我们一方面要明确国有农场等单位对于农用地的使用权，但对于职工、以土地为主要生存保障的职工子女及外来人口要赋予相对稳定的权利。

构建科学合理的国有农用地使用权体系，理想的途径自然是如前所述，从源头上解决国有农用地所有权制度设计的问题。但在《民法典》刚刚实施，《土地管理法》和《森林法》等法律刚完成修改的背景下，重构包括国有农用地在内的自然资源所有权体系，显然难度不小。考虑到耕地保护和质量提升法、国有资产法、国土空间开发保护法和不动产登记法一道被纳入十四届全国人大常委会立法规划一类立法项目，国有农用地使用权制度的完善，应首先在耕地保护和质量提升法、国有资产法或国土空间开发保护法等实体法中作出规定，同时在不动产登记法中赋予其登记能力。这不仅是必要的，也是可行的。而且，这里的国有农用地使用权，是指农垦国有农场、国有林场、劳改农场、华侨农场、原部队农场或其公司化改制的继承者等对国家交由其管理使用的国有农用地享有的权利，这里的国有农用地使用权包括对耕地、园地、林地、草地等的使用权，但不包括国家交由农民集体组织使用的国有土地产生的使用权利。

三、服从于国有农场、林场发展战略和改革目标

农垦、国有林场等管理使用国有农用地的国有单位，既承担生态保护、粮食安全和战略物资保障等战略任务，也负载农场、林场持续健康发展的使命，农垦更要担当集团化、企业化、市场化改革的重任。《国有林场改革方案》指出："森林是陆地生态的主体，是国家、民族生存的资本和根基，关系生态安全、淡水安全、国土安全、物种安全、气候安全和国家生态外交大局。"2015 年《中共中央、国务院关于进一步推进农垦改革发展的意见》明确提出："努力把农垦建设成为保障国家粮食安全和重要农产品有效供给的国家队、中国特色新型农业现代化的示范区、农业对外合作的排头兵、安边固疆的稳定器。"农垦是一支"国家在关键时刻抓得住、用得上的重要力量"，这就要求国有农用地权利制度建设既要考虑权利的稳定性，也要考虑权利的流动性。而权利稳定性和流动性这一矛盾要求的实现，必须建立在对国有农用地科学分类的基础上，对不该流动的严格限制或禁止转让，对该流动的打通流动障碍，使其有序高效流转起来。为此，建议根据用途管制及流动性程度的不同，科学划分宗地，在国有农用地使用权登记证书中明确载明土地用途及流转限制。具体言之，不仅要彻底改变一个农场、林场一宗地、一本证的不当做法，区分农用地、建设用地、未利用地，还要对农用地进一步分宗；既要根据《森林法》及其实施条例对森林的分类及流转限制的不同将林

地使用权区分为公益林等不同类型，也要根据国家粮食生产功能区、重要农产品生产保护区的划分情况，对国有耕地区分登记，以便于实施精准管理。

四、进一步完善国有农用地收回制度

从调研情况看，农垦占有使用的国有农用地被地方随意收回的问题是比较严重的。而这在新修正的《土地管理法》进一步缩小征地范围、提高补偿标准的情况下，有进一步恶化的可能。从现行制度来看，我国对国有土地收回的制度供给是严重不足的，这是农垦、国有林场等土地流失、企业及职工利益得不到有效维护的一个重要因素。

考察现行法律法规，对国有土地收回的规定主要是《土地管理法》，2019 年修改之前的《土地管理法》第 58 条第 1 款规定："有下列情形之一的，由有关人民政府土地行政主管部门报经原批准用地的人民政府或者有批准权的人民政府批准，可以收回国有土地使用权：（一）为公共利益需要使用土地的；（二）为实施城市规划进行旧城区改建，需要调整使用土地的；（三）土地出让等有偿使用合同约定的使用期限届满，土地使用者未申请续期或者申请续期未获批准的；（四）因单位撤销、迁移等原因，停止使用原划拨的国有土地的；（五）公路、铁路、机场、矿场等经核准报废的。"第 2 款规定："依照前款第（一）项、第（二）项的规定收回国有土地使用权的，对土地使用权人应当给予适当补偿。"2019 年修改的《土地管理法》仅仅将原第 58 条第 1 款中的（一）（二）整合为"为实施城市规划进行旧城区改建以及其他公共利益需要，确需使用土地的"，并无实质性修改。

比较《土地管理法》对征收集体土地和收回国有土地的规定，显然征收集体土地的规定要详尽得多，对征收权力的规范也要严格得多，这在修正后的《土地管理法》中表达得更为突出，一方面通过明确列举公共利益类型的方式对征收的条件做了适当限定，另一方面通过提高补偿标准、规范征收程序，进一步对征收权力的行使予以约束，从而保障被征收人合法利益。理论上讲，《土地管理法》对公共利益的明确界定有助于规范收回国有土地权力，毕竟国有土地的收回也要遵循"公共利益"条件，但需要指出的是，《土地管理法》第 79 条对违法征收的法律后果作了规定，同时对违法征收配置了相应的法律责任①。与之截然不同的是,《土地管理法》中并无对违法收回国有土地的法律后果的规定,也没有针对违法收回国有土地规定相应的法律责任。更值得关注的是,随着土地征收条件的严格化、征收程序的复杂化及征收补偿标准的大幅提高,国有土地将面临更大的被收回的压力。为此,完善国有土地收回制度迫在眉睫。

第三节 制度完善的具体建议

一、国有农用地权利制度建设的主要内容

(一)国有农用地所有权制度完善的重点内容

1. 构建土地所有权体系

在民法所有权的意义上,土地的外延扩展至我国主权管辖范围内的一切土地,即国土,不仅林地、草地、荒地等属于土地范畴,河流、湖泊、内海、领海也应纳入土地范畴予以规范,其上成立土地所有权。当然,与主权意义上的土地不同的是,民法意义上的土地应仅为地球表层部分。基于土地的这一界定,未来不应在土地所有权之外认可与土地所有权并行不悖的林地所有权、草原所有权、荒地所有权、滩涂所有权、海域所有权、海岛所有权等概念。林地所有权等概念可以作为土地所有权的种概念使用。在民法意义上,不应认可森林所有权和林木所有权概念,民法意义上的不动产应指土地及其上的房屋等建筑物、构筑物等定着物。林木、森林等如果不存在与所有权分离的用以种植、培育林木、森林的使用权,权利应归属于土地所有权人,如果有使用权存在,则归属于使用权人。

2. 区分不同用途土地规定所有权具体行使主体

国有建设用地具体行使主体的确立,经过新中国成立以来,尤其是改革开放40多年的长期探索,已有成熟的做法和经验,应当在尊重既有现

---

① 第79条规定:无权批准征收、使用土地的单位或者个人非法批准占用土地的,超越批准权限非法批准占用土地的,不按照土地利用总体规划确定的用途批准用地的,或者违反法律规定的程序批准占用、征收土地的,其批准文件无效,对非法批准征收、使用土地的直接负责的主管人员和其他直接责任人员,依法给予处分;构成犯罪的,依法追究刑事责任。非法批准、使用的土地应当收回,有关当事人拒不归还的,以非法占用土地论处。

行实践的基础上赋予地方政府国有建设用地具体所有者代表地位。国有农用地所有权的具体行使主体，在自然资源领域成立区别于行使行政管理职能的部门"自然资源国资委"之前，可以借鉴《企业国有资产法》的分级代表做法，中央直属的国有林区和农场由中央部门具体代表行使所有者职能，地方国有林场和农场由相应的地方部门具体代表。同时，区分公益性（包括承担粮食安全、重要农产品供给任务）与经营性国有林场和农场，分别由相应层级的不同职能部门具体行使所有者职责，比如中央层面，公益性的林场和农场由国家林草局和农业农村部具体行使所有者职责，而经营性的林场和农场由国务院国资委具体行使所有者职责，地方层面作同样区分。至于国有未利用地，应全部由国务院自然资源部门统一具体行使所有者职责，这有利于国土空间用途管制目标的实现。另外，对于国有建设用地、国有农用地的所有者职责进行适当区分，作为统一行使自然资源所有者职责的部门，自然资源部有必要统一担负国有建设用地、农用地的调查统计、考核评价等具体职责。

3. 适度打开土地所有权流转的口子

土地所有权的流转，既包括国有土地与集体所有土地之间的流转，也包括不同主体所有的集体土地之间的流转。实践中，国有与集体所有土地的置换已然发生，不同主体所有的集体土地之间的置换也实际发生且被有关规定认可。另外，土地征收制度改革的方向必然是前置设定国家赎买集体土地的程序。随着土地征收法治化的推进，征收范围必将缩小，国家自然保护地建设、法定征收范围之外对集体土地的需求，将使得国家赎买集体所有土地成为刚需。为此，有必要打开土地所有权置换和国家赎买集体所有土地的口子。

（二）国有农用地使用权制度完善的重点内容

国有农用地使用权制度的完善，关键是要通过立法明确肯定国有农用地使用权是用益物权，并将该权利赋予国有农场、国有林场等国有单位。当然，考虑到国有农用地又有耕地、林地、草地、湿地、水面等用途各异的不同类型，而且即使在同一用途内，又因其承担的社会义务等不同而有公益性或经营性或其他类型的划分，比如耕地有永久基本农田和一般耕地的区别，耕地内还有高标准农田、粮食生产功能区等不同类型，高标准农田的数量小于永久基本农田大于粮食生产功能区，原则上高标准农田都应纳入永久基本农田，但事实上并非所有的高标准农田都属于永久基本农田。考虑到不同类型的耕地所担负的使命不同、管制严格程度不同、得到补偿的类型和标准也可能不同，尤其《粮食安全保障法》和正在制定的耕地保护和质量提升法针对不同耕地类型设计了不同管制标准，顺应耕地保护的现实需求和立法进展，国有农用地使用权的赋予首先需要科学划定宗地，不仅要将国有农用地与建设用地、未利用地区分开来，要将耕地与园地、林地、草地等不同类型的农用地区分开来，还要将不同类型的耕地区分开来，只有如此，方可使国有农用地权利真正实现好、维护好、发展好。

一个值得关注的问题是，在赋予国有农场等国有农用地使用权的同时，要明确国有农场职工等主体对其实际承包租赁的国有农用地的权利。具体讲，当初给农场职工分配"身份田"等保障田的目的就是用"身份田"抵扣社保负担，而且"身份田"的享有以职工退休取得社会保障为终期，因此，应赋予职工对于"身份田"类似于农民土地承包经营权的长期稳定权利，当然，职工的这种权利应以职工退休或所在农场补缴社保提供就业机会为终止条件。对于获得"身份田"却没有自主缴纳社保的职工，如果生活的确困难，应当通过社会救助解决其困难，但不应延长其对于"身份田"的权利。对于开垦土地自主经营二十年以上且以土地谋生的外来人口，如果所开垦耕地符合国家农用地用途管制要求，则应当根据其开垦成本、对土地的依赖程度及其原住所地承包经营权和宅基地使用权等权利丧失程度，按照市场化租赁方式依照《民法典》租赁合同、土地经营权等规定确认其权利。

二、推进国有农用地权利制度建设的可能步骤

综合考虑国有农用地权利体系完善的轻重缓急、全国人大常委会最新立法规划以及过去立法的惯常做法，建议未来国有农用地权利体系的完善采取以下几个步骤逐步开展。

（一）在耕地保护和质量提升法等实体法中规定国有农用地使用权

当前，耕地保护和质量提升法、国有资产法、国土空间开发保护法的制定和《农业法》的修改是规定国有农用地使用权的难得机遇。耕地保护和质量提升法需要确定耕地保护的义务主体，国有农场等实际享有国有农用地使用权的国有单位是主要的耕地保护义务主体。而要落实义务主体必

须首先明确赋予其权利。《农业法》是农业农村领域重要的基础性法律，农垦作为国有农业经济的骨干和代表，与农村集体经济、农户家庭经济、农民合作经济共同构成中国特色农业经济体系，农垦使用的国有农用地的经营管理制度与农村集体土地承包经营制度存在很大差异，有必要通过法律予以规范。从立法进程来看，耕地保护和质量提升法与《农业法》显然快于国有资产法和国土空间开发保护法。因此，国有农用地使用权入法的最佳机遇就是耕地保护和质量提升法与《农业法》的制定修订。当然，在国有资产法、国土空间开发保护法中规定国有农用地使用权也未尝不可。

（二）在不动产登记法中赋予国有农用地使用权以登记能力

在耕地保护和质量提升法等实体法规定国有农用地使用权的基础上，不动产登记法明确赋予国有农用地使用权以登记能力。如果不动产登记法出台之前国有农用地使用权依然没有在实体法中获得正统地位，不动产登记法应当给国有农用地使用权等权利纳入不动产登记系统留下接口，比如设计"法律和行政法规规定的其他权利"这样的兜底规定，以使国有农用地使用权在不动产登记法出台之后仍有机会尽快纳入不动产系统。

（三）修改《土地管理法》或出台自然资源基本法整理土地权利体系

国有农用地权利体系的实现，理想的途径自然是修改《民法典》，通过顶层设计完善物权制度，重构自然资源所有权和使用权制度。但考虑到启动《民法典》修改并非易事，即使《民法典》修改得以启动，也不指望《民法典》修改只讨论土地权利问题，而且如果缺少单行法经验，《民法典》修改直接重构土地权利似乎也不现实。因此，土地权利体系建设比较理想且可行的途径就是修改《土地管理法》，或者制定自然资源基本法。《土地管理法》虽然刚完成修改不久，但再启动该法修改程序的可能性依然存在，因为《土地管理法》有关土地利用规划、城乡规划等内容将随着国土空间规划的到位而很快过时，宅基地"三权分置"等改革也即将完成需要及时入法，而最理想的入法途径就是修改《土地管理法》。此外，在法典化的浪潮中，出台自然资源基本法的可能性也比较大。

（四）修改《民法典》完善自然资源物权体系

在《土地管理法》或自然资源基本法完成土地权利体系构建并经过一

段时间实践检验之后，利用《民法典》修改的机会，最终实现土地权利的体系化定型。而体系化的重点包括重新梳理自然资源所有权类型、所有权具体行使主体及其职责、所有权流转的形式及其限制，土地用益物权的类型及其具体权利内容，尤其是细化国有农用地使用权收回的条件、程序及补偿等内容。

PART 2 | 第二部分

农垦国有农用地管理

第四章 >>>

农垦国有农用地确权登记中的
问题及其完善建议

第一节　农垦国有农用地确权登记的
难点及其对策

一、农垦国有农用地确权登记的难点

自《国务院办公厅转发国土资源部、农业部关于依法保护国有农场土地合法权益的意见》（国办发〔2001〕8号）与《国土资源部、财政部、农业部关于加快推进农垦国有土地使用权确权登记发证工作的通知》（国土资发〔2016〕156号）等文件印发以来，各垦区积极开展了以国有农场为土地使用权人的确权登记发证工作，并取得了较大成绩。2019年《不动产登记暂行条例实施细则》第52条进一步规定："以承包经营以外的合法方式使用国有农用地的国有农场、草场，以及使用国家所有的水域、滩涂等农用地进行农业生产，申请国有农用地的使用权登记的，参照本实施细则有关规定办理。国有农场、草场申请国有未利用地登记的，依照前款规定办理。"2022年全国农垦（不含新疆生产建设兵团）已完成确权登记发证面积4.09亿亩，占农垦主张权利面积的95.6%，不动产权证面积占总发证面积的92.4%，较上年增加2.5个百分点。但是，截至2022年末，全国农垦有28个垦区、351个权属单位存在土地权属争议的情况，争议土地面积达678.93万亩，被侵占土地面积

272.13 万亩，当年新增被非法侵占土地面积 0.12 万亩[1]。基于广东、海南、宁夏、安徽等垦区的反馈意见，这些垦区普遍存在国有农用地维权难的情况。

国有农用地权属的界定主要在于明确农用地的所有权归属国家还是农民集体，以及农用地的使用权是否由国有农场、农民集体或其他单位持有，这些问题目前仍存在争议。经过长期的确权工作推进，各垦区剩余争议地完成确权发证的难度越来越大，形成了长期悬而未决的难题。以宁夏农垦为例，目前仍有 16 万亩的争议地尚未完成确权发证工作。

2019 年《安徽农垦土地工作情况汇报》《安徽农垦集团龙亢农场有限公司国有农用地有关情况报告》和《华阳河农场公司国有农用地产权制度有关情况汇报》中反映，多个农场都有争议地。例如：①白米山农场争议土地面积约 19 000 亩。其中，与三界部队争议面积 9 600 亩，与滁州市三界国有林场争议面积约 1 000 亩，与滁州市老嘉山国有林场争议面积约 3 000 亩，与地方村镇、老百姓争议面积约 5 400 亩。②皖河农场与皖河长江河道管理局存在长江外滩争议面积 3 862.56 亩。③龙亢农场与周边有争议土地 4 117.06 亩。④华阳河农场尚有 4 000 余亩湖外滩涂未确权，双方签订了争议缘由书，留待日后解决[2]。

在河北，"大城农场土地权属纠纷难解，大城农场始建于 1959 年，原有土地 6 000 亩，多年来多次划拨及被部分周边村街强占，农场只剩土地 1 549.29 亩。2014 年，经国土局请示，县政府下发了《关于县国土资源局请示对河北国营大城农场部分土地确权的批复》，明确将 1 549.29 亩土地确权到农场，引发北赵扶村民集体上访，最后市法制办以《批复》未经公示，程序不合规为由，作出了行政复议终止决定书，《批复》被撤销"[3]。

综上所述，农垦国有农用地的权属纠纷涉及多方面，主要包括国有农场与周边农民集体之间的农用地所有权归属争议，以及国有农场与农民集体、行政机关或管理单位等主体之间关于国有农用地使用权的归属纠纷。在后一项纠纷中，情况尤为复杂：一方面体现在耕地、林地等多部门管理

---

[1] 参见农业农村部农垦局，《全国农垦土地管理与利用情况监测报告》，载《农垦情况》2024 年第 7 期。

[2] 参见高海，《农垦国有农用地物权问题研究》，法律出版社 2021 年版，第 184 页。

[3] 参见卢建桥，《廊坊市农垦改革存在问题及对策建议》，载《中国农垦》2019 年第 11 期。

下出现的多证重叠颁发问题，即同一地块被不同部门或单位颁发多个权属证明；另一方面则体现在因权属争议导致的土地无法确权发证。同时，不少垦区还存在土地已经确权但是发证缓慢的问题。内蒙古垦区反映："垦区部分农牧场所在地自然资源局对已经登记入库的农垦土地未予发证。"无独有偶，河南垦区也反映有些有争议的土地虽然法院已经确认农场拥有使用权，但是难以执行到位导致土地无法登记发证。

二、解决农垦国有农用地权属纠纷的对策

对于存在土地权属争议、尚未进行登记发证的地方，应建立由政府主导，自然资源部、农业农村部等相关部门共同参与的农垦国有土地权属争议调处工作机制。同时，建立详尽的统计台账，依据先易后难的原则，分类别制定具体的调处方案。对于短期内难以解决的权属争议，可采取将争议部分先行隔离划出的措施，通过争议各方实地确认并签署协议等方式，明确界定争议范围，并对无争议的土地部分优先办理确权登记发证手续。具体而言，在解决农垦国有农用地权属纠纷时，应特别注意以下三点。

（一）宜区分行政管理权与国有农用地使用权

一些地方将行政管理权与国有农用地使用权混淆，是解决农垦企业与相关行政管理机关国有农用地使用权归属纠纷的障碍之一。例如，江苏新曹农场、琼港农场涉及的河道堤防管理处河道及河堤管理区，被地块的行政管理主体单位领走了《国有土地使用证》，应属确权有误。广西农垦火光农场有块土地坐落在黄淡水库水域中央，基本已成一座孤岛。1975 年 9 月火光农场与周边村民集体签订场社划地协议书，其中明确黄淡水库内的 500 多亩种植橡胶的土地，使用权归火光农场；2002 年东兴市人民政府第 16 号处理决定明确了 500 多亩水库内岛屿土地的所有权归国有、使用权归火光农场。2018 年农场在申请发证时，黄淡水库管理处以土地全部位于水库"管理区域"为由，要求将该岛确权发证给水库管理处。经广西农垦集团、火光农场主动协调，依据国家土地管理局《确定土地所有权和使用权的若干规定》[〔1995〕国土（籍）字第 26 号] 第 12 条"水利工程管理和保护范围内未经征用的农民集体土地仍属于农民集体所有"的规定，同时参考《江西水库管理范围规定》第 8 条"国家所有的水库保护范围

内，土地所有权和使用权不变，土地的使用应当接受水库管理单位的监督"的规定，经过多次协调，政府部门明确了管理范围只是个管理概念，不能与范围内的土地使用权混为一谈，将该 500 多亩的岛屿土地确权登记发证给了火光农场①。

国有农用地使用权是民法上确立的，包含占有、使用、收益、处分等权能归属的物权。其权利内容和性质与明确管理职权的行政管理权存在显著区别。国有农用地使用权的主体与行政管理权的主体在实际操作中往往是分离的。国有土地上的河堤、水库等行政管理权虽归属于行政机关或其他管理单位，但这并不妨碍河堤、水库所占用的国有土地使用权归属于农垦企业（在特定情况下，行政机关管理的国有土地也可交由农民集体使用并发包）。因此，在确权过程中，应明确区分行政管理权与国有农用地使用权，不得简单地将行政管理权的主体直接认定为国有农用地使用权的主体。

（二）妥善解决国有农用地使用权证与林权证、土地承包经营权证重叠问题

参照自然资源部等五部门印发的《自然资源统一确权登记暂行办法》（自然资发〔2019〕116 号）第 5 条"自然资源统一确权登记以不动产登记为基础，依据《不动产登记暂行条例》的规定办理登记的不动产权利，不再重复登记。自然资源确权登记涉及调整或限制已登记的不动产权利的，应当符合法律法规规定，依法及时记载于不动产登记簿，并书面通知权利人"的规定，尽量避免权证重复登记。

对于国有农用地使用权证与林权证、土地承包经营权证重叠发放问题，有农垦专家提出，"将该部分土地分类处置。对现属于农垦使用的土地，保留农场土地权证，撤销他人产权证，维护不动产权的唯一性；对划定为生态保护区的原划拨给农垦的土地，将其生态林木管护权归林木保护区，其余土地产权归农场所有，既加强对生态林木的保护，又维护农垦的土地权益"②。

为更稳妥解决权证重叠发放问题，建议采取下列措施：①建立自然资

---

① 参见邓庆海主编，《国有农用地：权利体系与农垦实践》，中国农业出版社 2021 年版，第 187 页。
② 参见 2020 年农业农村部农垦局提供的《部分垦区反映的问题和希望突破的政策要点》。

源部门与林业部门等相关确权发证主体的联席会议制度或沟通协商机制。一方面避免后续确权或发证中对同一地块叠加确权发证现象的发生，另一方面便于统一权属纠纷的解决机制，或者化解已有的叠加确权发证冲突。②分类处置、化解权属证书重复发放问题。一是涉及中央直属垦区与国家重点林区争议的，原则上由争议所在地省级政府调处，涉及地方与垦区争议的，原则上由争议所在地县级以上人民政府调处，并根据原始地籍资料、利用现状、使用时间合理确定权属。权属暂无法确定的，可将争议范围在各自证书上单独标注。二是国有农用地使用权证与土地承包经营权证重叠的，往往是在确定农垦企业国有农用地使用权后，因程序不规范等又发放了土地承包经营权证，实质上已经构成对农垦企业的侵权，原则上应由争议所在地县级以上人民政府按照权证发放时间、程序规范性等因素确定权证效力。调处无效的，可诉至法院。

（三）无地籍等资料时宜根据实际使用情况确权

有地籍等资料的，根据相关地籍资料确权。对于无地籍等资料或者资料不全的，参照国土资源部办公厅、财政部办公厅、农业部办公厅印发的《加快推进农垦国有土地使用权确权登记发证工作方案》（国土资厅发〔2017〕20 号）规定：推动建立由地方政府牵头，国土资源、农垦等部门多方参与的农垦国有土地权属争议调处机制，按照"尊重历史，面对现实，互利互让"原则，加大争议调处力度，采用积案包干、挂牌督办等方式，努力解决一批权属争议……对于权属争议一时难以调处的农垦国有土地，可将争议部分划出，不得扩大争议范围，对没有争议的土地先办理登记发证手续，争议土地待争议解决后再予以登记发证①。针对无地籍等资料或者地籍等资料不全的争议地权属纠纷的解决，部分文件规定了"根据实际使用情况确定土地使用权归属"的规则。借鉴"根据实际使用情况确定土地使用权归属"之规则，宜先明确争议地所有权归属，然后再明确争议地使用权归属。

1. 先明确争议地所有权归属

争议地所有权不明，确定其归属的规则，主要依据是 2001 年国务院

---

① 国土资源部、财政部、农业部《关于加快推进农垦国有土地使用权确权登记发证工作的通知》（国土资发〔2016〕156 号）也有类似规定。

办公厅转发国土资源部、农业部《关于依法保护国有农场土地合法权益的意见》中第 1 条第 6 款："对国有农场和农民集体现使用的有争议的土地，因土地权属资料不清，无法查证土地权属来源的，根据实际使用情况，并经双方协商一致后，确认各自的国有土地使用权和集体土地所有权。协商不成的，由县级以上人民政府处理。"此外，2001 年《广东省人民政府办公厅关于国有农场土地确权与登记发证工作的意见》第 1 条第 6 款规定："国有农场与周边农民集体、其他单位现使用的土地有争议，无法查证土地权属来源归属或不能依法证明争议的土地属于集体所有，且又协商不成的，争议土地按规定属于国家所有，使用权可根据实际使用状况确定。"

显然，这两个文件的共同点在于：①都涉及土地所有权归属不明，且无法查明是属于农民集体所有还是属于国家所有的土地；②都有"根据实际使用情况"确定土地权属的规定。不同点在于处理规则与法律效果的表述不同：前一个文件没有明确国有农场与农民集体协商不成时人民政府的具体处理规则，只是明确了协商一致时的法律效果，即根据实际使用情况，确认"各自的国有土地使用权和集体土地所有权"——国有农场使用的土地，所有权归国家，使用权归国有农场；农民集体使用的土地，所有权和使用权均归农民集体。实际上，《关于依法保护国有农场土地合法权益的意见》第 1 条第 6 款隐含着"通过确定使用权主体来确定所有权主体"的意思。后一个文件则相反，没有明确国有农场与周边农民集体等单位协商一致时的法律效果，却明确了"无法查证土地权属来源归属或不能依法证明争议的土地属于集体所有，且又协商不成"时的处理规则，即直接将土地所有权确定给国家，使用权再根据实际使用情况确认归属——国有农场使用的土地，使用权归国有农场，否则归农民集体。由此可见，2001 年《广东省人民政府办公厅关于国有农场土地确权与登记发证工作的意见》第 1 条第 6 款采取了先确定所有权主体再确定使用权归属的规则；尤其是在土地所有权主体的确定规则上，上述国务院部门文件与地方政府文件的规定存在明显差异①。

如果农场国有农用地使用权并非独立的他物权即仅为所有权的一项权

---

① 参见高海，《农场国有农用地使用权确权规则探究——以取得时效为视角》，载《北方法学》2016 年第 2 期。

能，那么《关于依法保护国有农场土地合法权益的意见》第 1 条第 6 款通过确定使用权享有主体来辨识所有权主体尚且能说得通。但是，在农场国有农用地使用权已经成为独立他物权①的前提下，农场国有农用地的使用权主体与所有权主体理应不一致，显然不能通过确定使用权主体来确定所有权主体。因此，应分别明确所有权与使用权的权利归属。

"明确先确定所有权主体再确定使用权归属"的 2001 年《广东省人民政府办公厅关于国有农场土地确权与登记发证工作的意见》第 1 条第 6 款直接规定"争议土地按规定属于国家所有"，值得提倡。理由是：①直接先确定给国家所有，既可以有效提高确定争议地所有权归属的效率，又可以避免前述"通过确定使用权享有主体来辨识所有权主体"之弊端。②争议地先确定归国家所有后，再根据实际使用情况确定国有农用地使用权主体（无论是确定给农民集体还是确定给国有农场），均有例可循。

此外，"争议土地按规定属于国家所有"中的"规定"具体指的是什么？《关于依法保护国有农场土地合法权益的意见》第 1 条第 6 款未作出明确规定。2018 年《宪法》第 9 条第 1 款②与 2020 年《民法典》第 250 条③，可以为林地、草地、荒地、滩涂等争议地所有权归属于国家提供有效"规定"。但是，按照 2018 年《宪法》第 10 条第 2 款④与 2020 年《民法典》第 249 条⑤规定，农村和城市郊区的土地，只有法律规定属于国家所有的才能属于国家，否则应当属于农民集体。似乎耕地类乃至建设用地类"争议土地按规定属于国家所有"的规则，缺乏《宪法》与《民法典》的明确法律依据。不过，国家土地管理局印发的《确定土地所有权和使用权的

---

① 参见高海，《论农垦国有农用地使用权的性质与构造》，载《农业经济问题》2019 年第 2 期。另外，国土资源部、财政部、农业部印发的《关于加快推进农垦国有土地使用权确权登记发证工作的通知》（国土资发〔2016〕156 号）规定："开展农垦国有土地使用权确权登记发证工作，就是依法确认国有农场对其合法取得的土地等不动产享有物权。"

② 2018 年《宪法》第 9 条第 1 款规定："矿藏、水流、森林、山岭、草原、荒地、滩涂等自然资源，都属于国家所有，即全民所有；由法律规定属于集体所有的森林和山岭、草原、荒地、滩涂除外。"

③ 2020 年《民法典》第 250 条规定："森林、山岭、草原、荒地、滩涂等自然资源，属于国家所有，但是法律规定属于集体所有的除外。"

④ 2018 年《宪法》第 10 条第 2 款规定："农村和城市郊区的土地，除由法律规定属于国家所有的以外，属于集体所有……"

⑤ 2020 年《民法典》第 249 条规定："城市的土地，属于国家所有。法律规定属于国家所有的农村和城市郊区的土地，属于国家所有。"

若干规定》（〔1995〕国土〔籍〕字第 26 号）第 18 条"土地所有权有争议，不能依法证明争议土地属于农民集体所有的，属于国家所有"，可以为耕地类乃至建设用地类"争议土地按规定属于国家所有"提供明确的"规定"。2001 年《广东省人民政府办公厅关于国有农场土地确权与登记发证工作的意见》第 1 条第 6 款规定"争议土地按规定属于国家所有"，应该就是以《确定土地所有权和使用权的若干规定》第 18 条为基础制定的。

未来可以考虑结合国家土地管理局印发的《确定土地所有权和使用权的若干规定》第 18 条的规定，提升 2001 年《广东省人民政府办公厅关于国有农场土地确权与登记发证工作的意见》第 1 条第 6 款的法律位阶，即将"国有农场与周边农民集体、其他单位现使用的土地有争议，无法查证土地权属来源归属或不能依法证明争议的土地属于集体所有，且又协商不成的，争议土地按规定属于国家所有，使用权可根据实际使用状况确定"的规定，纳入法律、行政法规等文件之中。

2. 再明确争议地使用权归属

争议地所有权归属明确后，再"根据实际使用情况确定土地使用权归属"，主要依据以下三点：一是《关于依法保护国有农场土地合法权益的意见》第 1 条第 2 款规定："1962 年'四固定'后至 1982 年《国家建设征用土地条例》发布前，对国有农场和周边农民集体相互越界使用至今的土地，由各地按照国家及有关主管部门的政策规定，结合当地具体情况处理。各省、自治区、直辖市制定了相关规定的，可从其规定。"二是 1999 年海南省人民政府印发的《海南省确定土地权属若干规定》第 8 条第 1 款和第 2 款规定："《国家建设征用土地条例》实施以前，国家机关、国有企业事业单位、社会团体、集体经济组织、部队使用至今的国有土地，其土地使用权属于现使用者。1993 年《村庄和集镇规划建设管理条例》实施前，个人使用至今的国有土地，其土地使用权属于现使用者。"三是 2005 年《海南省国土环境资源厅、海南省农垦总局关于场社土地权属纠纷调处若干问题的处理意见》第 1 条规定："对于农民集体使用农场批准规划范围的土地，农民集体主张是在 1982 年 5 月 14 日以前开始使用，而农场主张是在 1982 年 5 月 14 日后开始使用的纠纷案件，可依据 1982 年 5 月 14 日以后最接近该时点的航片进行判读确认。如能判读确认土地已于航片拍摄时被农民集体使用，则确权发证给农民集体；如能判读确认土地未被使用，则确权发证给农场。"

上述三个文件的共同点是：①均是"根据实际使用情况"确定占有他人土地之使用权的归属，即土地所有权主体不存在争议；②均规定了两个构成要件——占有、持续经过一定年限（包括"使用至今"体现的占有年限）。主要差异在于：第一个文件没有明确土地使用权归属的具体处理办法，仅仅转致"按照国家及有关主管部门的政策"或"省、自治区、直辖市相关规定"处理；而后两个文件则明确规定了具体的法律效果——取得相应的国有土地使用权[①]。

上述文件中有的涉及持续占有的规定，但所规定的持续占有期限不一致：就"所有权明确，确定使用权归属"的三个文件持续经过的年限（整年）而言，从 1982 年 5 月 14 日《国家建设征用土地条例》发布（或实施）至上述三个文件颁布（生效）时止，分别为 18 年、17 年、23 年。而且，前述"所有权不明，确定使用权归属"的《关于依法保护国有农场土地合法权益的意见》第 1 条第 6 款和 2001 年《广东省人民政府办公厅关于国有农场土地确权与登记发证工作的意见》第 1 条第 6 款均仅仅规定"使用权根据实际使用状况确定"，甚至连占有的持续期限都没有规定。如此模糊的文件规定，不仅不利于争议当事人协商解决纠纷，而且还会导致政府部门在解决纠纷时难以操作或者随意性很大，从而影响政府解决方案的说服力和执行力[②]。

上述"根据实际使用情况确定土地使用权归属"的实践规则，无论从其适用对象，还是以持续占有为要件，乃至取得土地使用权的法律后果来看，均类似于域外的取得时效制度。取得时效，通常是指自主占有、和平占有、公然占有他人财产经过法定期间，即可取得相应财产权的一项法律制度。基于对长期使用权益的保护、对现有社会秩序的维护，根据取得时效制度确认土地使用权归属，"实现事实与法律的统一，不失为一种低成本、高效率的权利界定方式"[③]。我国法律中尚未正式确立取得时效制度

---

①② 参见高海，《农场国有农用地使用权确权规则探究——以取得时效为视角》，载《北方法学》2016 年第 2 期。

③ 参见喻文莉，《取得时效之客体研究》，载《法律科学》2003 年第 2 期。

（在《民法典》编纂过程中，尽管部分学者建议增加取得时效制度[1]，但是《民法典》未予采纳），也许正是因为如此，才导致"根据实际使用情况确定土地使用权归属"的文件，没有对"实际使用情况"的构成要件作出统一、全面的规定[2]。取得时效制度的理想立法体例当然是将其纳入《民法典》，在《民法典》未明确取得时效制度前，宜在部门规章或地方文件中，完善类似取得时效制度之"根据实际使用情况确定土地使用权归属"规则，即要明确"实际使用情况"的构成要件。一般而言，取得时效的构成要件包括：占有他人之物、持续占有、公然占有、和平占有等。尽管当前多个涉及"根据实际使用情况确定土地使用权归属"的文件中规定了"持续占有"，但"占有期限"却有17年、18年、23年等不同的规定。显然，应基于利益平衡和促进物尽其用等原则统一规定持续占有的期限，并明确和平占有的构成要件。如果不规定和平占有构成要件，在抢占、暴力维持占有等恶意占有的情况下，仍然确权给持续占有一定年限者，有保护恶意侵占之嫌并违背公平正义等基本法理。不过，就农场国有农用地使用权取得时效的构成要件而言，要求公然占有的意义不大，因为对于国有农用地占有显然难以秘密占有[3]。

解决农用地使用权争议方面，可以参照国家土地管理局在1995年印发的《确定土地所有权和使用权的若干规定》第21条和第36条规定处理：农民集体等其他单位连续、和平占有使用农垦国有农用地已满二十年的，应视为现使用者享有国有农用地使用权；连续占有使用不满二十年，或者虽满二十年但不是和平占有或者在二十年期满之前农垦农场等原使用权人曾向现使用者或有关部门提出归还的，县级以上人民政府应当将国有农用地使用权确定给农垦原使用权人。这样的规定不仅明确了统一的二十年期限，而且细化了《关于依法保护国有农场土地合法权益的意见》第1条第2款"1962年'四固定'后至1982年《国家建设征用土地条例》发

---

① 参见房绍坤，《论民法典物权编与总则编的立法协调》，载《法学评论》2019年第1期；王利明，《我国民法典物权编的修改与完善》，载《清华法学》2018年第2期；温世扬，《〈民法典〉应如何规定所有权——〈物权法〉"所有权"编之完善》，载《法学评论》2018年第2期；陈华彬，《我国民法典物权编立法研究》，载《政法论坛》2017年第5期；郭明瑞，《关于民法总则中时效制度立法的思考》，载《法学论坛》2017年第1期。

②③ 参见高海，《农场国有农用地使用权确权规则探究——以取得时效为视角》，载《北方法学》2016年第2期。

布前，对国有农场和周边农民集体相互越界使用至今的土地，由各地按照国家及有关主管部门的政策规定，结合当地具体情况处理"的规定，明确了国有农用地使用权归属的具体法律效果。

三、农垦国有农用地被侵占问题的处理

在国有农用地使用权确权给国有农场后，农民集体或集体成员往往继续占用，由此造成侵占国有农场国有农用地的现象。尽管大多数国有农场采取措施回收了一些被侵占的国有农用地，但仍有一部分难以回收。"垦区下属农场国土管理部门业务力量薄弱，人手少、业务人员的专业素质整体偏低、生产队队长责任心不强、生产队一线人员变动频繁以及地方政府的调处部门慢作为甚至不作为等，是土地被侵占的主要原因[①]。""回收被侵占国有农用地的困难有两点：一是原来由农垦管理的驻场派出所移交地方管理后，因为农场没有行政执法权，一旦发生土地被占的情况，在制止和回收被占土地工作上缺少强有力的支撑，加上一些农场监管不到位，使一些不法分子有机可乘。二是部分单位采取法律诉讼的方式回收被占土地，首先存在的困难就是地上附着物无人认领，致使起诉主体难以确定，其次是个别案件在农场胜诉后，存在法院执行难的问题，法院以待作物收获后再执行为由迟延执行，执行效率低下，最终结果就是回收效果不明显[②]。"

在确权过程中，农民集体未能取得国有农用地使用权且不愿或难以退回国有农场的情况，涉及农民集体继续使用的方式、费用以及期限等问题。《关于依法保护国有农场土地合法权益的意见》规定："对土地使用权已确认给国有农场，但现使用者确实一时难以退还的，可与农场协商，采取承包、租赁或股份合作的方式继续使用土地。"即应当由现使用人与国有农场协商签订合同，包括现使用人为集体农户且已经与所属农村集体签订承包合同的情形，而不宜采取 2005 年《海南省国土环境资源厅、海南省农垦总局关于场社土地权属纠纷调处若干问题的处理意见》中，维持农户与所属农民集体（通过代表行使主体）签订的承包合同，再由农民集体与国有农场签订承包合同的办法。由于农户与农民集体、农民集体与国有农场之间存在双层承包合同，因此，农用地现使用者和国有

---

①② 参见 2020 年《湛江关于开展农垦国有农用地有关重点问题调研工作的情况汇报》。

农场直接签订合同，更能明确双方的权利义务，尤其是明确使用期限与使用费用。

现使用人与国有农场签订合同时，合同期限原则上延续原有合同（如农户与所属农民集体订立的合同）的剩余期限。在农民集体家庭承包期限为 30 年的前提下，剩余期限往往会短于 30 年（当然也可以重新约定比剩余期限更短的期限），这样有助于在保持原期限稳定的前提下，保障国有农场尽早回收国有农用地使用权。但是国有农用地使用费则应对集体农户与非集体农户区别对待：①现使用人为集体农户的，可根据其使用国有农用地的人均面积与周边国有农场职工基本田人均面积比较确定。前者小于或等于后者的部分，可以不交纳国有农用地使用费；前者超过后者的部分，应当参照农场职工规模田的收费标准交纳国有农用地使用费。②对于现使用人为非集体农户的情况，应直接参照市场价确定交纳国有农用地使用费的标准。这种区别对待既可以维护农场的国有农用地合法收益，又可以借鉴农场"两田制"的做法，平衡集体农户与农场职工之间的利益——在保障集体农户基本生活的前提下，不使其享有超越农场职工的特殊优待①。也可以借鉴各垦区的一些有益经验，如 2016 年宁夏回族自治区人民政府出台的《关于切实做好宁夏农垦集团公司部分争议土地确权工作的通知》（宁政发〔2016〕59 号）规定：已颁发"三证"（林权证、草原使用权证和土地承包经营权证）的土地……在法定期限内，现使用权人和承包人继续使用土地。待使用期限届满后，由发放证书的人民政府依法注销证书，自治区人民政府依法收回土地并移交给宁夏农垦集团管理使用。

若侵占国有农场农用地的集体农户既不交回农用地，也不与国有农场签订上述协议，可以定性为侵占行为，并采取下列措施：①强化各级主体责任及激励约束机制，以回收被侵占的国有农用地。明确政府部门、农垦集团、农场公司、生产队等不同层级责任主体的回收职责，并制定回收的奖励与未按时完成回收任务的惩处措施，将国有农用地回收成效纳入农用地管理者的年度或聘期考核，甚至直接与农用地管理者的报酬、晋升等挂钩。由此，激发各级主体回收国有农用地的积极性，压实回收国有农用地

---

① 参见高海：《农场国有农用地使用权确权规则探究——以取得时效为视角》，载《北方法学》2016 年第 2 期。

的责任。②丰富回收国有农用地使用权的方式方法。既可以在保障农民集体及其成员继续使用国有农用地的前提下，采取国有农场与现使用人签订承包合同、租赁合同的方式回收，也可以在保障现使用人分享收益的前提下，采取股份合作或者适度降低使用费的让利方式回收。③优化回收国有农用地使用权的程序。加强与属地政府沟通，充分借助地方公检法党建等部门解决侵占问题。例如，利用法律诉讼的手段回收国有农用地使用权，可以按照先易后难、先内后外的方式，逐步突破①；对于无理取闹、无视法律法规的侵占者，依法依规予以惩治②，尤其是要强化行政或治安处罚。在推进乡村全面振兴背景下，各级农垦部门应主动与司法机关加强沟通与合作，强化司法机关化解纠纷矛盾、提供司法保障的功能，可以通过法院内部的审判指导意见等明确侵占国有农用地使用权纠纷的处理规则，并提高法院的执行效率和执行力度。

四、小结

农垦国有农用地长期存在的权属争议与法律未明确国有农用地使用权及其法律地位、登记生效主义等相关。因此，为更好地解决农垦国有农用地权属争议和被侵占问题，宜加强全国性制度建设，不仅要在法律中明确规定"国有农用地使用权为用益物权③，国有农场与周边农民集体发生权属争议又都无法提供有效证据的农用地属于国家所有"，而且还要积极提炼、吸纳一些垦区的成功经验，为各级次文件的进一步完善提供基础。

第二节 农垦设施农用地"房地一体" 登记问题及其应对

一、问题的提出

有垦区反映，2001 年以前，农垦规模化种植养殖用地按工矿建设用

---

① ② 参见 2020 年《湛江关于开展农垦国有农用地有关重点问题调研工作的情况汇报》。

③ 根据《民法典》第 209 条"不动产物权的设立、变更、转让和消灭，经依法登记，发生效力；未经登记，不发生效力，但是法律另有规定的除外"的规定，在没有"法律另有规定"的情况下，国有农用地使用权作为不动产物权，当然应当以登记生效主义作为物权变动模式。

地管理，企业所建生产设施能够取得房屋所有权证。而 2001 年后规模化种植养殖用地等设施农用地按农用地管理，原有建设用地被调整为农用地，导致设施农用地与其上所建生产设施无法进行"房地一体"统一登记①。由此，土地权属在变更登记过程中，就遇到了国有设施农用地与地上已经取得房屋所有权证的房屋如何合并登记等政策性问题，农垦企业国有资产权益难以保证。

北京等垦区反映的问题主要是在"房地一体"登记政策背景下，由设施用地改为农用地引发的设施农用地上的房屋既无法单独登记，也无法进行"房地一体"登记的问题。有专家主张，借鉴广西贵港市的经验，采取"地随房走"的措施，将已颁发房屋所有权证的地块全部调为国土空间规划中的"存量建设用地"或调为"预留建设用地"后，补办农地转用手续，补缴相关费用，房屋所占的土地全部成为建设用地后，即可办理"房地一体"的不动产权证书②。

综上所述，需要进一步探讨设施农用地与地上房屋是否可以进行"房地一体"登记，以及是否存在两者"房地一体"登记或"地随房走"的法律依据。如果无法实现"房地一体"登记或"地随房走"，那么在实践中应如何应对或保护农业设施呢？

二、设施农用地"房地一体"登记无法律依据

（一）设施农用地管理文件仅要求其备案未要求登记

2017 年国土资源部组织修订的《土地利用现状分类》（GB/T 21010—2017）国家标准出台，首次将设施农用地独立出来，按农用地进行管理。《国土资源部、国家发展改革委关于深入推进农业供给侧结构性改革做好农村产业融合发展用地保障的通知》（国土资规〔2017〕12 号）将设施农用地类型划分为生产设施用地、附属设施用地和配套设施用地。《自然资源部、农业农村部关于设施农业用地管理有关问题的通知》（自然资规〔2019〕4 号）对设施农业用地进行了界定。

至于设施农用地的管理，《国土资源部、国家发展改革委关于深入推

---

①② 参见邓庆海主编，《国有农用地：权利体系与农垦实践》，中国农业出版社 2021 年版，第186 页。

进农业供给侧结构性改革做好农村产业融合发展用地保障的通知》（国土资规〔2017〕12 号）规定，设施农用地"在不占用永久基本农田的前提下……实行县级备案"。2019 年《自然资源部、农业农村部关于设施农业用地管理有关问题的通知》亦规定："设施农业用地由农村集体经济组织或经营者向乡镇政府备案，乡镇政府定期汇总情况后汇交至县级自然资源主管部门。涉及补划永久基本农田的，须经县级自然资源主管部门同意后方可动工建设。"因此，对于涉及补划永久基本农田之外的设施农用地，仅备案（经备案审查）即可，而无须进行登记。

综上，设施农用地使用权的设立并不以登记为生效要件，这接近于承包（流转）合同生效时设立的土地承包经营权和土地经营权，既不同于以登记为设立要件的建设用地使用权，也不同于以批准为设立要件的宅基地使用权。既然设施农用地也是农用地，在对其无单独特殊登记要求的情况下，其应该含在土地承包经营权、国有农用地使用权等农用地使用权中，因土地承包经营权、国有农用地使用权登记发证而证明其权利归属，并强化其权利保护。

此外，登记注重为设施农用地权利人提供确权和对抗第三人的保护，而备案则更加专注于对设施农用地的监管。例如，《湖北省自然资源厅、湖北省农业农村厅关于进一步规范设施农业用地管理有关问题的通知》（鄂自然资规〔2020〕4 号）第 5 条第（三）项进一步规定："县级自然资源主管部门和农业农村主管部门应依据各自职能对设施农业用地备案信息进行核实，发现选址不合理、配套设施超标、缺少土地复垦内容等不符合规定要求的，应及时告知乡镇人民政府，督促纠正。乡镇人民政府要加强对设施农业用地的监管，对未按要求备案或备案过期继续使用土地的，要及时制止、责令改正；县级自然资源主管部门对擅自或变相将设施农业用地用于其他非农建设的要依法处理；县级农业农村主管部门对擅自扩大设施农业用地规模或通过分次申报用地变相扩大设施农业用地规模，擅自改变农业生产设施性质用于其他农业经营的，要及时制止、责令限期纠正。"由此可见，设施农用地备案的主要功能是为监管机关提供便利的监督管理。

（二）设施农用地及其上房屋不符合"房地一体"登记规则

根据《不动产登记暂行条例》第 5 条的规定，房屋等建筑物、构筑物所有权，耕地、林地、草地等土地承包经营权，建设用地使用权，宅基地使用权等均可以办理登记。但是，根据《不动产登记暂行条例实施细则》第2条第2款规定：房屋等建筑物、构筑物和森林、林木等定着物应当与其所依附的土地、海域一并登记，保持权利主体一致。而且，结合《不动产登记暂行条例实施细则》第四章第三节国有建设用地使用权及房屋所有权登记、第四节宅基地使用权及房屋所有权登记与第五节集体建设用地使用权及建筑物、构筑物所有权登记的规定，《不动产登记暂行条例实施细则》第2条第2款中"所依附的土地"应当指（国有或集体）建设用地使用权、宅基地使用权，不包括土地承包经营权、国有农用地使用权等农用地使用权。

综上所述，《不动产登记暂行条例》及其实施细则对设施农用地及其上的房屋等建筑物、构筑物并未明确规定登记要求。根据以上法规和规章，设施农用地与其上的房屋等建筑物、构筑物也不适用于"房地一体"登记。因为设施农用地上的房屋是建立在农用地使用权而非建设用地使用权或宅基地使用权之上，不符合"房地一体"登记中房屋等建筑物、构筑物"所依附的土地"的要求。有专家建议，"至少以国务院行政法规的形式，制定农业设施的物权登记管理办法。这样，可以在全国范围内将农业设施的登记范围、登记机构和登记办法统一起来，使经营人对农业设施所有权的确认登记，农业设施的转让、抵押等的物权处分登记有法可依"①。如果仅主张对农业设施进行单独登记，而不符合"房地一体"登记规则，也难以在实际操作中实施。

三、设施农用地无须"房地一体"登记的主要理由

根据以上情况，设施农用地因土地承包经营权、国有农用地使用权登记自然会获得登记保护，但是设施农用地上的房屋等建筑物、构筑物却无法获得登记保护。那么，为什么设施农用地的管理文件仅提出备案而无登记要求，《不动产登记暂行条例》及其实施细则也没有明确规定设施农用地及其上房屋等建筑物、构筑物的登记要求？这显然是在"房地一体"登记语境中，探究建立设施农用地或其上房屋登记规则时应当追问的前置性

---

① 参见郭延辉，《设施农用地的物权性质和农业设施物权登记的现状及思考》，载《中国律师》2012年第7期。

问题。如果设施农用地上房屋等建筑物、构筑物无须登记、更无须与设施农用地一并进行"房地一体"登记，那么自然无须探究如何建立设施农用地及其上房屋等建筑物、构筑物的"房地一体"登记规则。基于下列理由，企业设施农用地及其上房屋等建筑物、构筑物尚无"房地一体"登记要求，而且不进行登记具有一定正当性。

（一）设施农用地从属于其服务的项目用地，降低了其单独登记的必要性

从功能视角看，设施农用地辅助其服务的农用地（即项目用地）发挥效用，因其服务的项目用地的需要而产生，亦应因其服务的项目用地的不需要而复垦。显然，设施农用地从属于其服务的项目用地，其本身不具有完全独立性。因为其本身不具有完全独立性，无法脱离其服务的项目用地单独发挥作用，故其无单独转让或抵押的价值；如果转让或抵押，只能随其服务的项目用地一并转让或抵押。从属性的特性，决定了设施农用地与其服务的项目用地一并登记具有可能性和必要性，反而降低了设施农用地单独登记的必要性。由此也表明，设施农用地不进行登记，并不影响其转让或抵押。当然，基于设施农用地上建筑物或构筑物的从属性及其无法再单独办理产权登记，宜坚持"房随地走"而非"地随房走"。

集中公用设施农用地具有较强的相对独立性，并且由于其属于公用，应具备相对较强的稳定性和长期性。因此，对于集中公用农业设施的选址应加强审核，优先选择建设用地进行施工建设，以便进行"房地一体"登记。

（二）设施农用地停止使用须复垦，不宜对其上房屋进行登记

2019 年《自然资源部、农业农村部关于设施农业用地管理有关问题的通知》规定："设施农业用地不再使用的，必须恢复原用途。"2020 年 5 月山东省自然资源厅、山东省农业农村厅、山东省畜牧兽医局印发的《山东省设施农业用地管理办法》（鲁自然资规〔2020〕1 号）第 5 条第 2 款规定："设施农业用地不再使用的，经营者应当于结束使用后 1 年内恢复原土地用途，相关恢复要求在用地协议中予以明确。"设施农用地本质上是农用地，因此在停止使用时，需要将其复垦为农用地。

这就表明，设施农用地及其上房屋等建筑物、构筑物具有阶段性、临时性，不同于长期或永久的建设用地及其上房屋等建筑物、构筑物。广东省自然资源厅印发的《广东省加快推进"房地一体"农村不动产登记发证工作方案》（粤自然资规字〔2019〕11号）规定，登记范围包括"全省集体土地范围内符合登记发证条件的农村宅基地、集体建设用地及地上永久性存续的、结构完整的农村主要房屋，不包括简易房、棚房、农具房、圈舍、厕所等临时性建筑物和构筑物"。相较之下，具有临时性质的设施农用地上的房屋等建筑物、构筑物也不应被纳入登记范围。设施农用地上的房屋等建筑物、构筑物不登记，有助于在其停止使用时及时进行复垦，避免将设施农用地"永久化"和"非农化"。

（三）设施农用地"房地一体"登记缺乏普遍诉求

2020年关于广东农垦的调研发现，广东农垦企业基本上没有提出对设施农用地申请进行"房地一体"登记的需求。相反，对于一些较大的设施农用地项目，如广垦畜牧建设的养猪场、洗消中心，农垦科研所建设的育种育苗温室大棚以及幸福农场的数字农业项目用地，大多数都已经办理了备案手续。这表明，目前设施农用地备案制度已经能够有效维护设施农用地的管理秩序。

广东农垦只是反映很多承包户在自有承包地上建设的一些看护房和放置农机具用房基本上都是砖瓦结构，由于办理设施农用地备案涉及测量、签订三方协议、编制复垦方案等程序，办理时间长，需要花费一定的费用，承包方不愿支付，因此，这些承包户基本上都没有办理设施农用地备案手续，导致承包地在地方自然资源部门进行执法检查时经常被视为违法用地进行处理。对此，广东省农垦总局建议简化设施农用地备案程序，尽可能降低备案环节的各项费用，让农场或者承包户能够依法依规办理用地手续，避免因为时间过长、费用过高影响相关人员办理的积极性。上述诉求显然合理，简化备案程序、降低备案费用、节约备案时间能够提高承包户对设施农用地备案的积极性。而积极备案则有助于监管机关审查设施农用地的选址、建设和复垦等是否符合规定。

（四）用地协议与备案文件等能发挥对设施农用地的权属保护功能

《湖北省国土资源厅、省农业厅关于进一步加强设施农用地管理服务设施农业健康发展的通知》（鄂土资规〔2016〕4号）第2条第3款规定："国有农场（林场）设施农用地由国有农场（林场）、农场（林场）大队和经营者三方签订用地协议，并由国有农场（林场）负责报县级国土资源部门、农业主管部门备案。"《湖北省自然资源厅、湖北省农业农村厅关于进一步规范设施农业用地管理有关问题的通知》(鄂自然资规〔2020〕4 号)尽管没有再次单列国有农场的设施农用地,但是其中第 4 条规定的签订用地协议与备案,以及第 5 条监管措施等,对于国有农场的设施农用地来说应当都可以参照适用。由此可见,即使没有登记,也可以通过用地协议(由此职工享有基本田或身份田承包经营权、规模田或招标田租赁权)、备案文件以及备案前的建设方案和土地使用条件公告等,宣示并证明农业设施和设施农用地的权利人,发挥保护功能。

(五)设施农用地的融资功能可以通过用益物权性土地使用权抵押实现

有专家主张,"有将农业设施设定抵押进行融资的需求"[①]。农业设施具有临时性、不稳定性,融资功能有限,不是理想的担保物。设施农用地的担保功能,则可以通过其附从的国有农用地使用权[②]、土地承包经营权上流转期限五年以上的土地经营权、经登记的以其他方式承包的土地经营权等用益物权抵押而实现。尽管土地承包经营权上流转期限五年以上的土地经营权、经登记的以其他方式承包的土地经营权是针对集体土地承包而言,但是根据《民法典》第 343 条"国家所有的农用地实行承包经营的,参照适用本编的有关规定"的规定,国家所有的农用地上亦有产生两类用益物权性土地经营权的适用空间[③]。因此,设施农用地与农业设施即使不能"房地一体"登记,也不影响其通过农用地使用权抵押实现担保功能。

四、设施农用地无法"房地一体"登记的权益保护

设施农用地改为按照农用地管理,应当正确理解管理政策的改变原因并调整观念。即设施农用地不再被视为永久性建(构)筑物用地,而是被视为农业用地内部结构调整的一部分;设施农用地是从属于项目用地、限

① 参见郭延辉,《设施农用地的物权性质和农业设施物权登记的现状及思考》,载《中国律师》2012 年第 7 期。

② 国有农用地使用权应为用益物权。参见高海,《论农垦国有农用地使用权的性质与构造》,载《农业经济问题》2019 年第 2 期。

③ 参见高海,《论农垦职工基本田承包经营权的性质与构造——兼论〈民法典〉中土地经营权的规定》,载《当代法学》2020 年第 6 期。

制一定比例、需要及时复垦的农业用地。改为按照农业用地管理，有助于落实严格的耕地保护制度，避免农用地的非农化。此外，还应加强以下方面建设。

（一）坚持按用途界定设施农用地

有种思路认为，"设施农用地以建造临时或永久建（构）筑物为标准，划分为两类：属于临时建（构）筑物的，按农用地管理，不须办理农用地转用审批手续，但要签订复垦协议，县级备案；属于永久建（构）筑物的，按照建设用地管理，须办理农用地转用审批手续，占用耕地的须占补平衡"①。按该思路类型化处理的关键是，如何界定临时建（构）筑物与永久建（构）筑物。

而且，目前政策文件并非采取临时建（构）筑物与永久建（构）筑物的标准，而是采纳了用途标准。按用途标准界定设施农用地的依据有二：一是2019年《自然资源部、农业农村部关于设施农业用地管理有关问题的通知》第1条规定的设施农用地的界定范围，直接阐释了农业用途的具体表现，为设施农用地的农业用途判断提供了标准。二是2019年《自然资源部、农业农村部关于设施农业用地管理有关问题的通知》第2条第2款规定："设施农业用地被非农建设占用的，应依法办理建设用地审批手续，原地类为耕地的，应落实占补平衡。"此处采纳的是非农建设的判断标准而未采取永久性建（构）筑物的判断标准。

在准确界定设施农用地的基础上，即使根据《湖北省自然资源厅、湖北省农业农村厅关于进一步规范设施农业用地管理有关问题的通知》（鄂自然资规〔2020〕4号）第3条第（一）项"畜禽养殖设施允许建设多层建筑"的规定，也不能按建设用地管理，不能按建设用地管理，就不能办理"房地一体"登记。设施农用地按农用地管理，是基于保护农用地特别是保护耕地的需要，无法按"房地一体"登记并非无法保护设施农用地及其上建（构）筑物，设施农用地仍可办理国有农用地使用权登记并获得法律保护。

---

① 参见《为支持设施农业发展制定适度灵活的用地政策——国土资源部耕保司负责人就〈关于完善设施农用地管理有关问题的通知〉答记者问》，https://baike.so.com/doc/6823928-7041056.html，访问日期：2021年1月11日。

（二）清理设施农用地上的房屋所有权证并逐步实现"房随地走"

设施农用地上建筑物改按农用地管理前，已经发放房屋所有权证，且设施农用地改按农用地管理后未收回房屋所有权证，是引发拟申请"房地一体"登记、房屋与设施农用地无法"房地一体"登记的主要原因。因此，在设施农用地与其上的建（构）筑物无法办理"房地一体"登记的现行规定下，应当对设施农用地改按农用地管理前已经发放的房屋所有权证进行清理。针对问题，需要因地制宜地研究解决思路和方法，遵循"房随地走"的原则，落实设施农用地从属于项目用地的属性要求。

（三）健全国有农用地使用权权能并强化农垦企业权益保护

调研中，宁夏农垦反馈，一般不允许职工自行在设施农用地上进行建设，农垦设施农用地上的建（构）筑物主要是农垦企业在农场国有农用地上进行建设。因此，基于设施农用地从属于项目用地的属性，应加强国有农用地使用权的确权发证，以明确农垦企业对设施农用地及其上的建（构）筑物的权利和权益。同时，完善国有农用地使用权的出租、入股、转让、抵押等权能，以保护农垦企业在农业设施随国有农用地使用权流转和担保融资方面的权益。

在全国各垦区国有农用地使用权确权登记发证已基本完成的背景下，明晰农垦企业设施农用地的权利归属已经问题不大。但是，鉴于国有农用地使用权出租、入股、转让、抵押等权能多存在于政策文件，国有农用地使用权尚缺乏法律的明确规定，其权能亦不健全，建议对国有农用地使用权的权利内容进行类型化构建。根据不同的取得方式进行分类，如将划拨归为一类，将出让、作价出资（入股）、授权经营归为另一类，明确这两类国有农用地使用权的相应权能、期限、收回补偿办法，这样的类型化构建是最理想的做法。如果因为国有农用地使用权正在进行改革，权能规则等尚未成熟，需要为改革留出空间，可以参考《民法典》中宅基地使用权法律适用的转介条款，规定国有农用地使用权的权能、期限和收回补偿办法"参照法律和国家有关规定执行"。如以出让、作价出资（入股）方式取得的国有农用地使用权参照《民法典》中以其他方式承包取得的土地经营权的权能执行，或者参照中央农垦改革发展文件、《国务院关于全民所有自然资源资产有偿使用制度改革的指导意见》等国家有关规定执行。

（四）加强设施农用地监管以平衡公益与私益

将针对设施农用地范围、选址、比例、用地协议内容、备案与审查的监管措施落实到位，不仅有助于贯彻用途管制制度、保障农作物耕作面积、保护社会公益，而且还可以优化国有农用地利用并保护农垦企业、农垦职工及其务农人员的私益。

第五章 >>>

国有农用地管理中农垦管理部门的职能定位与履职方式

>>>

目前，全国农垦共有 35 个垦区，实行中央直管垦区、中央直属垦区、地方垦区三种管理体制。其中，中央直管垦区只有新疆生产建设兵团，实行党政军企合一的特殊体制，全面单列。中央直属垦区包括黑龙江垦区和广东垦区，实行"部省双重领导，以省为主"管理体制。其中黑龙江农垦已改制成立北大荒农垦集团有限公司，由财政部履行出资人职责；广东农垦为全民所有制企业，由农业农村部履行出资人职责。地方垦区又分为集团化垦区和农场归属市县管理的非集团化垦区两种体制，其中集团化垦区 14 个（北京、天津、上海、江苏、安徽、广西、海南、重庆、云南、陕西、甘肃、宁夏、广州、南京），非集团化垦区 18 个（河北、山西、内蒙古、辽宁、吉林、浙江、福建、江西、山东、河南、湖北、湖南、四川、贵州、西藏、青海、新疆农、新疆畜）。

中央直属的两大垦区都属于集团化垦区，垦区部门不再享有行政职能，而是由集团以及集团的子公司（包括各国有农场）设立专门的农业、土地管理部门对垦区范围内的土地进行管理，管理范围包括农用地的空间规划、土地利用、产业规划等。就黑龙江垦区而言，2020 年 12 月，黑龙江农垦体制改革全面完成，行政职能全部移交，2021 年 6 月，国土资源管理职能移交属地政府。体制机制变革，带动土地管理方式从省里派驻机构管理转化成企业内部管理，开启了新时期北大荒集团（以下简称集团）土地管理新模式。集团组建了资源资产管理部和资源管理服务中心，设立了集团、分公司、农（牧）场三级自然资源管理机构，建立了自然资源管理制度体系，配备人员、清晰权责，为保护、管理、运营集团自然资源打下基础。改革后，集团资源管理部门仍然承担着国土空间用途管制、耕地保护、黑土地保护、违法用地巡查、项目用地内部审查等职责。涉及用地等行政审批事项须到属地自然资源等行政职能部门逐级履行审批程序。就广东垦区而言，广东农垦集团分总局—管理局—农场三级管理，每一层级都设有土地管理部门，涉及需要地方审批的相关土地事项（如设施农用地备案、土地开发等），由各级农垦土地管理部门具体经办，以农场、管理局、总局名义分别与属地职能部门和人民政府沟通协商并进行申报，垦区内部由省农垦总局统筹指导。

垦区的管理体制不同，其国有农用地的管理部门在国土空间规划、保障企业发展用地、强化耕地保护中的职能定位与履职方式也会存在差异。

第一节　国土空间规划中农垦管理部门的职能定位与履职方式

2019 年《中共中央、国务院关于建立国土空间规划体系并监督实施的若干意见》要求：“到 2020 年，基本建立国土空间规划体系，逐步建立‘多规合一’的规划编制审批体系、实施监督体系、法规政策体系和技术标准体系；基本完成市县以上各级国土空间总体规划编制，初步形成全国国土空间开发保护‘一张图’。到 2025 年，健全国土空间规划法规政策和技术标准体系；全面实施国土空间监测预警和绩效考核机制；形成以国土空间规划为基础，以统一用途管制为手段的国土空间开发保护制度。到 2035 年，全面提升国土空间治理体系和治理能力现代化水平，基本形成生产空间集约高效、生活空间宜居适度、生态空间山清水秀，安全和谐、富有竞争力和可持续发展的国土空间格局。”由此可见，国土空间规划也是农垦国有农用地管理利用的基本依据[①]。但是部分垦区反映，农垦部门在国土空间规划编制和实施中存在权限不足、政策依据不合理等许多现实

---

① 2021 年修订的《土地管理法实施条例》第 2 条规定：“经依法批准的国土空间规划是各类开发、保护、建设活动的基本依据。”

问题。为此,本节主要基于垦区反映的与国土空间规划相关的重点工作,梳理国土空间规划中农垦管理部门的职能定位与履职方式存在的问题,并提出相应的完善建议。

一、国土空间规划中农垦管理部门面临的问题

(一)管理权限不足

第一,农垦管理部门对国土空间前期规划没有知情权。地方政府在进行国土空间规划时,农垦部门处于被动受制约状态,不利于促进农垦农业现代化。广东农垦反映,垦区部分种植橡胶的土地在农场不知情的情况下,被列入基本农田保护区,不仅影响基本农田的真实数量,也导致垦区建设用地不足,影响了垦区社会、经济长远发展[1]。江苏农垦反映,由于部分地方土地利用总体规划在编制时没有充分征求农垦意见,未考虑到农场设施农用地的实际需求,于是出现部分国有农场的基本农田位置不合理、规模过大等情况,最终导致很多设施农用地无法落地[2]。农垦管理部门如果缺少知情权,就难以对垦区土地作出合理的整体规划,无法科学有效地根据土地情况进行开发利用,垦区的建设发展势必受到不良影响。

第二,农垦管理部门在国土空间规划编制中缺少话语权。主要体现为难以将自己的意见和建议有效地传达给国土规划部门。江苏农垦反映,江苏部分地方政府在规划修编与基本农田保护划定工作中,未充分征求农垦及农场的意见,导致部分农场新增城乡建设用地空间指标偏少,制约了美丽乡村建设和二、三产业等发展。国土空间规划很大程度上能够影响一个地区的经济发展。地方政府在制定国土空间规划时,如果忽视了本地农垦发展的需求,没有听取农垦管理部门的意见,甚至将垦区土地划为他用,就会对当地农垦产生负面影响。例如,河北农垦反映,该省一些地方政府在规划工业建设用地时,往往是单方面占用农场土地建设开发园区[3]。陕西农垦反映:"个别地方政府在国土空间规划修编时挤占农垦用地规划,将农垦绝大部分土地规划为永久性基本农田,严重限制了农垦产业发展[4]。"各垦区反映的情况说明,农垦部门在国土空间规划中缺少话语权,

---

[1][2] 参见 2020 年农业农村部农垦局提供的《部分垦区反映的问题和希望突破的政策要点》。
[3][4] 参见农业农村部农垦局,《全国农垦土地管理利用情况材料汇编》(内部资料),2019 年 11 月。

难以表达自己的意见和建议，而这种话语权的缺失可能会造成国土空间规划不合理、无法保障垦区权益。

第三，农垦农用地管理部门在国土空间规划实施中缺少组织参与权，难以在相关环节与政府部门进行有效的讨论和对接。比如，湖北农垦反映，土地增减挂钩、占补平衡工作的主导权被地方政府占有，收益的大头归地方政府，农垦部门参与度低，导致农场积极性、主动性不足[①]。农垦管理部门不能适度参与垦区的国土空间规划，很容易造成垦区规划不合理、规划执行效率低下等问题。"农垦部门将无法与省级国土空间规划编制单位进行对接，无法将专业、完善的农垦国土空间规划文本内容纳入省级国土空间规划中。同时，垦区也无法与市县政府进行对接，农垦发展中遇到的问题和诉求，也无法融入国土空间规划中，导致规划效率低下[②]。"

（二）法规政策支持欠缺

很多垦区反映，在国土空间规划中，因缺少法规或政策性文件的支撑，审批手续、项目建设等方面存在较大问题。安徽农垦反映，土地开发利用都必须报地方政府审批，而地方政府优先考虑地方发展，在制定土地利用规划及建设项目审批方面对农垦的政策支持过少，存在着因缺乏规划支撑，产业投资项目无法办理"一证两书"等审批手续的问题[③]。山东农垦反映，中央农垦改革发展文件虽然对盘活农垦土地资源、推进土地资产化资本化作出了制度安排，但是在将农垦国有土地纳入土地利用总体规划编制并组织实施等方面一些地方做得还很不够，相关政策支持不到位，农垦土地无法充分参与市场资源配置[④]。除此以外，浙江、河南、海南等垦区都不同程度地反映了供地政策不到位、垦区建设发展步步艰辛的问题，广东、广西两垦区也呼吁出台相关法规政策，助力垦区发展。

与没有法规政策支持相比，不科学不合理的政策也会阻碍垦区高质量发展。江苏农垦反映，现有设施农用地管理政策中的权责部门和规模要求不符合农垦实际。"目前江苏垦区设施农用地审核和管理的主管部门为属

---

① 参见 2020 年农业农村部农垦局提供的《部分垦区反映的问题和希望突破的政策要点》。

② 参见《海垦集团加快推进科学编制农垦国土空间规划工作》，https：//k.sina.com.cn/article_1655444627_62ac149302001d0ss.html?cre=tianyi&mod=pcpager_news&loc=1&r=9&rfunc=100&tj=none&tr=9，访问日期：2020 年 6 月 24 日。

③④ 参见农业农村部农垦局，《全国农垦土地管理利用情况材料汇编》（内部资料），2019 年 11 月。

地自然资源部门，省级农垦主管单位作为国有农场（企业）的上级主管部门，在垦区内设施农用地的审批备案过程中权责模糊，属地政府也未针对国有农场专门制定办法，国有农场设施农用地的备案流程、用地规模等都不够明确，国有农场（企业）只得参照地方乡镇的要求另行申报①。"浙江农垦也反映，土地使用审批手续繁杂，实现土地资本化的路径受阻。

（三）信息化管理落后

国土空间规划涉及的区域广、部门多、内容烦琐，垦区无法及时掌握第一手信息，与国土空间规划部门进行对接时信息滞后。多数垦区提出建议，希望紧跟农业农村部农垦局"一张图"建设步伐，在土地确权工作资料的基础上，对土地规划、土地利用、基本农田保护、土地遥感监测中的相关信息，进行信息化管理系统建设。这不仅有助于垦区与各地土地、测绘部门开展业务对接，还能协同构建统一的综合监管平台，提高土地管理工作的质量与效率②。

二、国土空间规划中农垦管理部门的职能定位

（一）落实规划编制参与权

在国土空间规划编制和实施过程中，可以借鉴"北京垦区的首农食品集团与自然资源管理部门、国资监管部门，针对政策性问题开展全面的分析、归纳和总结，通过多层级、多渠道沟通寻求解决方案，提出意见和建议"③的经验，通过垦地联席会议制度或多层级、多渠道的沟通协商机制，加强并保障农垦农用地管理部门的知情权以及表达意见和建议的话语权。

此外，还应赋予农垦管理部门参与规划编制职能，解决农垦农用地管理部门权限不足的问题。"基于'多规合一'路径的空间规划改革，其本质是在分治的现状下寻求合治，通过在协同治理思想下达成多元规划主体部门间的整体性协调，实现国土空间规划的有效治理④。"2018年《中共中央、国务院关于建立更加有效的区域协调发展新机制的意见》指出，"要强化地方主体责任，广泛动员全社会力量，共同推动建立更加有效的

---

①②③ 参见农业农村部农垦局，《全国农垦土地管理利用情况材料汇编》（内部资料），2019年11月。

④ 参见叶裕民、王晨跃，《改革开放40年国土空间规划治理的回顾与展望》，载《公共管理与政策评论》2019年第6期。

区域协调发展新机制"。其中"动员全社会力量"，当然包括承担着经济发展职能的农垦农用地管理部门，这也符合机构改革背景下协同治理的趋势。国土空间规划是垦区发展的基础，应当赋予并保障农垦农用地管理部门参与国土空间规划编制的职能，甚至可以将与垦区相关的国土空间规划编制工作委托给农垦管理部门。"政府在编制本市县国土空间规划时，应充分重视垦地融合发展有关事项，建立起与农垦的编制协同关系①。"

（二）强化法规政策建议权

农垦管理部门对垦区土地情况了解更加全面，对垦区国土空间规划提出的法规或政策建议更具有实际针对性和可行性。因此，应当重视农垦管理部门的法规政策建议权，完善法规政策反馈渠道，用合理科学的法规政策为农垦发展保驾护航。在制定国土空间规划法等法律法规时，应当赋予并保障农垦农用地管理部门的法规政策提出权和建议权，充分保障农垦管理部门的权益。

（三）健全垦区规划信息平台建设

为贯彻落实《中共中央、国务院关于建立国土空间规划体系并监督实施的若干意见》，应在全面启动国土空间规划编制审批和实施管理工作基础上，加强国土空间基础信息平台建设，按照国土空间规划"一张图"要求作一致性处理。"以国土空间基础信息平台为基础，同步搭建国土空间规划'一张图'实施监督信息平台，统筹建设国家、省、市、县各级系统，实现上下贯通，做到自上而下一个标准、一个体系、一个接口，形成国土空间规划'一张图'②。"

对于垦区来说，也需要建立信息管理平台，实现与国土空间规划部门平台的对接，提高规划效率，实现纵向联通。北京垦区已经初步搭建首农食品集团土地信息管理平台，为土地规划利用、产业发展布局等打下基础。广东垦区也"建立覆盖垦区 97% 土地面积的信息化系统，并将垦区土地标图信息并入广东省土地地籍信息库统一管理"③。内蒙古、上海、

---

① 参见卢钟贤，《海南垦地融合发展的实施路径》，载《世界热带农业信息》2020 年第 4 期。

② 参见焦思颖，《将国土空间规划一张蓝图绘到底》，载《中国自然资源报》2019 年 5 月 29 日，第 1 版。

③ 参见江泰，《创新土地管理方式 推进垦区集团化农场企业化改革》，载《中国农垦》2018 年第 9 期。

江苏等垦区已经积极构建信息平台，江苏垦区的自然资源资产信息化管理平台以农场土地利用现状数据为基础，整合农场土地利用总体规划、基本农田规划、耕地后备资源、高标准基本农田、农用地分等定级数据等，实现垦区土地利用布局与结构的可视化监管①。各垦区的实践为健全垦区规划信息平台积累了经验、奠定了基础。

三、国土空间规划中农垦管理部门的履职方式

（一）协助或单编国土空间规划

第一，在协助编制国土空间规划时提供意见和建议。在政策条件允许的情况下，可以组织召开与国土空间规划相关的专题协商会议，也可以成立专门的土地管理部门配合国土空间规划部门进行规划。要"建立明确的垦地国土空间规划及实施管理统筹协调机制，无缝对接规划内容"②。协助编制国土空间规划时应发挥的作用是：帮助国土空间规划部门在规划前期对垦区土地资源、实际需求作深入了解，以利于对垦区进行合理科学的规划，促进规划项目顺利落地。安徽省淮南农场在垦地融合背景下，成立土地管理经营部，积极对接国土部门，参与农场新一轮土地规划编修工作，协助地方国土部门制定全场土地利用整体规划③。充分利用了农场土地资源，也为农场发展争取了土地规划指标。海南省海口市自然资源和规划局赴海南农垦开展国土空间总体规划调研工作，与农场负责人就具体产业发展项目的规划建设情况、空间布局意向、土地供给方式、基础设施配建等问题进行了深入的沟通交流，努力达成共识④。

第二，由农垦单独编制垦区国土空间规划，再由国土空间规划部门将其纳入整体规划中。对于垦区这样较为特殊的区域，可以在专项区划的基

① 参见农业农村部农垦局，《全国农垦土地管理利用情况材料汇编》（内部资料），2019年11月。

② 参见潘琳、李海龙，《国有农场乡村振兴规划策略初探——以陕西省华阴农场为例》，载《城市发展研究》2020年第8期。

③ 参见李超，《垦地互融带来共赢发展——安徽农垦淮南农场土地资源化利用见实效》，载《中国农垦》2018年第7期。

④ 参见海口市自然资源和规划局，《海口市自然资源和规划局赴海南农垦开展国土空间总体规划调研工作》，http://zzgj.haikou.gov.cn/ywdt/zwdt/202007/t20200708_1520862.html，访问日期：2020年7月6日。

础上赋予其单独编制规划的权利。2019 年《中共中央、国务院关于建立国土空间规划体系并监督实施的若干意见》规定，专项规划"由所在区域或上一级自然资源主管部门牵头组织编制，报同级政府审批"。从"牵头组织编制"可以看出，农垦农用地管理部门参与编制有合理空间和依据。目前已经有垦区提出赋予其单独编制垦区国土空间规划权力的请求。江苏垦区提出，农垦系统作为乡村振兴战略的有机组成，各垦区作为县（市）级规划编制单元，可统一进行垦区国土空间规划编制工作，并与地方国土空间规划相衔接，凝聚合作发展力量，有效融入乡村振兴①。2020 年 1 月，海南政协委员也建议，由垦区编制农垦国土空间规划，将规划成果纳入所在市县国土空间规划，保持市县国土空间规划成果的完整，并为农垦国土空间利用提供规划引导和管控②。

第三，垦区可以制定自身的发展规划，然后实现与本地区自然规划部门的对接，为国土空间规划部门提供最直接的规划参考。此种方式比提出建议更为直接，在国土空间规划开展之前，垦区先结合自身实际情况，形成垦区的产业规划、空间规划等，比如建设用地和农用地的位置、面积等规划，然后将垦区的产业发展规划与自然资源部门进行对接；自然资源部门在拿到垦区产业发展规划后，能够迅速且充分地了解垦区实际用地需求和未来发展规划，在进行国土空间规划编制时能够更加科学合理。这样实际上已经实现了农垦部门参与规划的功能，但是又不会对政府的国土空间规划产生不好的影响。广西农垦在 2020 年 8 月初形成了《研究广西农垦集团改革发展有关问题的纪要》，该纪要明确支持重点项目规划与用地，广西农垦集团根据各农场的产业布局、土地资源等做好农垦产业发展规划，积极主动与自治区自然规划厅对接，将农垦产业发展规划融入国土空间规划，为农垦产业预留足够发展空间③。此种方式具有创新意义，是解决农垦国土空间规划问题的重要途径。

---

① 参见农业农村部农垦局，《全国农垦土地管理利用情况材料汇编》（内部资料），2019 年 11 月。

② 参见王右军，《关于建议充分发挥海南农垦在全省乡村振兴中作用的建议》，http://hainan.ifeng.com/a/20200117/8097623_0.shtml，访问日期：2020 年 1 月 17 日。

③ 参见农业农村部农垦局，《广西出台新政策，助力农垦开新局》，载《农垦情况》2020 年第 10 期，http://www.nkj.moa.gov.cn/ggzt/202009/P020200902348987994548.pdf，访问日期：2020 年 8 月 27 日。

（二）多渠道推动法规政策出台

首先，向政府相关部门提出健全法规政策的建议。各地垦区在国土空间规划方面缺乏法规政策文件支撑，导致垦区在产业发展项目落地方面遭遇不少问题。因此，农垦管理部门可以通过一定渠道促进立法和政策性文件的出台，通过强化政策供给，将农垦发展与农业发展、乡村振兴有机结合起来。农垦管理部门可以向政府相关部门提出国土空间规划方面的法规政策建议，也可以通过垦区人大代表提出相关议案，促进国土空间规划配套法规和政策供给，助力垦区发展。

其次，向调研小组积极建言献策以获取法规政策支持。不论是中央立法还是地方出台政策，一般而言均会派出调研小组展开专题调研。农垦方面可以通过参与调研小组座谈会、向调研小组反映情况等方式提出法规政策建议。

（三）多方式组合构建信息平台

土地管理信息平台既可以由农垦部门结合垦区自然资源的特点自行组织构建，也可由农垦部门与所属地区的自然资源部门共同构建。国土空间基础信息平台"可采取省内统一建设模式，建立省市县共用的统一平台；也可以采用独立建设模式，省市县分别建立本级平台；或采用统分结合的建设模式，省市县部分统一建立、部分独立建立本级平台"[①]。对于垦区而言，可以采取与本地地方政府信息平台相对应的模式进行构建。比如，海南垦区根据自身资源特色组织开发运营了垦区土地管控信息系统，实现了以图管地，并把每一寸土地的规划、利用、动态变更等信息，都通过信息化的方式录入网络信息平台[②]。海南采取的模式是自行开发平台，然后与地方国土规划信息平台的信息互通，信息平台的构建既响应了国家提出的推进国土空间规划"一张图"构建，也有助于垦区及时向当地国土空间规划部门反映垦区问题。陕西农垦采取协同构建的方式，一方面与各地国土、测绘部门开展业务对接，另一方面积极寻求与集团信息化管理叠加的

① 参见焦思颖，《聚焦部开展国土空间规划"一张图"建设和现状评估工作》，http://ghzy. hangzhou. gov. cn/art/2019/7/9/art_1228988237_41030662.html，访问日期：2024 年 2 月 11 日。

② 参见海南省人民政府新闻办公室，《海南举行"十三五"建设发展辉煌成绩系列之第二场新闻发布会》，http://www.scio. gov. cn/xwfbh/gssxwfbh/xwfbh/hainan/Document/1696932/1696932.htm，访问日期：2021 年 1 月 12 日。

端口，协同构建统一的综合监管平台①。"在信息平台的支撑下，通过规划数据整合与共享，能够实现不同业务部门对建设项目的联合协同审批，也能够突破不同业务部门间的协作瓶颈②。"

第二节　保障企业发展用地中农垦管理部门的
职能定位与履职方式

农垦企业的发展用地是垦区用来进行经济开发建设的土地，垦区的发展用地既包括农用地（含设施农用地）也包括建设用地。要保障农垦企业发展用地，首要任务是梳理农垦管理中拥有发展用地管理权限的部门及其职能。一般而言，建设用地和农用地涉及的管理部门为土地管理部门和农业发展部门，比如江苏农垦集团设有资产经营部（土地管理处）和农业发展部（农业处），或者是两种职能合为一体的部门，比如海垦集团的土地资源运营部。尽管每个垦区设置的部门名称不尽相同，但它们的职能相似。这种设置之所以合理，是因为它能够与政府的自然资源部门和农业农村部门相对应。土地管理部门负责土地方面的事项，农业发展部门负责农业产业规划编制等事项。首农集团总部设置了房地管理部和农牧管理部负责土地和农牧业相关事项；光明食品集团资产经营管理有限公司设立了不动产开发运营事业部负责不动产的运营管理，盘活存量土地。当然，也有很多农垦企业没有单独管理发展用地的部门，包括已经实行集团化改革的云南农垦集团总部，也包括非集团化垦区中已实行区域集团化改革的贵阳农投集团、梨树农垦集团、双辽农垦集团等，都没有相应的土地管理部门。由此可见，在农垦改革中，农垦管理部门的设置仍在不断完善之中，其保障农垦企业发展用地的职能也在持续探索中。本节将从农垦企业发展用地存在的问题出发，结合应对策略，对农垦管理部门的职能定位与履职方式进行阐述。

① 参见农业农村部农垦局，《全国农垦土地管理利用情况材料汇编》（内部资料），2019年11月。
② 参见甄峰、张姗琪等，《从信息化赋能到综合赋能：智慧国土空间规划思路探索》，载《自然资源学报》2019年第10期。

一、农垦企业发展用地中存在的问题

（一）发展用地指标不足

土地是农垦最重要的生产资料，也是农垦存在与发展的基础。农垦企业若要发展，首先需要拥有足够的发展用地。国土空间规划是保障农垦企业发展用地的前提，政府的国土空间规划能够决定垦区是否能够分配到充足的土地用于发展建设。农垦企业在国土空间规划中遇到的问题主要集中在规划用地不足上。许多地方的农垦部门反映，垦区不仅未能获得足够的规划用地，还出现了政府将垦区本身的土地划拨用于工业园区或其他项目建设等情况。以湖北农垦国有农场为例，由于农场面积普遍偏小，场内用地大多已经被开发，"近年来湖北省农场加工业迅速发展，但用地管理制度严格，建设用地尤为不足，也难以实现规模化发展"[①]。由此可见，发展用地指标不足是农垦企业保障自身发展中的突出问题，特别是在农垦集团化和企业化改革中，发展用地成为制约企业发展的重要因素。

（二）发展用地审批受限

发展用地包括农用地和建设用地。其中，设施农用地根据 2019 年《自然资源部、农业农村部关于设施农业用地管理有关问题的通知》的规定，仅须向乡镇政府备案，无须政府审批。因此，农垦企业发展用地审批受限中的"地"主要指的是建设用地。

垦区建设用地审批受限，主要体现在两方面：其一，农用地转为非农建设用地需要进行用途转换和政府审批，烦琐的规划审批在一定程度上约束了发展用地建设。"建设用地审批包括农用地转用审批、土地征收审批和土地供应审批。由于新增建设用地主要来自对农用地的占用，故需要办理农用地转用审批手续"，但是"建设用地审批事权错位，导致审批环节多、审批周期长，部分重大投资项目因此开工不及时、建设推进慢，难以适应各地区经济社会发展的需要"[②]。其二，垦区的建设用地在开发中受到严格限制。"主要因为垦区的自主开发权不明确，涉及农场的土地开发

---

① 参见刘润、赵冬安，《乡村振兴战略下湖北省国有农场发展的核心挑战与应对》，载《农业经济》2020 年第 2 期。

② 参见沈坤荣、赵倩，《"十四五"时期完善建设用地市场的重点和难点》，载《经济学家》2020 年第 11 期。

利用都必须报地方政府审批。而地方政府通常会优先考虑地方经济的发展，所以在制定土地利用规划及建设项目审批方面给到农垦的支持确实很少①。"所以，即使农垦企业争取到了企业发展用地指标，也不能保障垦区的发展用地开发顺利。

（三）发展用地盘活困难

农垦企业发展用地保障，不仅涉及争取发展用地指标，还包括确保发展用地得到合理充分的利用。在土地盘活方面，最突出的问题是对应的法律、政策体系缺失或不合理。北京农垦反映，国有农用地对应法律、政策体系缺失，有偿使用制度体系尚未建立，造成国有农用地管理、利用、登记等规则供给不足，同时设施农用地管理政策对建设用地（建筑规模）比例限制偏低，使得产业发展与政策产生了矛盾②。吉林垦区反映，"推进土地作价出资（入股），涉及国有土地的评估作价、财政等方面的政策规定，仅靠农垦管理部门文件要求和政策规定难以操作"③。土地盘活的困难是全国农垦面临的重要问题，它阻碍了农垦企业土地的有效开发利用。

（四）发展用地利用不合理

发展用地利用不合理，在农用地和建设用地中均有体现。①农用地利用不合理。根据农业农村部农垦局统计，福建、四川等地都存在土地承包租赁关系不合理、擅自改变土地用途、土地长期闲置等情况④。山西农垦国有农场大多分布在城郊地区和沿河两岸，大多城郊型农场的土地逐渐被当地政府大量收回；大量土地对外承包，承包期长，费用极低，农场土地资源优势没有得到充分发挥⑤。②建设用地利用不合理。"广东垦区的23万亩建设用地主要是居民点和交通用地，工厂和商业用地实际只有3万多亩，而居民点用地由于大部分是平房，人均占地要比城市高出一倍⑥。"在发展用地本就紧缺的情况下，不合理利用会导致土地无法充分发挥促进

---

① 参见万磊，《新形势下广东农垦土地开发利用的困境及对策》，载《中国房地产》2017年第12期。

②③⑤ 参见农业农村部农垦局，《全国农垦土地管理利用情况材料汇编》（内部资料），2019年11月。

④ 参见农业部农垦局，《各地实施意见中的政策亮点和创新做法》，载《中国农垦》2017年第11期。

⑥ 参见江泰，《广东农垦创新土地管理方式的实践与探索》，载《中国农垦》2016年第11期。

农垦企业经济发展的作用。因此，农垦应科学规划、合理利用已有的发展用地，确保土地资源得到有效利用，避免浪费。

二、保障企业发展用地中农垦管理部门的职能定位和履职方式

（一）完善国土空间规划编制并保障农垦企业发展用地指标

农垦企业发展用地指标不足与国土空间规划编制不完善有关。农垦企业需要政府国土空间规划部门按照计划用地指标划拨发展用地。国土空间规划部门在保障农垦企业发展用地方面的职能体现在：与农垦企业的规划编制衔接，听取农垦企业意见，并将其规划编制有效纳入政府层面的国土空间规划中，为下一阶段的用地审批做好基础工作。农垦管理部门在国土空间规划方面应当具备对垦区土地进行空间规划编制，并与国土空间规划部门进行对接的权限。因此，农垦管理部门也应被赋予相应的权利，包括对国土空间规划的了解权、建议权以及协商规划垦区用地指标等权利。

农垦管理部门在保障企业发展用地方面的空间规划参与权体现在对内和对外两个方面。对内是指农垦管理部门与各企业对接，充分听取其用地需求，在编制空间规划时将企业具体用地需求纳入考虑范围。例如，海垦集团在 2019 年 12 月召开了国土空间规划专题研究对接会，由海垦集团的土地运营部、规划发展部联合海垦设计院城乡规划所、土地规划部门组成需求对接小组对接垦区各企业，"详细了解农场公司的项目进展情况、用地需求和推进过程中存在的难点等，为编制农垦国土空间规划大纲收集基础数据"[①]。对外是指农垦管理部门通过与政府部门沟通，争取用地指标。具体包括两个方面：一是争取新增用地指标，二是在现有土地基础上争取用于拆除旧建筑并复垦的指标。第一，争取新的用地指标。主要通过座谈会的形式参与国土空间规划部门的规划工作，为垦区争取新的企业发展用地。2020 年海南垦区组织政府和垦区相关负责人进行了专题讨论，政府自然资源和规划局听取了农垦各农场负责人、农垦集团土地运营部负责人

---

① 参见马静，《海垦召开国土空间规划专题研究对接会》，https://www.hifarms.com.cn/xin-wen/show-9187.html，访问日期：2020 年 12 月 3 日。

的意见和建议，并进行了实地调研①。通过座谈会和实地调研，政府部门进一步了解了农垦企业的用地需求，在进行国土空间规划编制时会对农垦方面的需求加以考虑。"通过垦区国土空间规划编制，政府摸清了海垦发展脉络，批准垦区实行规划建设用地指标单列和土地规划指标在同一市县范围内调剂等政策。2021年，海南垦区因此调回约2.08万亩建设用地规划指标②。"第二，争取垦区拆旧复垦指标。由于土地用途改变需要政府部门进行审批，因此农垦企业需要向国土空间规划部门争取拆旧复垦的指标。广东省湛江垦区曾建议政府给予大力支持，借助农垦国土空间专项规划的契机，对农场已经登记的建设用地尽可能予以保留，确保存量建设用地的面积不减少，支持农垦农场的拆旧复垦项目③。广西来宾市自然资源局2019年8月15日在给来宾市政府的复函中提到，"该局于2019年8月组织专家对广西农垦黔江农场有限公司城乡建设用地增减挂钩项目拆旧区土地复垦工程规划设计进行评审，同意广西农垦黔江农场拆旧区共35个地块，面积6.5464公顷，复垦为农用地"④。

（二）积极推进土地确权发证

为保障农垦企业发展用地，农垦管理部门应积极履行协调推进土地确权登记和发证等职责。农垦管理部门应广泛收集确权证据，并推动解决争议地归属问题，特别是对于双方缺乏有效证据的争议地，应确定归属于国家，以化解与农民集体的所有权纠纷。同时，农垦管理部门还应加强对农垦企业管理者的激励约束机制建设，提高其责任感、维权意识和维权能力，鼓励其通过协商让利、诉讼执行等多种方式努力收回被其他主体侵占的农垦国有农用地。

农垦管理部门在保障企业发展用地方面的一种履职方式是积极协助和

---

① 参见周航，《海口市自然资源和规划局赴海南农垦开展国土空间总体规划调研工作》，中国海口政府门户网，https://www.haikou.gov.cn/zfdt/xbzwdt/bmdt/202007/t370161.shtml，访问日期：2020年7月3日。

② 参见夏贞吉，《规划坚持"一盘棋"，发展有了"压舱石"》，载《海南农垦报》2021年6月22日，第4版。

③ 参见2020年《湛江关于开展农垦国有农用地有关重点问题调研工作的情况汇报》。

④ 参见《来宾市自然资源局关于同意广西农垦黔江农场有限公司城乡建设用地增减挂钩项目拆旧区土地复垦工程规划设计的复函》，http：//lb.dnr.gxzf.gov.cn/xxgk/zdgkwj/t3156198.shtml，访问日期：2019年8月15日。

推动政府部门进行土地确权登记和发证工作。根据一些垦区的确权经验，争取政府部门的高度重视和全力推动是解决农垦企业土地确权问题的有效途径。具体来说，可以由政府组建管理部门领导小组，同时农垦企业也可以组建农垦改革工作领导小组，双方小组可以相互协助、共同推进工作。例如，为了解决垦区出现的确权困境，2018 年广西壮族自治区党政方面形成了由主要领导和分管领导组成的领导小组，自治区农垦方面组成了改革工作领导小组。政府领导小组先后 6 次听取农垦改革"两个三年"工作专题汇报，作出指示批示共 11 次。自治区党委、政府在 2018 年 4 月至 7 月两次召开全区电视电话会议，大力度、全方位推进农垦改革工作。与此同时，农垦改革领导小组先后深入钦州、北海、南宁等地开展实地调研，指出问题、提出要求、传导压力，切实推动中央和自治区政策落地生根，广西垦区在 2018 年高效完成了国有土地确权任务[①]。再如，"余杭经验"是：农垦系统开展土地确权登记发证，必须得到当地党委政府的高度重视，通过地方党委政府的调度和推动，各有关职能部门通力合作、密切配合，与农垦管理部门形成工作合力，化解了土地确权登记发证过程中出现的矛盾和纠纷[②]。

（三）沟通协调用地审批

不论是农用地转为非农建设用地，还是开发利用农场原有土地，都需要报请政府部门审批。2021 年修订的《土地管理法实施条例》第 23 条规定，"在国土空间规划确定的城市、集镇建设用地范围内，为实施该规划而将农用地转为建设用地的，由市县人民政府组织自然资源等部门拟定农用地转用方案，分批次报有批准权的人民政府批准"。该规定的亮点在于优化了用地审批程序，特别是农用地转用方案，不再采用逐级上报的审批方式，而是直接报有审批权的人民政府。因此，农垦管理部门应当积极与垦区所在地具有审批权的政府部门进行沟通，推动发展用地的审批工作。特别是应当加强审批环节农垦管理部门与政府之间的沟通协调，具体包含两方面：一是在垦区制定自主开发方案时，针对垦区的建设用地做出具体用途规划并和上级部门沟通和衔接，以便上级部门及时了解垦区具体情

---

① 参见黄春景，《改革风劲好扬帆——广西农垦圆满完成中央下达"硬任务"工作综述》，载《中国农垦》2019 年第 6 期。

② 参见唐安来，《"余江经验"对农垦土地确权登记发证的启示》，载《中国农垦》2017 年第 7 期。

况，从而节省审批的时间，也避免后期开发中出现项目难以推进的情况。二是通过垦地协同推进等方式，向政府争取土地规划利用及建设项目审批方面的支持。"国有农场建设用地较为分散，应在土地确权登记基础上，垦地协同推进国土空间规划与城市设计，实现用地与产业空间布局衔接，基础设施与公共服务设施协同配置①。""广坝农场公司积极行动，主动与属地政府及职能部门对接，共同起草了《东方市人民政府·广坝农场公司垦地联合机制工作方案》，政府国土空间规划编制部门直接和农垦管理部门沟通交流，为下一步用地审批奠定良好基础②。"

（四）稳慎推动土地市场化运作

农垦管理部门积极推进农垦国有土地资本化和农用地资源市场化，以及通过多种途径优化建设用地利用方式，全面活化农垦土地资源。农垦企业还可通过实施土地清理专项活动、建立垦区国有资源有偿使用电子交易平台等措施，促进土地资源的活跃利用。《中共中央、国务院关于进一步推进农垦改革发展的意见》提出要推动农垦土地资源资产化和资本化，"对农垦企业改革改制中涉及的国有划拨建设用地和农用地，可按需要采取国有土地使用权出让、租赁、作价出资（入股）和保留划拨用地等方式处置"。因此，农垦管理部门在总结各垦区实践经验的基础上，应当抓紧出台盘活农垦国有农用地使用权具体处置方式的实施办法。广东农垦"在畜牧集团开展作价出资（入股）、授权经营方式处置试点，编制了《国有划拨建设用地和农用地采取作价出资（入股）、授权经营方式处置的操作指南》③"，为完善盘活农垦国有农用地使用权具体处置方式进行了积极有益的探索。

在土地管理工作中，政策的不足或不合理往往是导致土地盘活困难的主要因素之一。为了解决这一问题，农垦管理部门应该争取政策支持，例如推动建立农用地和建设用地的作价出资、授权经营政策，以支持农垦企业开展国有农用地使用权抵押、担保试点，从而有效地盘活农垦土地资

---

① 参见潘琳、李海龙，《国有农场乡村振兴规划策略初探——以陕西省华阴农场为例》，载《城市发展研究》2020 年第 8 期。

② 参见广坝农场公司，《垦地联动！广坝农场公司推进国土空间规划和村庄规划编制工作》，https://www.163.com/dy/article/G6TKCO100530WML8.html，访问日期：2023 年 4 月 6 日。

③ 参见广东省农垦集团公司，《围绕两化改革主线创新土地管理方式》，载《中国农垦》2020 年第 4 期。

源。在推动法规政策方面，可以采取多种方式，例如通过座谈会等形式直接提出建议，或者由农垦企业的人大代表向政府提出建议，另外还可以通过提出地方人民代表大会代表团议案的方式争取政策支持。通常情况下，通过代表团提出议案的方式促进法规、政策出台，效果往往比单纯向政府部门提出建议更好。

（五）加强对土地利用的监管

2008 年《国土资源部、农业部关于加强国有农场土地使用管理的意见》中提出："大型垦区和集团化垦区应设立专门机构，明确工作职责，切实加强对所属国有农场土地的管理工作，提高土地利用效率。"根据该规定，各垦区农场既要加强农用地承包租赁合同管理，避免承包期过长、承包费过低、承包面积过大等"三过"现象的发生，又要针对已经形成的"三过"现象及时依法合理地予以纠正，如针对承包费过低、面积过大的问题，探索面积递增、承包费随之递增的分阶段差别承包规则，或者探索反租倒包，以货币化补偿的方式代替农用地实物承包，促进规模化高效经营。同时，针对农垦职工居民点等土地利用不合理现象，可以借鉴农民集体闲置宅基地有偿退出、股份合作等盘活实践，探索并完善职工居民点用地的节约集约、高效利用以及收回再利用等对策。

首先，设立专门的农垦资源管理部门。全国农垦土地规模大、农场数量多，仅仅依靠政府部门是不能够实现对垦区土地的有效监管的。因此，有必要在农垦集团一级设立专门的农垦资源管理部门，对上进行沟通协调，对下积极开展监管，发挥承上启下的桥梁作用。比如北大荒集团设立了资产资源管理部，海垦集团设立了土地资源运营部，这些部门对集团旗下的农场土地资源具有管理权限。专门的农垦资源管理部门应当涵盖土地资源管理和农业发展规划相关职能，或者设立土地部门和农业部门以分别承担这些职能，以支持农垦企业的发展用地需求。

其次，建立承包利益共享和风险共担机制。"鼓励农垦企业通过土地托管、代耕代种代收、股份合作等方式，与农户形成紧密型利益联结机制，提高规模经营效益，实现集体个人双赢[①]。"构建合理的利益共享和

---

① 参见潘琳、李海龙，《国有农场乡村振兴规划策略初探——以陕西省华阴农场为例》，载《城市发展研究》2020 年第 8 期。

风险承担机制，既能实现对承包人的行为监管，也能促使农垦企业积极履行管理职责。

第三节　强化耕地保护中农垦管理部门的
职能定位与履职方式

"耕地资源是实现党的二十大提出的建设现代化农业强国的最基本的物质基础①。"强化耕地保护是充分发挥农垦在现代农业发展中重要作用的主要保障。农垦作为国有农业经济的骨干和代表，不仅要坚持以农为本、建设现代农业的大基地、大企业、大产业，更要练就与国际大粮商较真碰硬的真本领，增强我国农业国际竞争力、话语权，在保障国家粮食安全中发挥"压舱石"作用。加强农垦国有农用地管理，严格落实国有耕地保护、集约利用等政策，对于做强做优做大农垦企业、更好发挥农垦保障国家粮食安全和重要农产品有效供给作用有着重大意义。在 2019 年新修订的《土地管理法》更加注重加强耕地保护的背景下，农垦管理部门成为强化耕地数量和质量保护的关键部门，尤其是在积极推进农垦集团化和农场企业化改革的情况下。要加强农垦管理部门对耕地的保护责任，就必须完善其职能定位和履职方式。因此，本节从农垦耕地保护存在的问题入手，基于问题解决方案，阐述农垦管理部门在强化耕地保护中的职能定位和履职方式。

一、耕地保护中存在的问题

对耕地保护中存在的问题，有专家指出，"从法规制度看，法律法规对耕地数量的管控规范较多、措施较硬、针对性较强，但对耕地质量管控的规范则比较笼统、零散，针对性、操作性不强，而且没有处罚性条款。从执法效果看，由于错综复杂的利益矛盾，对大量未批先占、未许可先利用的耕地违法行为难以查处。从政策机制看，我国实行占补平衡政策，但占优补劣、占水田补旱田、占平川补山地、占集中连片耕地补零散破碎耕

---

① 参见韩松，《建设农业强国背景下耕地保护制度的完善——以公法私法的结合为视角》，载《法学家》2023 年第 4 期。

地等成为常态，占补平衡机制有待完善。从保护主体看，耕地保护以执法单项管控为主导，作为耕地利用主体的农民，对耕地保护的责任和义务落实不到位，保护耕地的主体作用发挥不充分"①。就农垦国有耕地保护而言，农垦各级主管部门根据其在本级政府承担的相关职责，负责确保耕地和永久基本农田总量不减少、质量得到提高；农场作为耕地的使用者，在法律层面没有司法和行政执法权。在实践中，农垦国有耕地保护存在以下主要问题。

（一）耕地保护的主体问题

目前垦区耕地保护主体责任意识不强，保护力度不够。在自然资源部《2020 年土地例行督察发现的耕地保护重大问题典型案例》和 2022 年 5 月最高人民检察院《关于印发"检察机关依法保护黑土地"典型案例的通知》中，可以发现违法占用农垦耕地和永久基本农田挖田造湖造景问题。2018 年 12 月至 2020 年 10 月，海南农垦神泉集团有限公司未经批准擅自占用 11.17 亩永久基本农田建设长田人工湖项目。地方政府及部门非法批地、监管不力等管理职责不落实问题也时有发生，2003 年 5 月至 2018 年 10 月，云南省昆明市嵩明县委、县政府以违法出租、违法出让等方式主导"违法占用嘉丽泽农场土地7 039 亩（国有农用地 6 752 亩，含耕地 3 676 亩）"长达十年之久②。此外，现行规定中对于垦区耕地和永久基本农田的用途管控和保护责任，以及直接使用该耕地的农场公司或农垦集团与作为主管单位的农业农村等政府机构之间的责任界定和划分，仍需进一步梳理和加强。

（二）耕地保护的方式问题

垦区耕地的保护方式直接关系到对国有耕地数量和质量的保护水平。在垦区耕地保护方式方面存在以下三个主要问题：①垦区耕地数量掌握不准确。农垦单位对地方规划调整、增减挂钩、工程修复等措施不敏感，对垦区单位的耕地和永久基本农田总量及其动态变化更新不及时、掌握不准确。②垦区耕地质量等级管理不到位。由于管理体制和相关费用成本等，很多情况下，农垦单位定期对耕地资源进行调查，健全耕地资源地类等级

---

① 参见郭永田，《加强耕地保护建设 筑牢粮食安全基础》，载《农业发展与金融》2022 年第 10 期。
② 参见自然资源部 2021 年 5 月 31 发布的《2020 年土地例行督察发现的耕地保护重大问题典型案例》。

和质量监测台账等工作没有跟上，导致垦区国有耕地区位布局不明、质量等级不准。③耕地及永久基本农田的用途管控不严。如耕地撂荒和"非粮化"，也是垦区耕地数量减少、质量降低的主要影响因素。目前法律主要是强调耕地用途管制的总体要求，以行政责任落实为主，强调党政同责，缺少具体司法和执法标准。

（三）耕地保护的激励机制问题

"耕地保护本质上是社会通过财政转移支付给承担了保护耕地义务的土地所有人或者利用人以经济补偿，补偿其应当分享的经济社会发展成果利益。是将财政转移支付的公法制度与土地所有者和利用者的民事权利结合的制度安排，通过转移支付使保护耕地的产权主体分享了发展成果，实现了社会公平，从而激发耕地所有者和经营者保护耕地的积极性，减轻耕地保护制度的行政执行阻力，提高执行效力[1]。"耕地保护激励机制存在以下问题：第一，农垦耕地保护补偿激励规则不明确。如何与财政部门对接、具体补偿标准以及每亩补贴的依据不够清晰，这些对推进工作造成了一定的束缚。第二，农垦耕地保护的激励资金投入不足。如海南省的资金投入主要依靠国家政策中的补贴资金，资金来源渠道单一，补偿标准普遍较低，资金发放到乡、村层面，使得资金被分散，难以发挥补偿激发群众耕地保护积极性的作用[2]。第三，农垦耕地保护补偿激励方式不合理。从海南省各个地区实践反映情况来看，"普遍采用根据耕地面积、按亩补助部分资金的方法"[3]，分摊到每亩耕地的资金量太少，很难提高耕地保护的积极性；而且，单纯靠补偿激励给政府的财政压力较大，尤其对于部分脱贫地区而言，落实该政策更是难上加难。第四，地力补贴、种粮补贴等惠农政策不一定百分百覆盖到农垦单位。其他社会力量激励补偿种粮的体制机制还在探索中。

（四）耕地保护的责任目标考核问题

"耕地保护责任目标考核是检验耕地保护成效的有力武器和重要抓手[4]。"

---

① 参见韩松，《建设农业强国背景下耕地保护制度的完善——以公法私法的结合为视角》，载《法学家》2023年第4期。

②③ 参见王少杰、王建强，《我国耕地保护补偿激励机制建设现状、问题与建议》，载《江苏农业科学》2020年第12期。

④ 参见王艳松、桑玲玲、章远钰，《我国耕地保护责任考核制度的发展与完善》，载《中国土地》2020年第11期。

目前耕地考核制度存在以下问题：第一，考核机制尚不健全。未被纳入地方田长制的农垦单位，其耕地和永久基本农田保护考核的刚性不足，导致违规违法用地案例增加，相应的成本逐步上升。《海南省市县政府耕地保护责任目标考核办法（修订）》（2018）指明了考核的指导思想和基本原则，但是考核工作目标缺乏具体的制度设计和技术规范，例如，考核指标和比重、考核数据如何获取，如何保障数据的真实性等，都会影响考核结果[①]。第二，考核方式单一，尚未充分发挥考核效能。在考核周期方面，仅按照年度自查、期中检查和期末考核的频次进行考核工作，不能及时发现存在的问题。第三，考核内容有待进一步充实。耕地保护责任方面主要考核政府的执行情况，但缺乏对社会公众参与的评价；考核指标设定主要关注耕地数量和质量，而缺少对整个生态系统的考核。

二、强化耕地保护中农垦管理部门的主体责任

有专家指出："耕地保护是国家义务。国家义务是一种普遍性的义务，属于财产权的社会义务范畴。所有国家机构、公民、法人都必须履行。而义务履行主要是通过行政法律关系落实的。这是理解我国耕地保护制度的法理钥匙[②]。"也是强化耕地保护中农垦管理部门主体责任的法理基础。

2018年，国务院印发《省级政府耕地保护责任目标考核办法》，"明确耕地保护的主体中省长、直辖市市长、自治区主席是第一负责人"。就垦区耕地保护主体而言，还应当包括市县、乡镇及其相关职能部门，农垦集团、国有农场、农场职工以及其他具体经营国有耕地的主体。可以借鉴海南省自然资源和规划厅2016年发布的《海南省关于推进新一轮农垦土地管理制度改革的实施意见》规定的"省农垦控股集团和各国有农场是农垦耕地保护的责任单位，根据有关规定，由各有关市县政府与各国有农场签订耕地和基本农田保护责任书，明确各国有农场耕地保护职责，确保按规定下达的面积不减少，质量有提高"，明确农垦农用地管理部门的耕地保护主体地位，规定具体的耕地保护职能，强化耕地保护的责任。

针对《土地管理法》和《土地管理法实施条例》中存在的国有耕地保

---

① 参见王艳松、桑玲玲、章远钰，《我国耕地保护责任考核制度的发展与完善》，载《中国土地》2020年第11期。

② 参见甘藏春，《土地正义》，商务印书馆2021年版，第345页。

护规则缺失问题，应当补充关于农垦国有耕地保护责任主体等内容。国有农用地的所有权行使主体、使用权人、经营者等相关当事人，应当承担保护和合理利用国有耕地的义务和责任，严格按照耕地用途管制要求使用国有耕地，以确保国有耕地资源的可持续利用。国有农用地所有权行使主体应采取切实措施制止非法侵占国有耕地的行为；使用权人应按照耕地用途管制要求使用国有耕地；利用耕地的双方当事人应当在国有耕地出让、作价出资（入股）、授权经营、划拨、租赁和国有农用地使用权流转等合同中，明确实际经营者保护国有耕地、按照耕地用途管制要求使用耕地的义务和责任。农垦企业等单位应当发挥作用，依法加强对国有耕地的管理和保护，严守耕地保护红线，确保耕地数量有增加、质量有提高、生态功能更稳定。

国有耕地保护责任主体应当严格执行 2019 年新修订《土地管理法》和 2021 年《土地管理法实施条例》规定的占用耕地补偿、永久基本农田保护、非农建设尽量利用荒地、不得闲置荒芜耕地等制度。《土地管理法》中禁止集体耕地闲置、荒芜的第 38 条第 1 款、鼓励集体耕地整理的第 42 条第 1 款（以及《土地管理法实施条例》第 10 条第 2 款），《土地管理法实施条例》第 8 条第 1 款规范耕地占补制度等，应当明确适用于国有耕地；其中农村集体经济组织承担的义务亦应适用于农垦企业。《土地管理法》第 41 条规定的鼓励开发未确定使用权的国有荒山、荒地、荒滩的规则，可以参照适用于已经确权给农垦的大量国有荒山、荒地和荒滩。应当鼓励各垦区按照《土地管理法》第 41 条规定，积极探索有效的开发激励政策。

同时，应加强耕地保护主体之间的沟通协调，明确耕地保护内容。例如，在农垦单位与地方自然资源部门之间，明确耕地保护的数量、用途、区位等，明确增减挂钩、工程修复、等级变更的手段、评价、考核、奖罚等；在农垦单位与地方农业农村部门之间，明确农地农用管控、质量监测、产能提高，进出平衡、高标改造、地力提升，耕地和永久基本农田种植优先序、粮食作物清单、轮作和休耕方案、地力和种粮补贴方案等；在农垦单位与地方生态环境部门之间，明确垦区生态保护责任与补偿。

三、完善耕地保护中农垦管理部门的履职方式

（一）提升耕地管理保护能力

农垦农用地管理部门应积极建立耕地保护监管制度，主要方式包括协助政府部门建设土地信息化平台，并完善自身的土地监管系统，利用大数据技术实现对垦区土地的动态监测。2021 年 7 月以来，海南农垦开展"农垦土地利用动态遥感监测项目，利用地理信息系统、遥感、三维、大数据等先进技术，着力构建海南农垦土地利用动态监测平台，实现海南垦区土地利用精准化、数字化、智能化监管"[①]。土地监测包括对耕地的监测，依托此平台对耕地进行动态监管从而实现耕地保护。另外，协助政府部门"充分利用国土资源遥感监测'一张图'和综合监管平台，加强对永久基本农田动态监测，加强对土地整治过程中的生态环境保护，强化耕地保护全流程监管"[②]。耕地保护责任主体应加强永久基本农田的地理信息化和可视化建设，实施网格化管理，并结合铁塔视频、无人机和人工巡田等方式，建立可视化监管系统；同时，应完善耕地保护信息，建立耕地保护数据与信息资源的部门共享机制。

农垦企业或农垦农用地管理部门应灵活运用法律手段保护耕地。2021年修订的《土地管理法实施条例》第 45 条规定："国家自然资源督察机构进行督察时，有权向有关单位和个人了解督察事项有关情况，有关单位和个人应当支持、协助督察机构工作，如实反映情况，并提供有关材料。"因此，农垦企业或农垦农用地管理部门可向督察组反映和举报，彰显耕地保护的主体责任意识，以保护垦区的合法权益。同时，基于"破坏耕地法律责任是一个类型体系，包括公法责任、私法责任、政务处分责任和党纪处分责任等类型。在破坏耕地法律责任的条文设计上，耕地保护有关法律应考虑公法责任种类间的相互衔接、公私法责任的并处与衔接、党政处分

---

① 参见邓钰，《海南农垦利用动态遥感监测平台，以大数据技术推进垦区土地管理工作》，https://www.163.com/dy/article/GL4TEIU6053469JX.html，访问日期：2024 年 2 月 11 日。

② 参见《中共海南省委、海南省人民政府关于加强耕地保护和改进占补平衡的实施意见》（琼发〔2017〕32 号）。

与法律责任的叠加、公私益诉讼的界限与配合"①。

（二）创新耕地保护方式

创新耕地保护方式，主要体现在以下三个方面：

第一，构建数量、质量、生态"三位一体"耕地保护机制。"特别是要从人与社会的可持续发展出发，适应新型城镇化对空间布局形态和生态文明建设的要求，统筹各方面的需求，把我国土地管理的目标从单一的保护耕地向保护和改善生态环境、促进土地的节约集约持续利用方面延伸②。"鼓励农垦企业等单位采取各种措施，包括工程、生物、物理、农艺等，防止耕地退化、加强生物多样性保护，提升耕地的生态质量和功能，以推动农业的绿色可持续发展。2015年农业部印发《耕地质量保护与提升行动方案》强调了耕地质量保护的技术路径，以及退化耕地综合治理、污染耕地阻控修复、耕地质量调查监测与评价等重点建设项目；同时还要求强化统筹协调、责任落实、政策扶持、法治保障等措施。农垦管理部门作为耕地保护的直接主体，应当主动加强耕地质量等级保护体系的构建，协同政府部门搭建耕地质量等级监测平台，配合政府部门完成耕地质量验收工作，完善垦区耕地等级动态调整机制，及时准确根据耕地质量等级健全相应保护制度。

第二，通过创新机制促进耕地占补平衡。"2017年，国土资源部明确了'以数量为基础、产能为核心'的占补新机制，这为耕地保护向数量、质量、生态'三位一体'发展奠定了基础③。"农垦农用地管理部门作为耕地占补平衡的责任主体，既应结合自己区域规划范围内的耕地后备资源，制定耕地占补实施方案，又应"不断创新耕地占补后备资源机制，运用'多规合一'调整机制，保持规划内的耕地开垦总量的动态平衡，从而建立有效的耕地占补后备资源形成机制"④。同时，要强化耕地数量变化的核查与调整机制，保证农垦农用地管理部门及时准确掌握垦区耕地数量

---

① 参见王洪平，《论破坏耕地的法律责任——以〈耕地保护法（草案）〉（征求意见稿）的修改为重点》，载《江西社会科学》2023年第5期。

② 参见黄忠，《迈向均衡：我国耕地保护制度完善研究》，载《学术界》2020年第2期。

③ 参见汤怀志、桑玲玲、郧文聚，《我国耕地占补平衡政策实施困境及科技创新方向》，载《中国科学院刊》2020年第5期。

④ 参见农业农村部农垦局，《全国农垦土地管理利用情况材料汇编》（内部资料），2019年11月。

变化情况。可以积极配合政府有关部门，探索完善耕地指标跨区域交易机制，以实现耕地占补平衡政策的有效落实。"区域之间补充耕地指标不仅是数量和经济的有偿调剂，更是质量和生态的有偿调剂，耕地保护责任相应转移，使区域之间耕地保护和耕地占补平衡责任与任务相匹配①。"合理开发利用国有荒山、荒地和荒滩，鼓励农垦企业通过耕地修复等措施恢复耕地。依法保障农垦企业开展土地整治、拆旧复垦等活动所需的补充耕地指标及其合法收益，以确保耕地面积不减少。

第三，开展耕地综合治理，提高耕地质量和土地的集约利用率，并完善耕地保护体系。耕地综合治理的主要目标是解决土地资源配置问题，通过治理不合理利用或利用率不高的耕地以及盘活耕地等方式，来提高耕地质量，并加强土地的节约集约利用，落实《乡村振兴促进法》第 67 条"县级以上政府应当推进节约集约用地，提高土地利用率"的要求。农垦企业等单位要在土壤普查工作基础上，积极实施高标准农田建设工程，加强农田基础设施建设，保护并提升耕地质量，提高农田防灾抗灾减灾能力和农业综合生产能力。强化垦区耕地用途管制制度的落实。推行田长制，制定耕地种植优先序，出台粮食作物清单、耕地用途"五不得"、永久基本农田"一不得""四严禁"等耕地保护具体举措。健全农垦主管部门作为同级田长制责任单位、农场作为乡镇一级田长，对农场区域内耕地和永久基本农田严格落实用途管制制度的保护责任。合理细化防控耕地撂荒和"非粮化"的司法追责和执法标准。

（三）强化耕地保护激励机制

有学者指出，"建立公法与私法结合的耕地保护制度具有现实的必要性，其理论依据在于土地所有权的社会性理论、农民对土地发展利益和经济社会发展成果的共享理论和农地法的公法私法结合的社会法理论。耕地保护立法应当建立公法私法结合的制度规范，以实现对耕地的全面保护"②。强化耕地保护激励机制，就是以公私结合的方法保护耕地的重要体现。

---

① 参见韩璐、孟鹏，《新时代耕地占补平衡的逻辑根源、模式探索与管理创新——基于"新时代耕地占补平衡方式改进与管理创新研讨会"的思考》，载《中国土地科学》2018 年第 6 期。

② 参见韩松，《建设农业强国背景下耕地保护制度的完善——以公法私法的结合为视角》，载《法学家》2023 年第 4 期。

为了守住耕地红线，调动垦区耕地保护积极性，可以从以下三个方面强化垦区耕地保护激励机制：一是创新多样的激励方式。通过合资合作等方式多渠道积极争取耕地保护资金①，"调整和完善各地耕地保护中的资金配置和使用，不仅可使得资金与耕地保护相平衡，还能够保证耕地保护资金的有效利用"②。农垦农用地管理部门除积极争取政府层面补偿激励资金投入外，还应总结推广广东农垦经验，积极拓宽补偿激励资金的来源渠道。广东省农垦集团作为发起人成功组建广东省耕地保护协会，充分发挥沟通政府、服务行业、协调各方的桥梁纽带作用，积极引导社会力量参与耕地保护，创新提出耕地认保理念，与田长制、消费帮扶、农场基地联合，筹集社会资金资源提供种粮补贴。二是"尝试'补偿＋激励'并行，不仅要重视普惠性'补偿'，也要提高绩效性'激励'力度；在将'补偿'作为保底功能的同时将大部分资金用于'激励'，从而调动各主体保护耕地的积极性"③。三是健全耕地补偿制度的具体实施规则。"应精确划定补偿范围、明确经费筹措方式、设置等级区分补偿标准、强调资金促农用途④。"改进国有耕地补贴支持制度，以促进粮食生产。为保障耕地保护的公平性，政府部门应完善相关制度和机制，确保农民集体也能享受到地力补贴、种粮补贴等农业支持政策，并将这些政策范围扩展至农垦单位。对于完成耕地保护任务优秀、实现粮食产量和商品率提升的农垦企业等单位，应给予奖励和补贴。

（四）健全耕地保护考核机制

健全耕地保护责任目标考核制度是落实、压实耕地保护责任的重要保障。农垦管理部门要会同国资管理部门将耕地保护状况纳入农垦企业绩效考核体系。国务院 2018 年修订的《省级政府耕地保护责任目标考核办法》（国办发〔2018〕2 号）要求：将省级政府耕地保护责任目标考核结果确定为省政府负责人考核的重要内容，对于考核结果较好的省份将给予资金

① 参见刘随臣、谭丽萍、樊笑英，《耕地保护制度的创新思考》，载《中国土地》2022 年第 1 期。
② 参见郑武，《海南省耕地后备资源开发利用研究》，载《乡村科技》2018 年第 28 期。
③ 参见王少杰、王建强，《我国耕地保护补偿激励机制建设现状、问题与建议》，载《江苏农业科学》2020 年第 12 期。
④ 参见王洪平，《论破坏耕地的法律责任——以〈耕地保护法（草案）〉（征求意见稿）的修改为重点》，载《江西社会科学》2023 年第 5 期。

上的倾斜。农垦农用地管理部门可以借鉴该制度，实施耕地保护责任目标考核制度，对接政府耕地保护责任考核，联合推进耕地保护。当前已有垦区采取了此类考核制度，2021 年 9 月北大荒集团召开了 2016—2020 年垦区耕地保护责任目标考核期末验收会，北大荒集团的资源资产管理部、发展战略部、农业发展部等主要负责人均参加了会议，会上，黑龙江省检查组对北大荒集团"十三五"期间耕地保护责任目标考核自查情况进行了询问①。因此，农垦农用地管理部门可以结合本垦区管理的具体情况制定耕地保护责任目标考核方案，健全耕地保护责任目标考核制度，督促各保护主体切实落实保护职责。

健全耕地保护责任目标考核制度，具体包括以下三个方面：一是农垦农用地管理部门应不断深化、细化考核制度，进一步明确考核组织方式、考核结果应用范围、具体奖惩措施。例如，各级人民政府应积极探索在农垦领域实施田长制以保护耕地。将拥有耕地和永久基本农田的农垦单位纳入行政区域内的田长制责任考核范畴，实行党政同责，并实施终身追责制度。二是"建立与自然资源部'智慧耕地管理平台'数据的接口，统一数据来源和口径，构建耕地保护责任目标考核综合数据库"②。将历年考核的数据进行整理分析，从而提高考核管理水平。三是不断优化并适时调整考核评分。湖北省为坚决遏制违法占用耕地，"细化考核指标设置，将耕地'非农化''非粮化'与土地督察整改等纳入考核指标并作为重要评分依据，将耕地保护责任落实情况纳入基层干部绩效评价"③。

---

① 参见丁宁，《2016—2020 年垦区耕地保护责任目标考核期末验收会召开》，https://www.163.com/dy/article/GJFKQ4RB0550PCST.html，访问日期：2021 年 9 月 9 日。

② 参见王艳松、桑玲玲、章远钰，《我国耕地保护责任考核制度的发展与完善》，载《中国土地》2020 年第 11 期。

③ 参见祝华，《我省建立耕地保护全链条监管机制》，《湖北日报》2021 年 7 月 21 日，第 2 版。

第六章 >>>

农垦国有农用地收回中存在的
现实问题及其完善建议

>>>

农垦国有农用地收回包括公益性建设收回与经济性建设收回。2018年国家基建占用农垦耕地 1 420.3 公顷[①]。"自 2003 年以来,湛江市各县(市)区累计收回农垦农场国有土地使用权面积共 19 908.23 亩(数据统计时间截至 2020 年 9 月 30 日),项目用地涉及教育、电力、军事、基础设施建设、社会事业发展等多个领域及工业、商业等多种类型的用地性质[②]。"为了更好地保护农垦系统的国有农用地权益,本章在梳理农垦国有农用地收回相对于集体土地征收的特别性的基础上,结合农垦实际,探究农垦国有农用地收回实践中存在的突出问题及其完善建议。

第一节　农垦国有农用地收回实践中的问题

一、收回程序与补偿中的问题

(一)收回程序的问题

在湛江垦区,"收回土地的程序均是地方县级或县级以上人民政府

---

①　参见中华人民共和国农业农村部农垦局、中国农垦经济发展中心编,《2018 中国农垦统计年鉴》,中国农业出版社 2019 年版,第 179 页。

②　参见 2020 年《湛江关于开展农垦国有农用地有关重点问题调研工作的情况汇报》。

或者自然资源局来函收回国有土地使用权"①。宁夏农垦反映，地方政府
除了公益性建设收回外，还存在因经营性开发收回农垦国有农用地的情
况。湖北农垦提出，应当对《中共中央、国务院关于进一步推进农垦改
革发展的意见》第 13 条"严禁擅自收回农垦国有土地使用权，确需收
回的要经原批准用地的政府批准"的规定②进行细化解释，增强可操作
性③。上述问题实际上反映了在收回程序尤其是收回启动程序方面，
对公益性建设收回与经济性建设收回的区分不够明确，以及对农垦的
知情权、参与权等权利保护不够到位。如果公益性建设收回范围过于
宽泛，不仅会增加国有农用地的流失，还可能减少农垦系统可能获得
的收回补偿数额；而在收回特别是经济性建设收回中，对农垦的知情
权、参与权乃至协商权保护不够，也会直接影响农垦权益的充分保障和
实现。

（二）收回补偿的问题

一些垦区反映，在收回补偿标准、社会保障费用以及留用地发展、职
工分享土地补偿费方面，均存在一定问题。

第一，收回补偿标准问题。吉林垦区提出，应明确收回农垦国有土地
补偿标准，使农垦企业国有土地收回有章可循④。安徽垦区亦反映，当前
农垦国有农用地收回依然参照行政区域内集体土地的补偿标准，极其不利
于国有农用地的保护以及"占优补优"耕地占补平衡制度的落实⑤。尤其
是农垦土地质量普遍高于周边农民集体农用地质量，如果仅仅参照农民集
体征地补偿标准执行，势必会低估农垦国有农用地补偿标准。广东垦区则
提出，"在收回垦区国有土地使用权的补偿、涉及垦区职工切身利益及垦区
稳定的职工住房用地管理等问题上，仅仅按'参照农村集体土地''划拨供
应'方式执行是没办法具体实施的，需要给予更加明确的规定及指引"⑥。
上述垦区提出的问题实际上指出了农垦国有农用地收回补偿缺乏具体标
准，或者简单参照农民集体农用地征收的补偿标准执行，而未能充分考虑

---

① 参见 2020 年《湛江关于开展农垦国有农用地有关重点问题调研工作的情况汇报》。
② 2015 年《中共中央、国务院关于进一步推进农垦改革发展的意见》（中发〔2015〕33 号）规
定："严禁擅自收回农垦国有土地使用权，确需收回的要经原批准用地的政府批准，并按照有关规定
予以补偿，妥善解决职工生产生活困难，依法安排社会保障费用。"
③④⑤⑥ 参见 2020 年农业农村部农垦局提供的《部分垦区反映的问题和希望突破的政策要点》。

农垦国有农用地相对于集体农用地在土地质量等级、产出能力等方面的差异，导致补偿不足。

第二，社会保障费用问题。安徽垦区提出，"未能合理确定社会保障费用标准。由于缺乏对失地职工社会保障费用补偿方式及补偿标准等的规定，部分地方政府在收回国有农用地时仅仅给予区片综合补偿，未合理安排社会保障费用，存在不安排社会保障费用或社会保障费用补偿标准过低（未能考虑缴费基数动态增长）等问题，农场及职工的利益得不到合理保障"。"中央农垦改革发展文件提出的'确需收回的要经原批准用地的政府批准，并按照有关规定予以补偿，妥善解决职工生产生活困难，依法安排社会保障费用'未能真正有效落实①。"湛江垦区反映，"政府收回土地后，失地职工的安置难及生活保障难，农场需要缴交职工的社保和医保，加大了资金压力，加上收回土地引发的职工上访问题严重，每年信访维稳亦给农场带来不小的开支"②。上述垦区反映的问题表明，农垦国有农用地收回补偿中社会保障费用的安排不到位，已经引发了相关群众对职工权益保护不周的担忧，并对社会稳定造成隐患。

第三，留用地发展问题。广东垦区反映，国有土地收回中留用地发展的补偿未能真正落实③，即使收回补偿协议已经明确留用地面积，但是实际落实的留用地面积非常有限④；这导致农场承担了过重的安置失地职工责任，进而在一定程度上影响了农场的正常、持续发展。

第四，职工不能分享土地补偿费问题。诸多因农场国有农用地使用权被收回丧失基本田的职工亦主张与集体土地承包经营权人一样分享土地补偿费。但是，均被人民法院以 2009 年国土资源部办公厅、农业部办公厅印发的《关于收回国有农场农用地有关补偿问题的复函》（国土资厅函〔2009〕850 号）中规定"土地补偿费应当给予国有农场"为由驳回诉请⑤。即司法判决也不支持职工分享基本田土地补偿费。有判决仅支持基本田

---

①③　参见 2020 年农业农村部农垦局提供的《部分垦区反映的问题和希望突破的政策要点》。

②④　参见 2020 年《湛江关于开展农垦国有农用地有关重点问题调研工作的情况汇报》。

⑤　参见海南省第一中级人民法院（2011）海南一中民二终字第 63 号、第 64 号民事判决书。另有判决书载明："已被收回的土地性质应为其他方式承包的机动地。现上诉人实际主张分配的是收回承包的机动地面积的土地补偿款，该利益为上诉人金沙农场国有集体的权益，被收回的农用地需安置的人数应由上诉人金沙农场国有集体来研究，而非上诉人单独享有。"参见黑龙江省七台河市中级人民法院（2018）黑 09 民终 160 号民事判决书。

（身份田）承包人获取安置补助费（但不能分享土地补偿费[1]）；退休的职工，亦不能获得安置补助费[2]。职工不能分享基本田土地补偿费，可能引发难以保障农场职工基本生活这一事实上的困局[3]。

二、收回转为建设用地后增值收益分配的问题

针对垦区农用地被政府收回后转为农垦外部其他主体使用的建设用地增值收益分配问题，部分垦区反映了实践中土地增值收益分配规则不合理或执行不到位等情况，主要体现在以下三个方面：①地方人民政府依据自主权发布的相关文件一般期限较短。例如，湛江市人民政府出台的相关文件有效期是五年，于2021年7月到期，到期后相关主体难以享受该政策红利。②地方人民政府依据自主权发布的相关文件一般适用范围较小，不能满足实际需要。例如，湛江市人民政府出台的相关文件只是针对湛江市市辖区内的土地，湛江农垦局已经分别与徐闻县、雷州市、遂溪县单独签订了垦地合作框架协议，协议中也明确了收回土地后再出让的收益分配方案，但是廉江市迟迟不肯签订。③地方人民政府出台相关文件后，一些项目用地已经完成出让，但是并未真正按照文件规定进行净收益核定，更无从谈论净收益分配问题[4]。例如，海南垦区提出，"大型工程征用农垦土地的土地补偿、安置补助、社会保险费补贴等补偿费用，以及市县政府收回农垦土地并出让后所得的出让收入，未能按相关政策规定全部回收"[5]。宁夏垦区反映，"公益事业征收农场土地只享受补偿；工业园区征地，补偿款实际很难到位"。

第二节　农垦国有农用地收回的类型与特殊性

一、公益性建设收回与经济性建设收回的比较

对于公益性建设收回与经济性建设收回，可以从收回事由、收回程

① 参见河北省唐山市路南区人民法院（2015）南民初字第814号、第832号民事判决书。
② 参见湖南省永州市中级人民法院（2014）永中法民三终字第58号民事判决书。
③ 参见高海，《农垦国有农用地物权问题研究》，法律出版社2021年版，第115页。
④ 参见2020年《湛江关于开展农垦国有农用地有关重点问题调研工作的情况汇报》。
⑤ 参见2020年农业农村部农垦局提供的《部分垦区反映的问题和希望突破的政策要点》。

序、收回补偿等方面进行比较。

（一）收回事由方面

2008 年《国土资源部、农业部关于加强国有农场土地使用管理的意见》（国土资发〔2008〕202 号）中"因国家经济建设或地方公益性建设需要收回国有农场农用地的……"的规定，即可表明收回包括公益性建设收回和经济性建设收回。公益性建设收回的收回事由，2019 年《土地管理法》第 58 条第 1 款采取了概括性规定，即"为实施城市规划进行旧城区改建以及其他公共利益需要，确需使用土地的"可以收回国有土地使用权。农垦国有农用地收回若不符合公共利益需要，而是用于商业用途的，则属于经济性建设收回。经济性建设收回包括商业性收回，而商业性收回在相关部门规章中通常以"国家经济建设"来表述。

（二）收回程序方面

2019 年《土地管理法》第 58 条第 1 款中规定，"由有关人民政府自然资源主管部门报经原批准用地的人民政府或者有批准权的人民政府批准，可以收回国有土地使用权"；《中共中央、国务院关于进一步推进农垦改革发展的意见》也规定，"严禁擅自收回农垦国有土地使用权，确需收回的要经原批准用地的政府批准"。上述收回须"经原批准用地的政府批准"的规定，未区分公益性建设收回还是经济性建设收回，可以推定为两者均应遵循。但事实上经济性建设收回应当更强调收回程序与补偿水平的协商性，而公益性建设收回的强制性则相对更加突出。

（三）收回补偿方面

2019 年《土地管理法》第 58 条第 2 款规定："依照前款第（一）项的规定收回国有土地使用权的，对土地使用权人应当给予适当补偿。"即对公益性建设收回应给予适当补偿。2008 年《国土资源部、农业部关于加强国有农场土地使用管理的意见》（国土资发〔2008〕202 号）规定："因国家经济建设或地方公益性建设需要收回国有农场农用地的……需参照征收农民集体土地的补偿标准进行补偿。"2015 年《中共中央、国务院关于进一步推进农垦改革发展的意见》规定："严禁擅自收回农垦国有土地使用权，确需收回的要经原批准用地的政府批准，并按照有关规定予以补偿，妥善解决职工生产生活困难，依法安排社会保障费用……农垦土地被依法收回后再出让的，其出让收入实行收支两条线管理，市县成的相应土地出让收入要按规定积极用于农垦农业土地开发、农田水利建设以及公益性基础设施建设。"虽然 2019 年《土地管理法》没有明确农垦国有农用地经济性建设收回应当给予补偿，但是上述其他两个文件则未区分是公益性建设收回还是经济性建设收回，一概规定了给予补偿，尤其是 2008 年《国土资源部、农业部关于加强国有农场土地使用管理的意见》（国土资发〔2008〕202 号）的规定明显包括了"国家经济建设"，即经济性建设收回应给予补偿。中央农垦改革发展文件还规定了收回农垦土地再出让收益用于农垦发展建设。从农垦实践看，经济性建设收回不仅要给予补偿，而且往往要为农垦配置收回转为建设用地后增值收益的分配比例①，即须在经济性建设收回中给予农垦更大力度的补偿。

二、公益性建设收回相比集体土地征收的特殊性

公益性建设收回比较接近征收，但是两者在涉及客体及客体归属、收回事由、土地补偿费分享主体、安置补助费享受条件等方面不同。

（一）涉及客体及客体归属不同

首先，涉及客体不同。根据《民法典》《土地管理法》的规定，征收土地的客体既可以是集体土地所有权，也可以是集体土地所有权上的土地使用权。但是，收回的土地客体仅指向土地使用权，既可以是农民集体因公益收回集体土地使用权，也可以是国家因经济建设或公共利益需要，收回国有建设用地使用权、国有农用地使用权。其次，客体归属不同。征收客体被征收后归属于国家，而客体被收回后既可以归属于农民集体也可以归属于国家。

（二）收回事由规定方式不同

国有农用地公益性建设收回事由采取了概括性规定的方式。如 2019 年《土地管理法》第 58 条第 1 款规定："有下列情形之一的，由有关人民政府自然资源主管部门报经原批准用地的人民政府或者有批准权的人民政府批准，可以收回国有土地使用权：（1）为实施城市规划进行旧城区改建以及其他公共利益需要，确需使用土地的；（2）土地出让等有偿使用合同

---

① 湛江市人民政府 2016 年出台的《关于进一步支持农垦改革加快发展若干政策措施的通知》规定国有农用地收回后用于商住或工业的，增值收益划给农垦一定比例。

约定的使用期限届满，土地使用者未申请续期或者申请续期未获批准的；（3）因单位撤销、迁移等原因，停止使用原划拨的国有土地的；（4）公路、铁路、机场、矿场等经核准报废的。"其中第（1）项即是公益性建设收回之公益的概括性规定。

而集体农用地征收事由采取了"列举＋概括"的规定方式。2019年《土地管理法》第45条规定："为了公共利益的需要，有下列情形之一，确需征收农民集体所有的土地的，可以依法实施征收：（一）军事和外交需要用地的；（二）由政府组织实施的能源、交通、水利、通信、邮政等基础设施建设需要用地的；（三）由政府组织实施的科技、教育、文化、卫生、体育、生态环境和资源保护、防灾减灾、文物保护、社区综合服务、社会福利、市政公用、优抚安置、英烈保护等公共事业需要用地的；（四）由政府组织实施的扶贫搬迁、保障性安居工程建设需要用地的；（五）在土地利用总体规划确定的城镇建设用地范围内，经省级以上人民政府批准由县级以上地方人民政府组织实施的成片开发建设需要用地的；（六）法律规定为公共利益需要可以征收农民集体所有的土地的其他情形。"

（三）土地补偿费分享主体不同

2009年国土资源部办公厅、农业部办公厅印发的《关于收回国有农场农用地有关补偿问题的复函》（国土资厅函〔2009〕850号）规定："国有农场土地归国家所有，但国有农场享有土地的长期使用权，土地补偿费应当给予国有农场。"即未明确规定农场职工可以分享土地补偿费。但农民集体土地被征收后，被征地农户可以分享部分土地补偿费。例如，一些政府规章①提出的支付给被征地农户的土地补偿费的分配比例为80％或不少于70％，即土地补偿费应主要分配给因农民集体土地被征收丧失家庭承包地的农户。

（四）安置补助费享受条件不同

2009年国土资源部办公厅、农业部办公厅印发的《关于收回国有农场农用地有关补偿问题的复函》（国土资厅函〔2009〕850号）规定："长

---

① 如2009年吉林省人民政府发布的《关于加强农村集体经济组织征地补偿费分配管理意见》和2006年海南省人民政府制定的《征地补偿费分配使用管理暂行办法》。

期承包国有农场农用地并将其作为生产生活主要来源的农业职工，失地后自谋职业并与农场解除劳动关系的，安置补助费给予个人；但由国有农场重新安排就业岗位的，安置补助费给予国有农场。"由此可见，安置补助费向农场农业职工提供补偿的前提是承包人必须是本农场的职工，并且与本农场解除劳动关系；如果承包人不是本农场的职工，或者即使是本农场的职工但未解除劳动关系，即使其承包的基本田被收回，也无法获得安置补助费。显然，安置补助费被视为对农场职工就业岗位的一种补贴。而对于因农民集体土地被征收而获得安置补助费的集体成员，则没有类似的条件限制。

第三节　完善农垦国有农用地收回程序与补偿机制的建议

一、收回程序的完善建议

首先，应当严格区分公益性建设收回与经济性建设收回。两者的收回事由、收回程序、收回补偿均不同，而且收回事由不仅是两者分类的标准，更直接决定着收回程序与收回补偿的差异。公益性建设收回与经济性建设收回的区分，关键在于准确界定收回的公益性事由。2019 年《土地管理法》第 58 条第 1 款第（一）项只是概括规定"为实施城市规划进行旧城区改建以及其他公共利益需要，确需使用土地的"可以收回国有土地使用权，并没有如同《土地管理法》第 45 条那样具体列举集体土地征收的五类情形。但是，《土地管理法》第 45 条具体列举的集体土地可以征收的五类情形，均是"为了公共利益的需要"，可以为农垦国有农用地使用权公益性建设收回的辨识提供参照。其中，《土地管理法》第 58 条中"其他公共利益需要"涉及第 45 条中"成片开发建设"的[①]，应参照 2020 年

---

① 有学者指出，"在适用时应当明确'成片开发'追求的不是纯粹的公共利益，因而在认定标准、征地程序和补偿标准等方面都需要突显土地开发目的的公私益混合性特质。"参见高飞，《土地征收中公共利益条款适用的困境及其对策》，载《学术月刊》2020 年第 4 期。

11 月自然资源部印发的《土地征收成片开发标准（试行）》①进行判断。严禁擅自通过调整农垦企业隶属关系、撤销农垦企业建制等方式变相收回农垦土地或改变农用地用途。

其次，经济性建设收回应更强调程序的协商性。前已阐述，《土地管理法》第 58 条第 1 款和 2015 年《中共中央、国务院关于进一步推进农垦改革发展的意见》均规定，收回国有土地使用权（包括国有农用地使用权）须"经原批准用地的政府批准"的规定，对公益性建设收回与经济性建设收回的收回程序未作明确区分。但是经济性建设收回应当更加强调收回程序中的协商性，协商的内容包括是否须经省级农垦集团或省级农垦主管部门同意，收回后转为建设用地增值收益的分享比例等。例如，2016年宁夏回族自治区人民政府出台了《关于切实做好宁夏农垦集团公司部分争议土地确权工作的通知》（宁政发〔2016〕59 号），要求："今后地方建设和发展需占用农垦土地的，要经宁夏农垦集团公司同意，按照法定程序办理相关手续。"湛江垦区也建议进一步明确为"严禁擅自收回农垦国有土地使用权，确需收回的要经省级农垦主管部门报省人民政府批准，批准后由农场所在地的县级以上自然资源部门依法依规办理相关用地手续"②。

此外，不仅应当将 2008 年《国土资源部、农业部关于加强国有农场土地使用管理的意见》（国土资发〔2008〕202 号）中"对拟收回的国有农场土地使用权，在依法报批前，必须将拟收回土地的用途、位置、补偿标准、安置途径告知该农场和所涉及的职工。对拟收回土地的现状调查结果，必须经该农场和所涉及的职工确认，并将该农场和所涉及职工的知情、确认等有关材料作为收回土地报批的必备材料"的规定落到实处，而且在经济性建设收回中还可以充分保障农场及其职工的异议权以及救济权，并落实 2021 年修订的《土地管理法实施条例》第 26 条要求的征收程序尤其是社会稳定风险评估。

最后，应严格控制公益性和经济性的土地收回。在限制农民集体土地

---

① 《土地征收成片开发标准（试行）》第 1 条规定："本标准所称成片开发，是指在国土空间规划确定的城镇开发边界内的集中建设区，由县级以上地方人民政府组织的对一定范围的土地进行的综合性开发建设活动。"

② 参见 2020 年农业农村部农垦局提供的《部分垦区反映的问题和希望突破的政策要点》。

征收范围的改革中，必须对公益性和经济性的土地收回进行严格控制。严格控制公益性收回意味着严格界定土地收回的公益性质。而严格控制经济性收回则意味着限制经济性收回的适用范围，即原本通过经济性收回方式取得的农垦国有土地使用权，应逐步采取农垦国有土地使用权转让、有偿出资、入股等方式取得。这样做有助于维护农垦及其职工的合法权益。

二、收回补偿机制的完善建议

（一）完善补偿标准

首先，宜区分国有农用地使用权与国有建设用地使用权的收回补偿。理由有二：一是农民集体征收补偿区分农用地与建设用地。《土地管理法》第 48 条第 3 款明确了征收农用地的土地补偿费和安置补助费的确定标准以及制定区片综合地价的考量因素；第 4 款规定了征收农用地以外（建设用地）的补偿标准由省、自治区、直辖市制定，并专门规定了其中农村村民住宅的补偿。虽然集体土地所有权征收与国有土地使用权收回的客体不同，但是学界普遍认为国有土地使用权公益收回本质上就是征收[①]。故，集体土地征收区分农用地与建设用地，对农垦国有农用地使用权与国有建设用地使用权收回亦有启示。二是现有规定为国有建设用地使用权与国有农用地使用权规定了不同的收回补偿规则。前者适用 2011 年《国有土地上房屋征收与补偿条例》[②]，因为对国有建设用地上房屋的评估价值的补偿包括了国有建设用地使用权的价值[③]。后者依据的是部门规章《国土资源部、农业部关于加强国有农场土地使用管理的意见》（国土资发〔2008〕

---

① 参见朱广新，《〈物权法〉实施中的热点、难点问题研究》，载《华东政法大学学报》2011 年第 4 期；耿宝建、殷勤，《公益性国有土地使用权收回的法律性质与补偿模式》，载《交大法学》2021 年第 4 期。

② "被征收房屋除实际占地外，如果存在有明显独立价值的院落等空地，还应参考《最高人民法院关于征收国有土地上房屋时是否应当对被征收人未经登记的空地和院落予以补偿的答复》规定，将院落等国有土地使用权独立纳入评估补偿范围。"参见耿宝建、殷勤，《公益性国有土地使用权收回的法律性质与补偿模式》，载《交大法学》2021 年第 4 期。若没有建筑物，则可以根据《自然资源部办公厅关于政府原因闲置土地协议有偿收回相关政策的函》（自然资办函〔2018〕1903 号）"市、县自然资源主管部门应当与当事人就收回范围、补偿标准、收回方式等进行协商，有偿收回的补偿金额应不低于土地使用权人取得土地的成本，综合考虑其合理的直接损失，参考市场价格，由双方共同协商确定"的规定进行补偿。

③ 参见湛中乐，《我国土地使用权收回类型化研究》，载《中国法学》2012 年第 2 期。

202 号）。根据该部门规章的规定，国有农用地使用权收回参照农民集体农用地征收进行补偿；国有农场建设用地使用权收回参照农民集体建设用地征收进行补偿。在《土地管理法》区分集体农用地与集体建设用地征收补偿的前提下，显然农垦国有农用地使用权与国有建设用地使用权收回的补偿也存在差别。2008 年的部门规章之所以规定农垦国有建设用地使用权收回参照集体建设用地征收进行补偿，与 2001 年《城市房屋拆迁管理条例》仅适用于城市范围内国有土地上房屋征收补偿不无关系。即使《城市房屋拆迁管理条例》于 2011 年废止后，农垦国有建设用地使用权因其上房屋征收补偿适用《国有土地上房屋征收与补偿条例》，也说明还是区分农垦国有农用地使用权与国有建设用地使用权的收回补偿的。据上，对国有农用地使用权与国有建设用地使用权区分补偿，有助于维护历史的延续性和现实的稳定性。

其次，农垦国有农用地使用权收回宜根据取得方式的不同，规定不同的补偿模式。《国土资源部、农业部关于加强国有农场土地使用管理的意见》（国土资发〔2008〕202 号）规定农垦国有农用地使用权收回参照适用农民集体农用地征收进行补偿，而农民集体农用地征收补偿由土地补偿费、安置补助费、社会保障费用等构成，不同于采取市场评估价的国有建设用地使用权收回补偿，与农民集体土地所有权不能转让、难以形成市场价不无关系。由是观之，在推进农垦国有划拨农用地向出让、作价出资（入股）等有偿取得方式改制的发展中，未来国有农用地使用权收回补偿，可以因划拨取得和出让取得（包括作价出资、入股等有偿取得）的不同而有所区别：划拨取得的，参照农民集体农用地征收进行补偿；出让取得的，按照市场评估价补偿[1]。

最后，尽管补偿标准可以参照适用区片综合地价确定，但这个区片地价不应仅限于被收回国有农用地周边农民集体土地的价格，而应考虑到被收回国有农用地的综合地价。"农用地区片定价应当严格执行维护被征地

---

[1] 2021 年中卫市沙坡头区人民政府办公室印发的《中卫市沙坡头区国有农用地管理暂行办法》第 31 条规定："因公共利益需要等，需收回国有农用地使用权的，应当给予适当补偿。补偿费用按照以下原则办理。农村集体经济组织参照集体土地发包给本村农户使用的国有农用地补偿费用，应当参照集体土地补偿标准执行。其他单位和个人依法使用的国有农用地土地采取综合评估的方式给予适当补偿。"

合法权益、同质量同价以及协调平衡的原则，充分参考土地行政区位、土地分类、质量等级等有关属性，落实征地区片综合定价，进一步维护国有农用地的合法权益[1]。"这样才能够兼顾农垦国有农用地质量高于周边农民集体农用地，其综合地价也应高于周边农民集体农用地综合地价的事实，依据农用地质量公平确定综合地价。

（二）积极落实安排社会保障费用

在 2008 年《国土资源部、农业部关于加强国有农场土地使用管理的意见》（国土资发〔2008〕202 号）明确规定"依法收回国有农场土地使用权，应给予经济补偿。经济补偿参照征收农民集体土地的补偿标准计算，并安排相应的社会保障费用"的前提下，可以参照 2021 年修订的《江苏省土地管理条例》第 46 条的规定，要求将农垦国有农用地使用权被收回的社会保障费用，主要用于符合条件的被收回农用地的职工的养老保险等社会保险缴费补贴，单独列支，专款专用。设区的市、县（市、区）人力资源社会保障部门应当在土地收回公告发布之日起十个工作日内将征地农民的社会保障资金划入其个人分账户，而被收回农用地的职工社会保障费用的筹集、管理和使用办法由省人民政府制定。

还可以借鉴一些省份的成功经验，完善社会保障补偿费用的安排办法。例如，海南省人力资源和社会保障厅、海南省财政厅、海南省国土资源厅印发的《海南省收回农垦国有土地使用权社会保险费补贴办法》（琼人社发〔2017〕335 号）规定，失地职工社会保障费按照"实际收回亩数×当期当地城镇居民月最低生活保障标准×180 个月×50％"的方法计算；安徽农垦以收回国有农用地的上一年度省级社会保险缴费为基数，以 15 年为期限，安排社会保障费用[2]。当然，职工距离退休不足 15 年的，社会保障补偿费应当截至职工退休。

（三）保障留用地发展

2019 年《土地管理法》第 48 条第 1 款规定"保障被征地农民原有生活水平不降低、长远生计有保障"；2009 年国土资源部办公厅、农业部办公厅印发的《关于收回国有农场农用地有关补偿问题的复函》（国土资厅

---

① 参见 2020 年农业农村部农垦局提供的《部分垦区反映的问题和希望突破的政策要点》。

② 参见邓庆海主编，《国有农用地：权利体系与农垦实践》，中国农业出版社 2021 年版，第 217 - 218 页。

函〔2009〕850 号）也要求"应保持失地的国有农场职工原有生活水平不降低"。为了更好地遵循上述原则，宜借鉴农民集体土地征收中的多元补偿机制，落实并完善农垦国有农用地收回中的留用地发展机制，如明确留用地的比例、用途等。具体可以按照被收回农用地 10%～15% 的比例、以出让建设用地的方式将部分土地留给农垦企业发展主业。湛江垦区提出的"政府继续保持收回国有土地使用权涉及留用地的政策性文件，并明确留用地的落实应与项目用地报批同步落实解决；从政府层面能够给予农垦每年单列一定比例的建设用地指标，用以安排解决原政府收回农垦土地尚未落实的留用地问题"等建议，应当予以满足[①]。广西《贵港市人民政府、自治区农垦局关于进一步明确西江农场土地合作开发事项的意见》中明确提出的"属于新收回土地用于工业类或商住类项目的，（安置用地）按项目总用地面积的 5%～7% 划拨给西江农场"等内容，值得借鉴。此外，留用地发展也有助于国有农场通过发展产业创造工作岗位，既可以为失地职工重新安排就业岗位，保障其长远生计，又可以化解国有企业为失地职工安排就业岗位的难题。

（四）职工适当分享土地补偿费

农民集体成员因为征地失去承包地，不仅可以获得安置补助费还可以分享一定比例的土地补偿费，但根据 2009 年国土资源部办公厅、农业部办公厅印发的《关于收回国有农场农用地有关补偿问题的复函》（国土资厅函〔2009〕850 号）的规定，农垦职工因国有农用地收回只能获取有限的安置补助费，难以保障"失地的国有农场职工原有生活水平不降低"。因此，"无论是从分配正义、关心民生与保障和谐稳定的角度，还是从基本田之社会保障功能的延续看，都应当优先考虑为职工调整补充基本田[②]；在农场只是部分土地被收回、职工不愿与农场解除劳动合同并放弃享受安置补助费，农场又无法调整补充基本田或基本田货币补贴的情况下，宜允许职工分享基本田被收回之土地补偿费，即将职工分得的适当比例的土地补偿费作为基本田之社会保障功能的延续——应以职工剩余退休

---

① 参见 2020 年《湛江关于开展农垦国有农用地有关重点问题调研工作的情况汇报》。

② 2018 年新疆生产建设兵团办公厅印发的《兵团国有农用地承包管理办法（试行）》第 20 条规定，依法被征收致使承包地部分或全部丧失的，团场应及时调整。

年限长短作为考量因素"①。在前述留用地发展中，如果能够为失地职工安排其他就业岗位，则该职工不再享有土地补偿费；同样，如果前述社会保障费用已足以满足失地或无岗职工的缴纳需求，则该职工也可选择不分享或者少分享土地补偿费。针对农垦国有农用地被收回而导致失地或无岗情况的职工，省级人民政府可以授权规定他们是否能够分享土地补偿费以及如何分享。

第四节 完善收回转为建设用地后增值收益分配的理由与建议

一、完善收回转为建设用地后增值收益分配的理由

在区分公益性建设收回和经济性建设收回的前提下，应允许经济性建设收回中被收回国有农用地使用权人参与增值收益分配。主要理由如下。

（一）经济性建设收回的国有农用地会比公益性建设收回的增加更多经济收益

让原使用权人参与新供地的增值收益分配，既可以充分保护原使用权人的预期收益，又可以增加经济建设收回的成本，在一定程度上可以抑制经济建设收回，进而保护农用地和粮食安全。公益性建设收回的国有农用地转变为建设用地后，国家不仅需要大量投入，而且本就为惠及社会公众，公益用途无法产生更多经济收益，故原使用权人不参与新供地的增值收益分配。由是观之，按照市场经济的公平、自愿原则，可以允许经济性建设收回的当事人约定新供地的增值收益分配。

（二）现实中存在农垦企业分享增值收益的实践案例

广东湛江市人民政府 2016 年出台的《关于进一步支持农垦改革加快发展若干政策措施的通知》规定国有农用地收回后用于商住或工业的，增值收益划给农垦一定比例。广东省农垦总局《关于加快落实创新农垦土地管理方式相关工作的通知》（粤垦函〔2017〕382 号）要求："各局要积极与农垦所在市（县、区）政府沟通，完善收回农垦土地后再出让的出让金

---

① 参见高海：《农垦国有农用地物权问题研究》，法律出版社 2021 年版，第 236 页。

分配制度，明确土地出让收入市县留成部分分配给农垦的具体比例（可参照湛江市政府城区做法）。"

（三）垦区有分享增值收益的诉求

海南农垦提出，"农垦土地权益难以保障……市县政府收回农垦土地并出让后所得的出让收入，未能保障全部按相关政策规定给集团"。广东农垦反映了实践中存在的土地增值收益分配规则不合理或者执行不到位等问题。

（四）国有农用地收储中的增值收益分配可资借鉴

国有农用地收储允许采用原使用权人分享新供地一定比例增值收益的方式进行补偿。如《郑州市人民政府关于印发〈郑州市国有土地收购补偿办法补充规定〉的通知》（郑政文〔2015〕151 号）第 4 条规定："农用地变更为商品住宅、商业、旅游、娱乐等经营性用地，采用出让成交净价一定比例补偿的，按成交单价差额分段累进方式确定。土地出让成交单价在 500 万元/亩（含）以内的部分，按出让成交净价的 45％补偿……土地出让成交单价在 700 万～800 万元/亩（含）之间的部分，按出让成交净价的 15％补偿……"

二、完善收回转为建设用地后增值收益分配的建议

（一）明确农场分享土地增值收益的前提

农垦国有农用地收回后再利用包括两个方面：一是为公共利益需要而由国家收回用于公益性事业或基础设施建设；二是为国家经济建设需要而由政府收回用于商业用途。用于公益用途国家需要大量投入，惠及社会公众，商业用途则更有助于增加政府收入。因此，立法或相关文件应当明确经济性建设收回是农垦分享土地增值收益的前提，即只有经济性建设收回国有农用地，国有农场才有可能分享收回的土地转为建设用地后的增值收益。湛江垦区反映，"政府收回土地后，需要安置大量失地职工，农场需要缴交职工的社保和医保因而面临较大的资金压力"。分享土地增值收益可以缓解国有农场安置失地职工的资金压力，并有助其改善失地职工的生活条件。

（二）在上位法中规定增值收益分配

应当在上位法规中明确经济性建设收回的土地转为建设用地后增值收

益的分配办法。这样做不仅有助于加强农垦分享增值收益政策的执行力度，还能够扩大其适用范围，并使之成为一项长期坚持的制度。这样的做法能够更好地推动政策实施，避免地方农垦文件的短期行为。

（三）合理设计增值收益的分配比例

合理设计经济性建设收回的土地转为建设用地后具体的增值收益分配比例。具体增值收益分配比例的设计，可以借鉴湛江等地方经验。例如，湛江市人民政府 2016 年出台了《关于进一步支持农垦改革加快发展若干政策措施的通知》，该文件中明确了政府收回农垦国有土地后再出让的收益分成比例，具体是：属商住用地的，土地属农垦但用地指标是政府的，其土地出让净收益（即"招、拍、挂"和协议出让土地收入扣除相关成本和税费等收益），市政府与湛江农垦局原则上按 5∶5 进行分成；土地和用地指标都属农垦的，政府与湛江农垦局按 3∶7 进行分成。属工业用地的，扣除相关成本和税费，以及按市政府与广东省农垦总局 2009 年 6 月 23 日签订的《框架协议书》扣除 35％的开发费用后，剩余部分留给农垦用于青苗及地上附着物补偿、职工安置和发展生产[①]。

（四）明确增值收益分配的承办单位

明确经济性建设收回的土地转为建设用地后增值收益分配的具体承办单位具有以下目的：一是构建土地增值收益分配过程中的利益平衡与主体对话机制，以最大限度确保收回的土地转为建设用地后增值收益分配的实际履行；二是由承办单位负责事后反馈、监管以及保障工作，有效确保增值收益分配过程公平合理，让农垦农场能够真正享受到改革政策的红利。

（五）强化增值收益分配的履行机制

应加强对经济性建设收回土地转为建设用地后增值收益分配的约定，并督促有关主体切实履行。在部门规章中强化违约责任规定的同时，应强化对具体经济性建设收回项目中违约责任的约定，以加强增值收益的实际履行，防止类似湛江垦区、宁夏垦区等地增值收益无法兑现的问题再次发生。

---

① 参见 2020 年《湛江关于开展农垦国有农用地有关重点问题调研工作的情况汇报》。

农垦国有农用地处置与利用

第七章 >>>

农垦国有农用地处置需求、方式及风险防控

>>>

第一节　农垦国有农用地处置需求

一、农垦国有农用地处置的界定及法律依据

（一）农垦国有农用地处置的界定

农垦是在特定历史条件下为承担国家使命而创立的，经过 70 余年的艰苦创业，建设了一批现代化的国有农场和重要农产品生产基地，为保障国家粮食安全、支援国家建设、维护边疆稳定做出了重大贡献。改革开放前，我国国有土地长期实行行政划拨制度，农垦国有农用地多以无偿划拨的方式取得。

20 世纪 90 年代以来，为了满足现代企业制度对土地产权制度建设和土地管理的要求，国家出台了一系列政策，对改制企业划拨土地使用权处置的原则、处置方式、处置程序和政府审批管理等，均作了明确规定，但这些规定仅针对企业使用的存量国有建设用地的处置。对于国有农用地的处置国家政策上有原则性的规定，缺乏详细的制度规范。实践中，一些地方处置国有农用地多是借鉴和参照国有建设用地处置政策。

农垦国有农用地处置，通常指在国家所有权不变的前提下，通过申请或报经有批准权的土地行政主管部门批准，明晰农垦正在使用的存量国有农用地的独立财产权，显化其土地价值并计入企业资产。根据 1998 年

《国有企业改革中划拨土地使用权管理暂行规定》，国有企业改革中涉及的划拨土地使用权，根据企业改革的不同形式和具体情况，可分别采取国有土地使用权出让、国有土地租赁、国有土地使用权作价出资（入股）、授权经营和保留划拨用地方式予以处置①。《土地管理法实施条例》也将国有土地使用权出让、租赁、作价出资或者入股作为国有土地有偿使用的方式加以规定②。

（二）农垦国有农用地处置的法律依据

自 1988 年《宪法》修正案出台以来，我国通过一系列法律法规确定了土地所有权和使用权分离的制度。国有农用地处置的法律依据包括：①《宪法》第 10 条；②《土地管理法》第 2 条规定的"土地使用权可以依法转让"，第 10 条规定的"国有土地和农民集体所有的土地，可以依法确定给单位或者个人使用"，第 13 条规定的"国家所有依法用于农业的土地可以由单位或者个人承包经营，从事种植业、林业、畜牧业、渔业生产"；③《草原法》第 10 条规定的"国家所有的草原，可以依法确定给全民所有制单位、集体经济组织等使用"；④《森林法》第 16 条规定的"国家所有的林地和林地上的森林、林木可以依法确定给林业经营者使用。林业经营者依法取得的国有林地和林地上的森林、林木的使用权，经批准可以转让、出租、作价出资等。具体办法由国务院制定"；⑤《确定土地所有权和使用权的若干规定》（〔1995〕国土〔籍〕字第 26 号）第 6 条规定的"开发利用国有土地，开发利用者依法享有土地使用权，土地所有权仍属国家"；等等。

二、农垦国有农用地处置需求的体现

正视农垦国有农用地处置需求，合理配置国有农用地资源，才能更好发挥农垦在经济社会发展全局中的重要作用。农垦国有农用地的处置需求主要体现在增强服务国家战略能力、引领农业农村现代化建设、深化要素市场化改革以及深化农垦体制机制改革四个方面。

（一）增强服务国家战略能力的需要

一是发挥保障国家粮食安全"压舱石"作用的需要。通过释放农垦国

---

① 参见《国有企业改革中划拨土地使用权管理暂行规定》（国家土地管理局 1998 年第 8 号令）第 4 条。
② 参见 2021 年修订的《土地管理法实施条例》第 17 条。

有农用地处置活力，在农垦土地资源配置上权衡市场与政府的作用，强化农业产业的国内土地资源整合集聚，在农垦企业范围内培育具有市场话语权的国际大粮商，行使农垦企业供求调控、稳定市场的国家职责，推动农垦成为实施国家粮食安全战略的可靠支柱。从农垦现状来看，我国农垦已经培育出一大批具有雄厚经济实力的现代农业企业集团，特别是北大荒集团、光明集团等年营业总收入直追世界 500 强的企业[①]。

二是充实履行国家使命的物质基础的需要。一方面通过灵活处置农垦国有农用地资源，推进土地资源资产整合，大幅提升农业规模化水平、土地产出水平和整体效益水平，提高粮食和重要农产品生产保障能力。农垦已建成高标准农田 3 600 多万亩，耕种收机械化率达到 92.1%，粮食亩产 494 公斤、比全国平均水平高 29.3%[②]。另一方面通过优化配置农垦国有农用地资源，发挥农垦土地规模化经营优势，初步建成一批稳定可靠的大型粮食、天然橡胶、牛奶、肉类等重要农产品生产加工基地，扎实推进农垦优势产业高质量发展。2021 年农业农村部与财政部、国资委共同组织的竞争力评估结果显示，首农、天津、光明食品集团和北大荒、江苏、广东、海南、云南农垦集团等企业集团及一批产业公司业绩突出，在粮食、天然橡胶、种子生产以及乳品、肉食加工等领域已形成相对优势[③]。

（二）引领农业农村现代化建设的需要

一是推进农垦现代农业发展的需要。鼓励农垦企业在明确自身土地资源权属现状的基础上，结合企业实际，依据国家现有政策选择农垦国有农用地处置方式，为加快建设现代农业的大基地、大企业、大产业，构建现代农业产业体系、生产体系、经营体系提供相应基础。广东农垦以全产业链战略思维，通过订单生产、土地租赁、股权投资、相互参股、资源作价、合资合作等多种方式，推动国有农场与产业集团间建立利益联结机制，形成产业共同体、利益共同体。2018 年广东农垦下设的广垦糖业整

---

① 参见中华人民共和国农业农村部，《中国农垦从南泥湾走来》，http：//www.nkj.moa.gov.cn/tpxw/201904/t20190428_6247968.htm，访问日期：2022 年 5 月 16 日。

② 参见中华人民共和国农业农村部，《农垦整体实力进一步提升》，https：//www.moa.gov.cn/ztzl/zyncgzh2021pd2021/202112/t20211223_6385404.htm，访问日期：2022 年 5 月 17 日。

③ 参见张桃林，《持续推进农垦改革发展 更好服务国家战略需要》，http：//www.nkj.moa.gov.cn/gzdt/202201/t20220119_6387164.htm，访问日期：2022 年 5 月 16 日。

合丰收、华海糖业公司糖厂以及甘蔗生产基地，形成基地生产、糖厂加工和产品销售一体化经营，效益当年显现①。

二是推动乡村振兴、巩固脱贫成果的需要。积极探索农垦土地处置实践，提高农垦土地资源配置效率，一方面有助于农垦企业带动周边乡村产业发展，为全面推进乡村振兴贡献农垦力量。按照"农垦建龙头、农村建基地"的思路，安徽农垦大力支持和鼓励农场公司走进周边农村，通过垦地合作、股权合作、独资经营等多种形式，开展农技推广、土地托管、代耕代种、统防统治、烘干收储等农业生产性服务②。另一方面有助于实现产业融合，在产业振兴意义上推动乡村振兴、巩固脱贫成果。湖南省常德市西洞庭管理区立足土地国有且集中连片的优势，先后引进了汇美朝鲜蓟生物科技产业园、华诚生物、家家红现代农业等三产融合项目，在推动乡村振兴上取得较大成就，如2019年毡帽湖村省级美丽乡村成功授牌、2021年涂家湖村被列为省级精品美丽乡村创建村③。

（三）深化要素市场化改革的需要

一是支持探索土地管理制度改革的需要。国务院办公厅印发的《要素市场化配置综合改革试点总体方案》指出，应当合理划分土地管理事权，在严格保护耕地、节约集约用地的前提下，探索赋予试点地区更大土地配置自主权。支持开展全域土地综合整治，优化生产、生活、生态空间布局。近些年农垦实践中出现的"农地非农化"、土地承包租赁"三过"和欠缴土地承包费等现象，反映出农垦土地管理方式亟待创新、管理力度亟待加大。探索农垦土地管理，以开展农垦国有农用地整治清理工作和确权登记工作为前提，这两项工作将明确国家和企业对于农用地的权、责、利，为农用地综合、高效利用奠定基础。根据监测结果，在土地确权登记基础上，一些垦区积极探索土地资源资产化资本化，目前已有1 500多万亩土地经作价出资（入股）、授权经营注入农垦企业④。

---

① 参见中华人民共和国农业农村部，《积极推进垦区集团化农场企业化改革》，http://www.nkj.moa.gov.cn/ggzt/201911/t20191112_6331653.htm，访问日期：2022年5月16日。
② 参见詹先豪，《做现代农业产业振兴的领跑者——安徽农垦实施乡村振兴战略的发展路径》，载《中国农垦》2020年第1期。
③ 参见尤龙威，《西洞庭管理区：发展一特两辅产业助力农场乡村振兴》，载《中国农垦》2021年第10期。
④ 参见《农垦情况》2024年第7期。

二是推动以市场化方式盘活存量用地的需要。根据《中共中央、国务院关于进一步推进农垦改革发展的意见》，对农垦企业改革改制中涉及的农垦国有农用地，可按需要采取国有土地使用权出让、租赁、作价出资（入股）和保留划拨用地等方式处置。省级以上政府批准实行国有资产授权经营的国有独资企业、国有独资公司等农垦企业，其使用的原生产经营性国有划拨农用地，经批准可以采取作价出资（入股）、授权经营方式处置。故在农垦实践中，涉及改革改制的农垦企业具有适用出让、租赁、作价出资（入股）等处置方式的现实基础。2019 年，河北全省农垦作价（入股）、授权经营土地面积达到 18.05 万亩，金额达到 39.87 亿元。江苏省先后分 10 批将 272 宗国有划拨土地作价出资至江苏农垦，土地面积合计 365.11 万平方米（约合 5 480 亩），土地评估总价为 8.92 亿元，作价出资额 3.79 亿元[1]。

（四）深化农垦体制机制改革的需要

一是满足农垦集团化企业化改革的需要。在农垦集团化企业化改革过程中，原国有农场由市县级、省级政府管理的垦区，在完成组建或整建制转为省级农垦集团或市县级区域性农垦集团后，往往需要进一步完善以资本为纽带的母子公司管理体制，对作为母子公司所有资产的农垦国有农用地处置情况展开清算，并根据集团化企业化发展方向，整合并优化配置农垦土地资源。截至 2022 年底，全国共有 93 个农垦集团，其中，中央属农垦集团 2 个、省属农垦集团 17 个、市县属农垦集团 74 个。此外，不含新疆生产建设兵团，全国约 61.8% 的企业性质国有农场实行了公司制改制[2]。

二是满足健全国有资产监管体制的需要。农垦国有农用地作为国有资产，具有价值高、数量多、分布广等特点，随着改组组建农垦国有资本投资、运营公司试点的开展，加大对国有资本投向的专项监督力度成为国有资产监管体制建设的重要内容，这也意味着需要积极探索并改进农垦国有农用地处置方式，及时纠正现有农垦国有农用地资本投向不当的处置情

① 参见农业农村部农垦局，《各地推进农垦改革发展做法和成效摘编》，载《农垦情况》2021 年第 4 期。
② 参见农业农村部农垦局，《全国农垦垦区集团化农场企业化改革情况监测报告》，载《农垦情况》2023 年第 14 期。

形，实现合理高效配置农垦国有农用地资源，提升国有资本运行效率和效益，促进国有资产保值增值。

第二节　农垦国有农用地处置方式

一、我国现有土地处置方式的相关规定

根据我国现有法律法规等相关规定，国有建设用地现有处置方式包括划拨、出让、租赁、授权经营、作价出资或入股五种。由于各种处置方式产生背景、适用对象、存在目的不同，适用不同的法律规定，呈现出不同的发展趋势。

（一）总述

我国目前尚未制定专门的法律法规来规范农垦国有农用地处置方式。关于农垦国有农用地处置方式的相关规定散见于宪法、法律、行政法规、部门规章以及地方性法规、地方政府规章、其他规范性文件之中。

《宪法》为国家处置农垦国有农用地提供宪法基础。《宪法》第 9 条规定："矿藏、水流、森林、山岭、草原、荒地、滩涂等自然资源，都属于国家所有，即全民所有；由法律规定属于集体所有的森林和山岭、草原、荒地、滩涂除外。"在历史渊源上说，荒地一直属于国家所有，农垦土地又多为开垦荒地而来，根据《宪法》规定，农垦土地从性质上看应为国有土地。

目前，我国在法律层面未对农垦国有农用地处置方式作出具体规定。但是，一些法律中的规定可以通过体系解释和扩张解释为农垦国有农用地处置方式提供法律依据，例如《草原法》《土地管理法》《森林法》《民法典》。

同法律一样，我国目前没有规范农垦国有农用地处置方式的行政法规。《城镇国有土地使用权出让和转让暂行条例》、《关于依法保护国有农场土地合法权益意见的通知》（国办发〔2001〕8 号）、《土地管理法实施条例》、《国务院关于全民所有自然资源资产有偿使用制度改革的指导意见》的部分规定，可以为农垦国有农用地处置方式提供一定借鉴。

我国关于农垦国有农用地处置方式的规定大部分都集中于部门规章和

其他全国规范性文件中。例如《确定土地所有权和使用权的若干规定》、《中共中央、国务院关于进一步推进农垦改革发展的意见》、《全国农垦经济和社会发展第十三个五年规划》、国土资源部等八部门《关于扩大国有土地有偿使用范围的意见》（国土资规〔2016〕20号）、《中央直属垦区"部省双重领导、以省为主"管理暂行办法》（农垦发〔2018〕1号）。

除部门规章和全国规范性文件外，地方性法规、地方政府规章、地方规范性文件也是农垦国有农用地处置方式的重要依据。例如《云南省人民政府关于加快国有农垦企业改革和发展的通知》（云政发〔2000〕44号）、《长春市土地登记办法》、《关于推进新一轮海南农垦改革发展的实施意见》（琼发〔2015〕12号）等。

（二）划拨

农垦国有农用地划拨是我国农垦国有农用地的主要取得方式，具有无偿、无限期、无流动的特点。划拨方式在计划经济时期得到了广泛应用，随着市场经济的发展，划拨制度在适用范围上受到了严格限制。

农垦国有农用地划拨处置的主要依据为《中共中央、国务院关于进一步推进农垦改革发展的意见》和《中央直属垦区"部省双重领导、以省为主"管理暂行办法》等。文件规定，农垦改革涉及的国有农用地，经批准可以采取划拨方式处置。

1. 划拨用地的适用范围

现行法律法规对于划拨用地适用范围的规定集中于建设用地。法律中，明确规定可以采用划拨方式处置的土地使用权范围为：符合《土地管理法》第54条或《城市房地产管理法》第24条规定，确属必须采用划拨方式的建设用地使用权。规范性文件中，《国务院关于促进节约集约用地的通知》进一步规定了应当保留划拨的几类土地，并鼓励除列举的保留划拨土地外，积极探索社会事业用地的有偿使用，对其中经营性用地先行有偿使用[①]。国土资源部等八部门《关于扩大国有土地有偿使用范围的意见》（国土资规〔2016〕20号）要求扩大国有建设用地有偿使用的范围。这些规定可以为完善农用地划拨相关规定提供参考。《划拨用地目录》将

---

① 《国务院关于促进节约集约用地的通知》规定："除军事、社会保障性住房和特殊用地等可以继续以划拨方式取得土地外，对国家机关办公和交通、能源、水利等基础设施（产业）、城市基础设施以及各类社会事业用地要积极探索实行有偿使用，对其中的经营性用地先行实行有偿使用。"

公益性的项目用地、服务于公共事业的用地纳入其中，具体明确了可采用划拨的用地项目与用地类型。《中共中央、国务院关于进一步推进农垦改革发展的意见》规定农垦改革中，农垦企业使用的存量划拨土地经批准可以采取划拨方式处置①。

2. 划拨土地上的权利构造

经划拨取得的土地上的权利主要是所有权（所有权只能是国家的）和使用权。此前法律仅对划拨建设用地的权利进行规定，根据已有规定，划拨建设用地使用权时若存在地上建筑物、其他附着物，其可以与使用权一并抵押、转让、出租。

经划拨取得的国有农用地早先受制于高度集中的计划经济管理体制，随着改革开放以来国有农用地所有权和使用权分离进程的推进，国有农用地使用者开始自负国有农用地经营盈亏，真正享有独立于国家的经济利益和独立使用国有农用地的自主权，从所有权中实质分离出使用权②。当然，划拨取得的国有农用地始终受到划拨土地的普遍限制，如未经依法批准不得转让等。

3. 划拨农用地改为建设用地的法律规定

划拨农用地可以转为建设用地，须办理转用审批手续。其中涉及基本农田转用的，由国务院批准；基本农田之外其他类划拨农用地转用的，须经省、自治区、直辖市人民政府批准③。对收回国有划拨农用地使用权的补偿，参照征收农村集体农用地的补偿标准执行。通过划拨方式取得的土地使用权，改变用途后不再符合《划拨用地目录》规定的，土地使用权人须办理土地有偿使用手续④。

4. 不足之处

现行规定对可划拨取得的建设用地的适用范围、权利构造等规定较为详细，其不足之处在于，对可通过划拨方式处置的农用地的适用范围、权

---

① 《中共中央、国务院关于进一步推进农垦改革发展的意见》规定："对省级以上政府批准实行国有资产授权经营的国有独资企业、国有独资公司等农垦企业，其涉及的国有农用地，经批准可以采取划拨方式处置。"

② 参见高海，《论农垦国有农用地使用权的性质与构造》，载《农业经济问题》2019 年第 2 期。

③ 参见《土地管理法》第 45 条、第 46 条、第 48 条、第 58 条和《国土资源部办公厅对国有划拨农用地转为建设用地有关问题的复函》（国土资厅函〔2007〕170 号；已失效）。

④ 参见宋光敏，《浅议我国土地资源有偿使用制度的完善》，载《农家参谋》2018 年第 9 期。

利构造等规定较为粗略。《中共中央、国务院关于进一步推进农垦改革发展的意见》中规定了可经审批采取划拨方式处置的农垦农用地，但未明确获得批准的条件及可获批准的农用地类型。农用地划拨处置范围的设定，可以借鉴建设用地处置范围设定的思路和标准，区分经营性用地与非经营性用地，根据农用地类别补充《划拨用地目录》。

（三）出让

参照相关规定①，国有土地使用权出让是指，国家以土地所有者的身份将土地使用权在一定年限内让与土地使用者，并由土地使用者向国家支付土地出让金。通过《宪法》修正案、《城镇国有土地使用权出让和转让暂行条例》、《城市房地产管理法》、《招标拍卖挂牌出让国有土地使用权规范》和《协议出让国有土地使用权规范》等法律法规逐步完善，确立了协议、招标、拍卖、挂牌等土地出让方式。

与国有建设用地出让制度相比，关于农垦国有农用地出让制度的规定较为简单。例如《中共中央、国务院关于进一步推进农垦改革发展的意见》规定国有农场改革中涉及的国有农用地可采取使用权出让的方式处置；《国务院关于全民所有自然资源资产有偿使用制度改革的指导意见》规定，对农垦企业改革改制中涉及的国有划拨建设用地和农用地，可按出让方式处置。由于农垦国有农用地是国有土地的下位概念，又没有例外规定，所以农垦国有农用地出让可参照适用国有土地出让规定。

1. 出让用地的适用范围

行政法规中，规定了出让作为国有土地有偿使用的主要方式②。其中，城镇国有土地以土地用途作为区分标准，确定了不同用途国有土地出让的最高年限，分别为：居住用地七十年；工业用地五十年；教育、科技、文化、卫生、体育用地五十年；商业、旅游、娱乐用地四十年；综合或者其他用地五十年③。

土地使用权出让的方式主要有协议、招标、拍卖、挂牌。可协议出让的土地范围主要包括：供应商业、旅游、娱乐和商品住宅等各类经营性用地以外用途的土地；原划拨、承租土地使用权人申请办理协议出让的土

---

① 参见《城镇国有土地使用权出让和转让暂行条例》第 8 条。
② 参见 2021 年修订的《土地管理法实施条例》第 17 条。
③ 参见 2006 年国土资源部印发的《招标拍卖挂牌出让国有土地使用权规范》（试行）。

地；划拨土地使用权转让申请办理协议出让的土地；出让土地使用权人申请续期的土地；法律法规、部门规章明确可以协议出让的其他情形①。但是其中有关划拨用地转为出让用地的规定，主要参考《城镇国有土地使用权出让和转让暂行条例》及《城市房地产管理法》，主要针对城镇国有土地及建设用地，其中并未包含国有农用地的协议出让办法。

必须采取招标、挂牌、拍卖方式出让的土地范围包括：供应工业、商业、旅游、娱乐和商品住宅等各类经营性用地；其他土地供地计划公布后同一宗地有两个或者两个以上意向用地者的土地；划拨土地使用权改变用途，有明确规定应当收回使用权，重新供应的土地；划拨土地使用权转让，有明确规定应当收回土地使用权，重新供应的土地；依法应当招标拍卖挂牌出让的其他情形②。

2. 出让形成的法律关系

出让土地上主要附着的权利包括所有权（所有权只能是国家的）、土地使用权。出让土地使用权是除土地所有权之外的较为完整的物权，土地使用权人对以出让方式取得的土地具有占有、使用、收益的权利。出让土地使用权人应当有在土地上行使权利和获取收益的权利③。

3. 不足之处

现有出让制度的不足之处在于，对不同类型农用地出让的具体规则没有明确规定。根据目前的规定，国有农用地可以采用出让方式进行处置，但是出让期限尚未根据农用地性质及用途进行区分。何种类型的农用地可以通过协议方式进行出让，何种类型必须通过招标、拍卖、挂牌方式进行出让也未得以明确。

（四）租赁

国有土地租赁，是指国家将国有土地出租给改制企业，改制企业与市、县政府土地管理部门签订一定年期的土地租赁合同，并支付租金的行为④。

租赁是政府土地管理部门处置改制企业土地资产的方式之一，改制企业通过租赁取得国有土地的使用权。改制企业作为承租人在按规定支付土

---

① 参见《城镇国有土地使用权出让和转让暂行条例》第12条。
② 参见2006年国土资源部印发的《协议出让国有土地使用权规范》（试行）。
③ 参见常鹏翱，《国有农用地的产权构造》，载《中国政法大学学报》2021年第3期。
④ 参见国土资源部印发的《规范国有土地租赁若干意见》（国土资发〔1999〕222号）。

地租金、依法领取国有土地使用证并按约定完成开发建设后，经土地管理部门同意或根据租赁合同约定，可将承租的土地使用权转租、转让或抵押①。也就是说，与出让的土地使用权一样，租赁的土地使用权也是企业的法定财产，企业对承租土地享有占有、使用、收益的权利。

国有土地租赁制度是在 20 世纪 80 年代创立的，1996 年前后"年租制"在实践中逐步成型，并通过之后的《土地管理法实施条例》和《规范国有土地租赁若干意见》（国土资发〔1999〕222 号）被正式确定为一种国有土地处置方式。农垦国有农用地租赁处置的主要依据为《中共中央、国务院关于进一步推进农垦改革发展的意见》和《国务院关于全民所有自然资源资产有偿使用制度改革的指导意见》。《中共中央、国务院关于进一步推进农垦改革发展的意见》规定农垦企业改革改制中涉及的国有划拨建设用地和农用地可以采用租赁方式处置，《国务院关于全民所有自然资源资产有偿使用制度改革的指导意见》规定国有农场改革中涉及的国有农用地可以采用租赁方式处置。虽然法律规定不够全面，但是也可以体现出租赁制度适用范围广。

1. 租赁用地的适用范围

行政法规中，规定了租赁作为国有土地有偿使用的方式②。在规范性文件中，具体规定因发生土地使用权转让、场地出租、企业改制和改变土地用途后依法应当有偿使用的土地可以实行租赁；新增建设用地中，租赁也可以作为出让方式的补充进行适用③。整体来看，制度构建的重点在于国有土地出让，租赁只作为出让方式的补充。国土资源部等八部门《关于扩大国有土地有偿使用范围的意见》（国土资规〔2016〕20 号）规定："实行国有资产授权经营的国有独资企业或公司的国有农场、国有牧场等，如果国有农用地转为出让或租赁土地，则需办理变更登记。"

2. 租赁用地的程序条件与限制条件

土地使用权租赁主要作为出让的补充方式，租赁用地包括短期租赁与

---

① 参见国土资源部印发的《规范国有土地租赁若干意见》（国土资发〔1999〕222 号）。

② 参见 2021 年修订的《土地管理法实施条例》第 17 条。

③ 国土资源部印发的《规范国有土地租赁若干意见》（国土资发〔1999〕222 号）规定："对因发生土地转让、场地出租、企业改制和改变土地用途后依法应当有偿使用的，可以实行租赁。对于新增建设用地，重点仍应是推行和完善国有土地出让，租赁只作为出让方式的补充。"

长期租赁，短期租赁最长时间为五年①，长期租赁最长期限不得超过二十年②。短期租赁的土地类型主要为短期使用或用于修建临时建筑物的土地，长期租赁的土地类型主要为需要进行地上建筑物、构筑物建设后长期使用的土地。租赁时间在六个月以上时，由市、县土地行政主管部门与土地使用者签订租赁合同。

3. 租赁形成的土地权利关系

国有土地租赁，承租人取得使用租赁土地的权利。参照国土资源部印发的《规范国有土地租赁若干意见》（国土资发〔1999〕222 号）的规定，承租人在按规定支付土地租金并完成开发建设后，经土地行政主管部门同意或根据租赁合同约定，可将承租的土地使用权转租、转让或抵押。承租的土地使用权转租、转让或抵押，必须依法登记。

如果承租人将土地转租或分租给第三人，承租人与第三人之间建立新的租赁关系，第三人取得土地的他项权利，受到租赁合同约定的权利义务约束。如果承租人将地上房屋等建筑物、构筑物依法抵押，则承租的土地使用权可随之抵押，合同同时也随之转让。在租赁期间内，承租人有优先受让权③。

4. 不足之处

现有租赁制度的不足之处主要表现为两方面：一是租赁用地期限缺乏下限规定。《规范国有土地租赁若干意见》在租赁期限上仅规定上限，未设定下限。过短的租赁用地期限，会导致取得农垦国有农用地使用权的成本降低，容易引发不合理的土地利用行为。二是以租赁方式取得农垦国有农用地欠缺规范统一的操作规则。与出让方式不同的是，现行规范性文件并没有限制采用招拍挂以及双方协议的方式租赁土地使用权的适用范围，只笼统模糊地规定在"有条件的"情况下必须采取招标、拍卖的方式④，对于何为"有条件的"却未作规定，难以保证农垦国有农用地租赁作为土

---

① 参见国土资源部印发的《规范国有土地租赁若干意见》（国土资发〔1999〕222 号）规定：对短期使用或用于修建临时建筑物的土地，应实行短期租赁，短期租赁年限一般不超过 5 年。

② 参见自然资源部印发的《产业用地政策实施工作指引（2019 年版）》第 16 条。

③ 参见孙新华，《统分结合双层经营的地权基础》，载《人文杂志》2020 年第 8 期。

④ 国土资源部印发的《规范国有土地租赁若干意见》（国土资发〔1999〕222 号）规定："国有土地租赁，可以采用招标、拍卖或者双方协议的方式，有条件的，必须采取招标、拍卖方式。"

地处置方式的透明度和竞争性。

（五）作价出资（入股）

国家以土地使用权作价出资（入股）是指，国家以一定年期的国有土地使用权作价，作为出资投入改组后的新设企业，该土地使用权由新设企业持有，土地使用权作价出资（入股）形成的国家股权，按照国有资产投资主体的规定由有批准权的人民政府土地管理部门委托有资格的国有股权持有单位统一持有。

国有土地作价出资（入股）的处置方式萌芽于 20 世纪 80 年代，目前已成为推进国有土地有偿使用改革的重要手段。作价出资（入股）作为农垦国有农用地的处置方式之一，在市场经济不断发展的背景下，盘活了农垦国有农用地。

关于农垦国有农用地作价出资（入股）制度的政策规定与授权经营制度高度一致，主要集中在《中共中央、国务院关于进一步推进农垦改革发展的意见》[①]《国务院关于全民所有自然资源资产有偿使用制度改革的指导意见》[②]《中央直属垦区"部省双重领导、以省为主"管理暂行办法》[③]中。与授权经营制度的发展趋势一致，作价出资（入股）制度的适用条件也在不断放宽，并且监管逐渐加强。

1. 作价出资（入股）**的适用范围**

作价出资（入股）政策是国家给改制国有企业的一项优惠政策，不是任何企业都可以享受的。现行政策规定，对于自然垄断的行业，提供重要公共产品和服务的行业，以及支柱产业和高新技术产业中的重要骨干企业，根据企业改革和发展的需要，主要采用授权经营和国家作价出资（入股）方式配置土地，国家以作价转为国家资本金或股本金的方式，向集团公司或企业注入土地资产。

行政法规中，作价出资（入股）作为国有土地有偿使用的主要法定方

---

① 《中共中央、国务院关于进一步推进农垦改革发展的意见》规定："省级以上政府批准实行国有资产授权经营的国有独资农垦企业，其使用的原生产经营性国有划拨建设用地和农用地，经批准可以采取作价出资（入股）方式处置。"

② 《国务院关于全民所有自然资源资产有偿使用制度改革的指导意见》规定："对国有农场改革中涉及的国有农用地，可采取国有农用地使用权作价出资（入股）方式处置。"

③ 《中央直属垦区"部省双重领导、以省为主"管理暂行办法》（农垦发〔2018〕1 号）规定："垦区企业改制中涉及国有土地需以作价出资或者入股方式处置的，改制方案经省级以上政府批准后实施。"

式之一，被规定在《土地管理法实施条例》中①，但明确规定可采用作价出资（入股）方式处置的土地使用权，则主要为建设用地使用权②。规范性文件中，明确规定可采用作价出资（入股）方式处置的土地使用权范围包括：经营性文化事业单位转制为国有独资或国有控股企业的，原生产经营性划拨用地，经批准可采用作价出资（入股）方式配置③；经省级以上人民政府批准实行授权经营或具有国家授权投资机构资格的企业，其原有划拨土地可采取国家作价出资（入股）方式处置④；对农垦企业改革改制中涉及的国有划拨建设用地和农用地，可按需要采取国有土地使用权作价出资（入股）方式处置⑤。国有农用地的有偿使用，严格限定在农垦改革的范围内⑥。

国有土地采用作价出资（入股）方式进行处置的土地使用权标的可以分为存量的原划拨土地和国家新供土地。《国有企业改革中划拨土地使用权管理暂行规定》《关于扩大国有土地有偿使用范围的意见》（国土资规〔2016〕20 号）等对经国务院或省级人民政府批准，可采用作价出资（入股）方式处置的存量划拨土地和可采用作价出资新供的土地进行了明示，这一类规定中，土地基本服务于较为重要的公共利益⑦。另外，近年出台的文件，对作价出资（入股）土地处置建设用地态度较为开放，对可按划拨方式供应的土地，支持地方政府以作价出资（入股）的方式提供土地，与社会资本共同投资建设⑧。

---

① 参见 2021 年修订的《土地管理法实施条例》第 17 条。

② 参见《民办教育促进法实施条例》第 6 条。

③ 参见《国务院办公厅关于印发文化体制改革中经营性文化事业单位转制为企业和进一步支持文化企业发展两个规定的通知》（国办发〔2018〕124 号）。

④ 参见《国务院办公厅关于印发中央企业公司制改制工作实施方案的通知》（国办发〔2017〕69 号）。

⑤ 参见《中共中央、国务院关于进一步推进农垦改革发展的意见》。

⑥⑧ 参见国土资源部等八部门《关于扩大国有土地有偿使用范围的意见》（国土资规〔2016〕20 号）。

⑦ 国家采用作价出资（入股）方式处置的存量划拨土地，主要适用于自然垄断的行业、提供重要公共产品和服务的行业，以及支柱产业和高新技术产业中的重要骨干企业，承担国家计划内重点技术改造项目的企业，以上类别行业企业的改制方案由国务院或省级人民政府批准。对可以使用划拨土地的能源、环境保护、保障性安居工程、养老等项目，既可以按划拨方式供应土地，也支持政府以国有建设用地使用权出资（入股）方式提供土地，并与社会资本共同投资建设。

2. 作价出资（入股）的程序条件与限制条件

作价出资（入股）处置土地的程序条件与限制条件，主要规定在规范性文件中，改制企业申请采取作价出资（入股）方式处置土地时，需要经过自然资源行政主管部门严格审批。国家以作价出资（入股）方式处置土地，需考虑农业生产经营特点，合理确定使用年限，最高使用年限不得超过 50 年，在使用期限内，使用权人可以承包租赁、转让、出租、抵押①。

改制企业拟以作价出资（入股）方式处置土地的，至少要具备两个条件：一是拟进行改制的国有企业属于国家确定作为国家授权投资的机构或国家控股公司试点；二是企业改制方案需要经过省级以上人民政府批准。

3. 不足之处

现有作价出资（入股）制度规定的不足之处主要有两方面：一是对国有农用地进行作价出资（入股）处置仍缺乏明确的法律规定；二是缺乏具体操作细则或参考标准。

（六）授权经营

国有土地授权经营，是指国家根据需要，以一定年期的国有土地使用权作价后授权给经国务院批准设立的国家控股公司、作为国家授权投资机构的国有独资公司和集团公司经营管理，被授权的国家控股公司、作为国家授权投资机构的国有独资公司和集团公司凭授权书，可以向其直属企业、控股企业、参股企业以作价出资（入股）或租赁等方式配置土地。

自《关于国家试点企业集团国有资产授权经营的实施办法（试行）》（国资企发〔1992〕50 号）出台起，授权经营制度开始成为国有土地处置方式，经过 1998 年《国有企业改革中划拨土地使用权管理暂行规定》《关于加强土地资产管理促进国有企业改革和发展的若干意见》（国土资发〔1999〕433 号）等文件的发展，逐步扩大适用范围至农垦国有农用地领域。

农垦国有农用地授权经营处置的主要依据为《中共中央、国务院关于进一步推进农垦改革发展的意见》《国务院关于全民所有自然资源资产有偿使用制度改革的指导意见》和《中央直属垦区"部省双重领导、以省为主"管理暂行办法》。《中共中央、国务院关于进一步推进农垦改革发展的意见》规定："省级以上政府批准实行国有资产授权经营的国有独资农垦

---

① 参见国土资源部等八部门《关于扩大国有土地有偿使用范围的意见》（国土资规〔2016〕20 号）。

企业，其使用的原生产经营性国有划拨建设用地和农用地，经批准可以采取授权经营方式处置①。"《国务院关于全民所有自然资源资产有偿使用制度改革的指导意见》对此也有粗略规定，与《中共中央、国务院关于进一步推进农垦改革发展的意见》不同，《国务院关于全民所有自然资源资产有偿使用制度改革的指导意见》将授权经营制度的适用主体规定为"国有农场"，适用范围规定为"国有农场改革中涉及的国有农用地"，未提及"划拨"和"建设用地"字样。《中央直属垦区"部省双重领导、以省为主"管理暂行办法》进一步加强了对授权经营制度的规定，与前两个规范性文件不同，《中央直属垦区"部省双重领导、以省为主"管理暂行办法》规定授权经营制度的适用主体和范围为"垦区企业改制中涉及的国有土地"，并规定"改制方案经省级以上政府批准后实施"②。虽然规定稍显混乱，但不难看出授权经营制度的适用范围包括国有农用地，并且需要加强监管。

1. 授权经营的适用范围

可以采用授权经营方式处置的农垦国有农用地，在法律与行政法规、规章中并无明确规定，主要规定见于《中共中央、国务院关于进一步推进农垦改革发展的意见》。文件规定，省级以上政府批准实行国有资产授权经营的国有独资企业、国有独资公司等农垦企业，其使用的原生产经营性国有划拨农用地，经批准可以采取授权经营方式处置③。

2. 授权经营的程序条件与限制条件

现行政策规定，自然垄断的行业，提供重要公共产品和服务的行业，以及支柱产业和高新技术产业中的重要骨干企业，根据相关企业改革和发展的需要，主要采用授权经营和国家作价出资（入股）方式配置土地。

在实践中，改制企业申请采取授权经营方式处置土地时，政府要严格审批。改制企业至少要具备两个条件：一是拟进行改制的国有企业属于国

---

① 参见《中共中央、国务院关于进一步推进农垦改革发展的意见》（中发〔2015〕33号）。

② 参见农业农村部、中央机构编制委员会办公室、国家发展和改革委员会等印发的《中央直属垦区"部省双重领导、以省为主"管理暂行办法》（农垦发〔2018〕1号）。

③ 《中共中央、国务院关于进一步推进农垦改革发展的意见》（中发〔2015〕33号）规定："对省级以上政府批准实行国有资产授权经营的国有独资企业、国有独资公司等农垦企业，其使用的原生产经营性国有划拨农用地，经批准可以采取授权经营方式处置。"

家确定作为国家授权投资的机构或国家控股公司试点；二是企业改制方案需要经过省级以上人民政府批准。农垦国有农用地采取授权经营方式处置，也应当遵循上述条件。

3. 授权经营形成的土地权利关系

授权经营土地上附着的权利主要包括所有权和授权经营土地使用权。获得授权经营土地使用权的主体，享有土地占有权、使用权、收益权，使用年限内可以依法作价出资、入股、租赁，也可以在集团公司直属企业、控股企业、参股企业之间转让土地使用权。如改变用途或向系统以外的单位或个人转让，须经批准并补缴土地出让金。可见，授权经营农垦国有农用地在授权企业集团系统内部具有相对充实的使用权权益，但对于面向系统外部的处置而言，其相应权利行使会受到严格限制。

4. 不足之处

授权经营制度的不足之处在于，现有法律法规并未对土地使用权授权经营作出规定。授权经营用于农垦原划拨用地的处置，只体现在规范性文件中，规定层级较低，使授权经营土地使用权的取得显得缺乏法律依据。在企业改制实践中，一些地方对授权经营政策比较抵触，造成企业改制后难以及时办理手续，或用地手续办理困难，中央与地方、地方与企业的矛盾较大。

二、农垦国有农用地处置的实践

农垦国有农场使用的国有农用地大多形成于改革开放前，并在日后的确权登记中被认定为划拨取得，为实现国有农用地的社会功能和国家安全保障功能发挥了重要作用。伴随着企业化改革推进，垦区集团化、农场企业化和农垦土地资源资本化的改革取向以及土地资源的有限性驱使着农垦国有农用地处置方式逐步从无偿划拨走向有偿处置，农垦企业出现了以出让、租赁、作价出资（入股）、授权经营等有偿方式取得国有农用地使用权的情形，国有农用地的经济功能不断凸显并得到加强。各种处置方式互为补充，在一定程度上借鉴融合，实践中往往会根据具体情况选择适用。综合来看，授权经营及作价出资（入股）处置之需求最为旺盛。

（一）划拨制度

划拨是早期国有农场取得土地的重要方式。我国实行土地有偿使用制度以来，以划拨方式取得土地使用权受到严格限制。以海南农垦为例，1952 年以来各级政府划拨给海南农垦土地 1 328.10 万亩，约占海南省陆地面积的 1/4。具体可划分为四个时期：一是 1952—1968 年的农垦早期，该时期共划拨、转制并入农场带入土地 901.30 万亩，占农垦土地的 67.86%，平均每年划拨 60 余万亩，是农垦建场、划拨土地最多的时期。其中 1958—1960 年建场 31 个，划拨土地 660 万亩，平均每年划拨 220 万亩，是农垦发展最快的时期。二是 1969—1974 年的兵团时期，1969 年 3 月 19 日，经国务院、中央军委批准，中国人民解放军广州军区生产建设兵团成立，全面接管国营农场。其间共建立新场 14 个，部分农场扩建，共划拨、并场带入土地 302.31 万亩，占土地面积的 22.76%。三是 1975—1988 年的恢复农垦体制时期，为解决农村与农场之间的土地纠纷，贯彻《国务院批转海南岛问题座谈会纪要》，经县级以上人民政府（含县级）批准，共并入农村（队）882 个，带入土地 108.44 万亩，其中 1981 年后并入农村 611 个，并入土地 72.67 万亩，本时期合计划入土地 113.94 万亩，占农垦土地的 8.58%。四是海南建省后，1989 年省政府工作组对南新农场进行全面地权处理，批准南新农场用地 10.55 万亩，占农垦土地面积的 0.8%[1]。

从划拨处置的现实需求来看，农垦国有农用地划拨产生于土地要素"无偿、无期限、无流转"的计划配置模式，并在实践发展过程中始终保有适用范围狭窄、权利限制较多、市场机制作用有限等特征。但在要素市场化改革不断深化的背景下，以划拨方式处置农垦国有农用地所主张的"无偿取得"意味着无须支付相应费用即可取得农用地使用权，取得行为本身与所获利益间无法形成对价，与土地要素市场化改革所要求的对价或有偿交换产生冲突；"无期限限制"和"禁止流转"意味着通过划拨方式取得农用地使用权后，使用权人对农垦农用地所享有的权利处于相对稳定的状态，进而会导致农用地利用效率相对较低，不利于释放农用地应有的价值。由此，随着对土地要素所承载的市场化价值之认识的转变，实践中借由市场机制激发土地价值的需求也将愈发旺盛，现有制度构造下的划拨处置需求则相应趋于低迷。

---

① 参见苏亚勤，《海南农垦国营农场土地来源、演变及现状》，载《海南农垦报》2012 年 9 月 5 日，第 2 版。

（二）出让制度和租赁制度

由于农垦实践开始较早，有限的农垦土地资源在农垦发展过程中已通过划拨方式分配殆尽，少有新增农垦土地资源可供出让，故出让处置方式在农垦国有农用地一级处置中主要表现为"先收回再出让"，该出让所得将在政府和农垦企业之间按比例进行分配。因此，对农垦企业而言，农垦国有农用地出让收入分配与利用成为该项处置方式的关注重点。2017年海南农垦根据《中共海南省委、海南省人民政府关于推进新一轮海南农垦改革发展的实施意见》等有关文件精神，研究制定了《海南农垦国有土地使用权出让收入征缴及分配暂行操作办法》（琼财非税〔2017〕150号），用于指导农垦国有农用地出让金分配与利用工作。2016年广东湛江农垦局承担了"完善农垦土地被收回后再出让的出让金分配制度"改革试点工作，湛江市人民政府办公室印发《关于支持农垦改革发展若干政策措施的通知》（湛府办〔2016〕27号）作为政策依据推进农垦国有农用地出让金收益分配与利用工作。

"先收回再出让"处置方式在农垦实践中的具体展开情况，可以参考河南省淮滨县农场的详细做法。河南省淮滨县农场创建于1952年，为省办县管的正科级农垦企业。农场总部位于淮滨县行政新区，下辖6个分场和1个社区，农场土地总面积9 856亩、总人口5 171人。经县财政局、国土局等部门反复测算、论证，对不同区域做出了不同分配比例的安排，2018年县政府共给农场分配出让金5 094.27万元。农垦土地出让金分配制度拓展了淮滨县农场发展空间，激发了农场土地资源开发利用的潜能，畅通了农场收入渠道，增强了农场发展后劲。按照县政府安排部署，淮滨县农场土地出让金主要用于两方面：一是完善基础设施，改善生产条件。从产出效益看，农场通过改善生产生活条件、发展特色农业，亩均收入增加400多元。二是强化科技引领，发展现代农业。在完善农业科技服务站的基础上，建立农业精品园8个、良种繁育基地3 000亩，新建大棚100亩；建设花木快繁基地，年生产规模2 000万株，效益达5 000万元左右；兴建200亩吊瓜种植基地，一年播种可连续收获6年，亩产值可达8 500元左右①。

---

① 参见农业农村部农垦局，《合理分配土地出让收入 促进农场现代农业发展》，载《农垦情况》2018年第12期。

从出让处置的现实需求来看，国有农用地出让具有自愿、有偿、有期限的特点，受让人需要交付出让金，出让双方协议在法定期限内确定土地出让时限。根据《城镇国有土地使用权出让和转让暂行条例》的规定，土地出让由市、县人民政府负责、县级以上人民政府土地管理部门监督，由政府土地管理部门、房产管理部门依照法律和国务院的有关规定办理登记。与划拨制度相比，出让制度更符合市场经济的特点和需要。

从租赁处置的现实需求来看，租赁处置方式在租金门槛上相对较低，租赁制度下承租人仅需按照一定期限支付租金，大幅降低了土地使用权的取得成本。同时，租赁处置方式还具有租赁期限、承租人义务履行灵活等特点。在出让处置方式下，土地使用者一次性支付土地出让金后获得了较长的土地使用期限，这种相对缺乏有效激励的处置方式，容易出现土地利用效率低下等问题。但在租赁制度下，租赁期限较为灵活，承租人可以根据土地的用途或利用计划约定土地租赁期限。而且在"先租后让、租让结合"方式下，还可以约定租赁期限内需要满足的土地利用条件，若租赁期限结束后无法达到相应条件，承租人就要面临土地被无偿收回的风险。上述特点无疑会对土地使用者产生激励，推动土地利用的节约集约化。总而言之，租赁处置方式具有租期灵活、租金门槛低、承租人义务履行灵活等出让处置方式所缺乏的优点，可以弥补土地出让制度在实践中的不足，在实践中存在较为广泛的需求。

（三）作价出资（入股）制度

随着中央农垦改革发展文件确定的农垦土地使用权确权登记发证和国有农场办社会职能改革即"两个3年"既定目标和任务的基本完成以及"十三五"规划的推动，农垦国有农用地作价出资（入股）进程不断加速，成为农垦国有农用地的重要处置方式之一，推动了土地资本化。

作价出资（入股）处置方式在农垦实践中的具体展开情况，可以参考宁夏农垦、海南农垦和安徽农垦的详细做法。

其一，宁夏农垦的具体做法。宁夏农垦集团有限公司现已将其70余万亩耕地全部以作价出资的方式进行处置，按评估价格作为国家资本金全额注入集团，不再保留划拨耕种用地。以国家作价出资方式注入宁夏农垦集团有限公司的土地，土地用途基本保持不变，土地使用年限按照国家法定年限执行，农用地使用期限全部为50年。在对外处置时，如果不改变土地用途进行转让，转让后新企业取得的土地使用权仍然为作价出资土地使用权。如果发生土地用途的转变，则依据国家有关规定，先办理农用地转用手续，转为建设用地后，从事经营性项目用地的须经评估后，依据评估结果采用公开招拍挂的方式供地。宁夏农垦集团有限公司对农用地用途发生转变的程序管控较多，通过审批方式监督资本化处置后土地用途的转变情况。

其二，海南农垦的具体做法。海南农垦土地构成以林地和园地为主，处置的主要对象为林地和园地，已累计完成 13 万亩农用地资本化，完成入账金额约为 119 亿元。海南农垦在资本化过程中主要采取了三种模式：第一，土地作价出资转增资本金后，作为产业项目用地；第二，土地作价出资后注入上市公司，用于上市公司土地证券化运营；第三，土地评估作价后实施企业融资。海南橡胶为海南农垦控股子公司，拥有 235 宗、面积 272.6 万平方米的国有土地使用权。其中，以出让或转让方式获得的国有土地使用权 22 宗，面积 54.8 万平方米，其余皆以作价入股方式取得。

其三，安徽农垦的具体做法。安徽农垦土地总面积 96.64 万亩，其中农用地 87.92 万亩。目前已作价出资土地 304 宗、面积 63.99 万亩，评估价值 240.95 亿元，其中农用地 163 宗、63.75 万亩。评估结果中的 97.58 亿元增加实收资本，作为国有资本金注入农垦集团公司，农垦集团实收资本增加到 100 亿元；其余 143.37 亿元在资本公积单列，根据公司发展情况逐步转增实收资本。安徽农垦土地作价出资主要遵循以下原则：一是不改变土地性质，作价出资后的土地仍属国家所有、政府管理、农垦经营。二是不改变土地用途，原属耕地的仍为耕地，原属林地的仍为林地，农垦集团坚持按原用途使用土地。三是分批作价出资。

从作价出资（入股）处置的现实需求来看，同授权经营处置方式一样，两者均只适用于少数符合政府规定条件的大型国有企业改制之情形，不利于扩大适用范围。但作价出资（入股）属于非货币交易，即企业取得土地使用权的同时，国家未收取相应的土地价款，而是把这部分价款作为国家资本金投向了企业，改制企业实质上是在没有缴纳数额较大的地价款的条件下，取得了可以自主处置的土地使用权。以国家作价出资（入股）方式处置企业土地时，土地使用权直接进入新设立的企业，土地一次性配置给土地使用者。由此，作价出资（入股）方式处置农垦国有农用地能够契合推进农垦土地资源资产化和资本化的改革方向，在农垦实践中具有较为广泛的需求。

（四）授权经营制度

授权经营制度主要用于解决国有企业涉及的农垦国有农用地使用权处置问题。甘肃省农垦集团有限责任公司主要采用授权经营的方式有偿处置了原划拨耕地，授权经营国有农用地总面积达 467.21 万亩①。

授权经营处置方式在农垦实践中的具体展开情况，可以参考甘肃农垦的具体做法。甘肃省农垦集团有限责任公司现有国有资产总额 189 亿元，现实际权属土地面积 726.02 万亩，农用地面积 427.88 万亩，其中耕地 106.10 万亩。在通过授权经营方式取得使用权后，甘肃省农垦集团有限责任公司通过租赁、作价出资（入股）的方式，将农用地使用权承租给控股上市企业甘肃莫高实业发展股份有限公司，租赁期限 20 年，年租金 200 万元，发展酿造葡萄种植及生产加工、啤酒大麦芽与甘草系列产品等生产加工；作价出资部分通过资产置换、定向增发、现金收购等方式陆续进入控股上市企业甘肃亚盛实业（集团）股份有限公司。在将农用地处置后，甘肃农垦土地使用权人主要有：甘肃省农垦集团有限责任公司、集团所属企业、控股上市企业甘肃亚盛股份公司。

从授权经营处置的现实需求来看：一方面，授权经营处置方式在适用主体上限于具备省级以上政府批准资格的农垦企业，在一定程度上缩小了可适用授权经营方式处置农用地的农垦企业范围，产生抑制实践中授权经营处置需求的效果；在取得成本上，经国家授权经营而获得国有农用地使用权的权利人在权利取得时不必支付任何费用，同样存在与土地要素市场化改革内涵相背离的问题。另一方面，在土地使用权能上，经授权经营取得的农垦国有农用地虽然在农垦企业集团对外流转中会受到与划拨方式一样的限制，但在农垦企业内部流转中具有相对完整的使用权权能；在处置自主性上，授权经营的土地处置权在授权单位处置方式上更具灵活性和自主性。

---

① 参见 2019 年《全国农垦土地管理利用情况材料汇编》，第 129 页。

三、典型垦区实践效果评估

处置国有农用地对农垦履行国家使命、提升企业效益等方面的影响，是确定农垦国有农用地处置必要性的重要依据，能够为确定可资本化处置的农用地类型、可实施的处置方式提供必要的经验支撑。根据海南、甘肃、宁夏等典型垦区的国有农用地处置情况，研究作为处置对象的国有农用地的特点。

（一）总述

各垦区所在地方政府处置的国有农用地，类型及用途均呈现多样化态势。对实践中各垦区处置的土地类型及分类方式进行分析比较发现，农垦国有农用地在实践中被认定的范畴，基本与上文基于法律文本推定的范畴相当。对土地的分类也多参照《土地管理法》中对农用地的分类，即按照土地用途，划分为耕地、林地、草地、农田水利用地、养殖水面等；或在前期的规划过程中，重点挑选该垦区面积较大、较集中的土地类型，进行统计和详细规划，剩余其他类型的土地，一概归入"其他农用地"中。典型的如宁夏农垦，即采用这一方式，在《农垦 14 个农场土地利用总体规划基期地类面积汇总表》中，重点统计了耕地、园地、林地、牧草地四大类别的土地面积，将其余农用地皆归入"其他农用地"一项中。

对实践中各垦区处置农用地的方式进行对照比较发现，调研的三大典型垦区主要采取多种处置方式综合使用的方法。在各类处置方式中，垦区通常采取授权经营或作价出资的方式，整体处置存量划拨土地；进行授权经营或作价出资改制的垦区中，通常仅有少量土地，如涉及职工住宅的土地，仍被保留为划拨用地。

实践中，各垦区较少根据农用地类型与用途，有选择地通过有偿方式处置部分国有农用地并同时保留另一部分为划拨土地，也暂未形成区分有偿处置与保留无偿处置的通行标准，或者采用不同方式处置不同类型的国有农用地。目前来看，耕地、园地、林地、农用设施用地等用途分类仅在作价评估环节、使用期限方面有所区别；作价评估时，评估机构会根据土地功能与质量、预期可产生效益等要素核算其价格，并将使用权折算的资本金注入国有企业，扩大企业资本规模。

由于调研垦区中耕地、农用设施用地占比较大，因此主要就以上两类用地的处置方式进行详细总结分析。

（二）各垦区耕地的处置情况及实践效果

实地调研的垦区中，耕地占垦区土地的比例通常最大，且耕地与粮食生产、垦区职工及农民生产生活基本需求关系最为紧密，因此其有偿化处置难点最为突出。下面对耕地处置方式、效果、难点进行分析，为设定处置方案提供基础。

1. 处置方式与效果概况

《土地利用现状分类》（GB/T 21010—2017）、《国土空间调查、规划、用途管制用地用海分类指南（试行）》（自然资办发〔2020〕51号）中对耕地定义、以开垦程度为标准所作的分类、以种植作物类别为标准所作的分类、以土壤中含水量为标准所作的分类进行了规定和说明[①]。

耕地是农用土地中的主要类别，各垦区农用土地中，耕地面积通常占比最大，因此在实现农用地资产货币量化的垦区内，耕地基本在不同程度上实现了由划拨用地向授权经营、作价出资或出让等的转变。在资产化处置改革的过程中，农垦耕地仍以保障国家粮食安全和重要农产品有效供给为核心任务。

河北垦区主要采用作价出资（入股）的方式对垦区耕地进行处置，柏各庄农场对18.05万亩土地进行评估，估价39.88亿元并注入柏各庄农场曹农发集团，提升了集团公司资产总量。

2. 耕地处置的难点

对耕地进行资本化处置，主要存在如下难点：第一，耕地关系粮食生产，如果处置过程中为追求农业效益，只选定能带来高收益的作物进行耕种，会影响到粮食生产安全。第二，种植粮食的利润率通常低于社会平均利润率，在此情况下，将耕地计入资产可能会为刚刚转型的农垦企业带来一定风险。

---

① 参见《土地利用现状分类》（GB/T 21010—2017）、《国土空间调查、规划、用途管制用地用海分类指南（试行）》三大地类对应表。耕地是指种植农作物的土地，包括熟地，新开发、复垦、整理地，休闲地（含轮歇地、轮作地）；以种植农作物（含蔬菜）为主，间有零星果树、桑树或其他树木的土地；平均每年能保证收获一季的已垦滩地和海涂。耕地中包括南方宽度小于1.0米，北方宽度小于2.0米固定的沟、渠、路和地坎（埂）；临时种植药材、草皮、花卉、苗木等的耕地，临时种植果树、茶树和林木，且耕作层未破坏的耕地，以及其他临时改变用途的耕地。耕地的二级分类包括水田、水浇地、旱地。

为解决上述问题，需要对耕地进行更为细致的划分，即应当根据耕地实际种植的作物类型和经营情况对耕地进行分类。与粮食关联密切的基本农田，经营目的集中于实现土地其他功能而非经济功能；对种植作物利润率较低的耕地，可以适度保留无偿划拨的处置方式；对种植作物利润率较高的耕地，可以采取有偿处置的方式。

（三）典型垦区设施农用地的处置情况及实践效果

《国土资源部、农业部关于完善设施农用地管理有关问题的通知》（国土资发〔2010〕155号）对设施农业用地进行了类型划分[①]。由于设施农业用地直接用于或者服务于农业生产，其性质属于农用地，按农用地管理，不需办理农用地转用审批手续。生产结束后，经营者需要按要求进行土地复垦，占用耕地的应复垦为耕地。

甘肃农垦集团有限公司资本化处置的重要土地类型之一即为设施农用地。主要处置方式为授权经营。以其下属的条山农场为例，条山农场现土地总面积7.6万亩，农用地6.3万亩，实施各类农用地配套项目30个，总投资约18 500万元，其中：项目配套资金约15 900万元，企业自筹资金约2 600万元。通过采取先进适农措施，提高了农用地利用率。

四、国有农用地处置方式的优化建议

目前国有建设用地使用权的制度构建已渐趋完备，伴随农垦改革而着手尝试的农垦国有农用地处置还处于探索阶段，在很多方面借鉴了国有划拨建设用地处置的经验。完善处置制度首先应以明确的权利关系为前提，避免由于权属不明引起的土地权利非正常变动；其次应保证国有农用地使用权成为内容清晰、归属明确、可合法交易的法定权利。

（一）划拨处置方式

建议首先在《土地管理法实施条例》中规定农垦国有农用地有偿使用基本办法，同时在《划拨用地目录》中增加农用地类型，允许将有偿使用作为一般方式，特殊类型的农用地经审批适用划拨处置方式。建议可以适用划拨处置方式的农用地类型包括：基本农田，"两田制"中的基本田，

---

① 设施农业用地是指进行工厂化作物栽培或水产养殖的生产设施用地，具体可划分为生产设施用地、附属设施用地以及配套设施用地。

公益性科研用地如农业实验站、试验田等，对此三类用地既可推行有偿使用，也可采用划拨处置方式。在农垦国有农用地有偿使用改革方案顺利推行后，可再考虑于《土地管理法》中，规定国有农用地使用权有偿使用基本办法。

（二）出让处置方式

建议从如下几方面完善农垦国有农用地使用权出让规范。首先，允许对各类型农用地通过出让方式处置，也即对可采取出让方式处置的国有农用地不做类型限制。其次，规定不同类型农用地的最高出让期限。借鉴目前有关规定，开发农业旅游、疗养等商业活动的农用地，可参考商业、旅游、娱乐用地使用年限 40 年的规定；种植作物，供给工厂酿造、畜牧业生产的农用地，可参考其他用地使用年限 50 年的规定。最后，明确国有农用地使用权出让的具体处置程序。

（三）租赁处置方式

建议从两方面完善农垦国有农用地租赁规范：第一，允许对各类型农用地通过租赁方式处置；第二，明确租赁方式的具体处置程序。

（四）作价出资或入股处置方式

建议从如下几方面完善农垦国有农用地使用权作价出资或入股规范：首先，明确采取作价出资或入股方式进行处置的国有农用地范围；其次，设置农用地使用权以作价出资或入股方式处置的期限，以 50 年为最长使用期限，细化不同类别农用地具体对应的最长使用期限；最后，在作价出资或入股的处置程序上可以参照授权经营的处置程序进行规定并施行。

（五）授权经营处置方式

建议从如下几方面完善农垦国有农用地授权经营规范：第一，将授权经营归入有偿使用的合法范畴内，在《土地管理法实施条例》中增加可以通过授权经营有偿使用土地的规定，赋予以授权经营方式处置土地的合法性。第二，对采取授权经营方式处置的国有农用地应严格限制，各主体须经过自然资源主管部门批准，方可以授权经营方式处置原划拨土地。第三，区分土地使用权登记的类型。一是被授权经营企业在内部处置土地使用权，企业是代表国家在经营管理土地，而且土地使用权利人没有本质变化，因此建议登记为"授权经营"。二是使用权在被授权经营的集团公司成员企业之间转让，此类转让仅指被授权的集团公司向其成员企业配置土地后，土地使用权在集团公司直属企业、控股企业、参股企业之间转让，土地使用权类型应保持不变，故建议登记为国有土地使用权授权经营。三是被授权的集团公司拟向外部转让土地使用权，须提交土地行政主管部门批准文件，受让方应办理出让土地使用权登记①。第四，明确授权经营的处置程序。农垦企业应当先拟定国有农用地授权经营总体方案，向有批准权的自然资源行政主管部门申请核准。核准通过后，农垦企业应自主委托具备相应土地估价资质的机构进行地价评估，并向土地所在地的市、县自然资源行政主管部门申请初审。初审通过后，再向有批准权的自然资源行政主管部门申请处置，处置批复后农垦企业到财政部门或国有资产监督管理部门办理国有资本金转增手续，并到土地所在的市、县不动产登记部门办理变更登记。

第三节　农垦国有农用地处置风险防控

一、农垦国有农用地处置与资产化资本化

由于土地产权在农垦企业的产权中占有相当重要的地位，改革历史中形成的土地划拨使用制度，明晰了国家对土地的所有权和农垦企业对土地的独立财产权，以资产化或者资本化的方式盘活和显化企业土地资产，是农垦改革的重要组成部分。如何通过制度设计有效防范农垦国有农用地处置（或资产化资本化）可能引发的风险，成为农垦国有农用地使用权处置中的关键问题。

防范风险，应以明确农垦国有农用地资产化与资本化二者概念与关系为基础。以农垦国有农用地保持国家所有不变为前提，农垦国有农用地资产化主要是指农垦国有农用地使用权的资产化，资本化则意味着将农垦国有农用地纳入市场化的价值表述体系中，推动土地资产上附着的价值转换为资本市场的交换价值。资产化是资本化的前提，资本化是资产化的结果，两者在还原农用地的本质属性上发挥着相辅相成的重要作用。

---

① 参见张晓洁，《完善国有土地使用权授权经营权益处置的思考》，载《中国土地》2019 年第 6 期。

（一）农垦国有农用地资产化

确定农垦国有农用地资产化的内涵，以明确"资产"和"土地资产化"的内涵为重要前提。资产是指能够为所有者带来收益的有形或无形的物质，其具有稀缺性、能够产生经济效益、所有权明确等特征[①]。土地资产化是指，把土地这一稀缺的资源作为资产来经营，发挥其资产化效益，从而获取一定经济报酬和收益的过程[②]。从权利的角度来看，土地资产化也可以理解为我国土地所有权或使用权的资产化，使土地所有者或使用人获得经济报酬和收益[③]。

农垦国有农用地资产化，指将农垦国有农用地从传统的生产生活资料转变为具有更高经济效益的资产的过程。在农垦国有农用地保持以国家为所有权人不变的前提下，农垦国有农用地资产化主要是指农垦国有农用地使用权的资产化[④]。通过实现农垦国有农用地使用权的资产化，使农垦国有农用地作为一项能带来资产性收益的资产掌握在农垦企业手中，为推动原先静态稳定的财富转变成可以产生更多价值的活的资本奠定基础[⑤]。

（二）农垦国有农用地资本化

确定农垦国有农用地资本化的内涵，同样以明确其上位概念"土地资本化"的内涵为重要前提。土地资本化是指，根据土地未来增值预期，将部分预期收入转为现实收益，充分发挥市场在土地资源配置中的决定性作用[⑥]，从而实现土地资源的最优配置。土地资本化包括非农用土地资本化和农用土地资本化[⑦]。非农用土地资本化的过程，往往包括农村土地被征收、用途发生变化，常见的是将农村土地或未开发利用土地转用作建设用地，服务于城市建设等；农用土地资本化，通常不改变土地用途，只是改变土地相关权利主体。非农用土地及农用土地资本化的共同特征为，将土地产权转化为货币成果，土地产权所有人让出产权，一次性或分多次获得

---

①②⑤　参见罗士喜，《基于土地资产化的农村社会保障构建》，载《郑州大学学报（哲学社会科学版）》2009 年第 2 期。

③　参见黎翠梅，《土地资本化与农村土地保障制度的创新》，载《财经论丛》2007 年第 1 期。

④　参见杨萍，《基于土地资产化视角的我国农村土地制度改革路径选择》，载《商业经济研究》2015 年第 19 期。

⑥　参见李怀，《农村土地资本化的理论基础与实现路径》，载《新视野》2015 年第 2 期。

⑦　参见张期陈、胡志平，《家庭联产承包土地资本化流转的宏微观利益格局及治理》，上海市社会科学界第十五届学术年会论文。

相应的货币收益。

农垦国有农用地资本化，指将农垦国有农用土地纳入市场化的价值表述体系中，将土地资产上附着的价值转换为资本市场的交换价值，并最终变现为货币收益。这种资本化带来的收益主要表现为两种形式：一是农垦企业所获收益。农垦国有农用地的资本化运作，能够有效盘活土地资源，做大资产总量，降低资产负债率，实现土地资源高效运作和保值增值，从而提高集团投融资能力和抗风险能力。二是相关生产经营者所获收益。已具备一定规模的农垦集团，在资本化过程中实现企业化转型后，首先要对原土地产权进行重新划分与确认，同时，农垦集团的人员编制发生改变，生产经营者身份由国家正式工作人员转为企业员工，与企业签订合同，享受企业人员社会保障。如公司成为股份有限公司，其生产经营者及其他社会人员，皆可持有公司股份，为公司注入资产，并取得股份红利。再者，农垦企业所属资产的增值保值也将带动相关生产经营者所得收益的增加。

（三）农垦国有农用地资产化与资本化的关系

从本质上来看，农垦国有农用地资产化与资本化是在农垦改革不断深化的背景下，尝试挖掘农垦国有农用地内在的资产属性和资本属性的结果。一方面，农用地的资产属性对应着农用地的权利。具有稀缺性的农用地包含可被利用的价值，在进行农垦国有农用地资产化探索前，农用地的处置利用方式较为单一且保守，未能有效激活其中所内含的相应价值。当农用地被作为资产看待时，如何释放其承载的可利用价值、确定各类权利归属以及关联利益分配成为人们关注的重点。另一方面，农用地的资本属性在农垦改革之前并不直观，毕竟"资本"的概念更加关注能够成为资本的某种标的物的生产性和流通性，强调生产要素之间的关系和要素流动的过程[1]。但在农垦改革过程中，农用地配置方式趋向多元化，农用地处置往往作为生息资本流通的一个特殊分支来运行，具备与其他资本形式相近的特征[2]，资本属性逐渐凸显。

从逻辑上来看，农垦国有农用地因具备可开发利用的价值而被认定为资源。因为资源的稀缺性和可收益性，产生对农用地权利进行界定的需

① 参见王海卉，《乡村土地资本化的理论借鉴与实践效应研究》，载《规划师》2021年第22期。
② 参见大卫·哈维主编，《资本的限度》，中信集团出版社2017年版，第536页。

求，通过确权工作过程中颁发的权利凭证等，使得相关主体在事实上获得一种资产凭证，农用地便随之走向资产化。在完成农用地确权工作、承认其资产属性的前提下，鼓励农用地处置方式多元化发展，确保农用地具有可流动性，并与其他经济要素相互联系，产生不同的利用方式和权利归属，从而借此组织资本化的生产，也即实现农用地的资本化。在较理想的状态下，农用地资本化能够实现土地资源使用价值的最大化，并产生优化其他资源配置的良好效果。

二、农垦国有农用地资本化风险表现形式与成因

归纳总结并分析农垦国有农用地资本化风险的类型及成因，是确定风险应对路径的基本前提。学界对农用地资本化风险表现形式研究较多，分类包括：一般风险、典型风险；约定阶段风险、执行阶段风险；认知风险、异化风险、主体丧失风险、资本攫取风险、失业风险；等等。但是以上分类方式都不足以突出农垦国有农用地的特殊风险类型，也未能对各类可能存在的风险进行全面概括。因此，根据农垦国有农用地的性质与功能的特殊性，总结其资本化可能引发的、应当重点关注的风险为粮食安全风险、国有资产流失风险以及社会风险，是农垦国有农用地资本化风险防范研究的重要组成部分。

（一）粮食安全风险

农垦国有农用地的主要功能，即在于维系国家粮食安全。尽管国家通过基本农田制度、最严格的征地审批制度保障耕地红线不突破、维护国家粮食安全，但是农地资本化中存在的变相改变农地用途、过度利用农地等种种问题，使国家粮食安全受到威胁[①]。粮食安全风险的主要表现形式可以分为以下两方面。

一方面是土地"非农化"或"非粮化"，即突破土地用途管制而变更土地用途。该种风险形成的原因，一是市场规律。对比现实经济效益，粮食生产效益整体略低于经济作物，而随着消费者购买力的提升，消费者的消费偏好也更加多样化，对经济作物的需求量逐步增加，因此当工商资本进入农业生产领域后，虽受现行法律中农用地用途限制，不能私自变更农

---

① 参见孙月蓉、代晨，《中国农地资本化流转风险分析》，载《经济问题》2015 年第 5 期。

用地的农业用途，但是会趋向于选择生产非粮食作物，以获得较高收益。二是传统农业经济效益有限，以传统作物耕种为主的地区，往往经济发展程度较低。而中央政府对地方农业的补贴，尚不足以补足当地与其他地区之间的经济差距，故部分企业化的农垦集团或地方政府可能会为了追求农业效益，将耕种粮食作物的永久基本农田非法变更为经济作物用地或农业观光用地①，以获取更高使用收益，或者是在土地处置的过程中，有意将农用地识别为建设用地等其他性质的用地，以增加土地估价。三是用益物权特性，其属于限定物权，须遵循限定物权优先于所有权的物权法基本原理。故农垦国有农用地使用权人具有相对独立于所有权人的自我意志，在农垦土地经营事项上拥有相对的自决能力。且随着农村人口减少，农用地生产经营主体逐渐以现代农场为主，现代农业的种类日益多元化，除传统的第一产业外，观光农业、生态农业等其他农业类型发展状况良好，农垦国有农用地使用权人更倾向于多元化经营，以分散经营风险。由此，粮食安全将受到威胁。

另一方面是土地生产能力下降，即过度利用或污染土地导致农业生态退化、土地生产能力下降。从过度利用之成因来看，主要是农垦企业通过资本化配置获得农垦国有农用地使用权后，希望在持有期内最大化开发土地生产经营能力并使其为自己所用，由此导致过度利用行为，进而使土地的生态价值被畸态消耗，造成土地不可逆的永久性损害。从污染土地之成因来看，主要是部分农垦企业为达到短期内实现土地增值的目的，过度使用农药化肥，给农用地造成难以修复的污染、导致土壤生产能力下降，同时对粮食质量安全造成重大影响②。

（二）国有资产流失风险

国有资产流失风险是指国有资产经营者、占有者、出资者或管理者，违反有关国有资产管理的法律、行政法规及规章，造成国有资产损失或者致使国有资产处于流失状态的风险③。按照资本化的不同过程或阶段，可

---

① 参见施春风、庞玥坤，《农垦国有农用地资本化中粮食安全风险的法律防控》，载《中国土地科学》2021年第3期。

② 参见朱强、李民，《论农地资本化流转中的风险与防范》，载《管理世界》2012年第7期。

③ 参见《国家国有资产管理局关于国有资产流失查处工作有关规定的通知》（国资法规发〔1998〕2号）。

以将国有资产流失风险的主要表现形式分为以下两方面。

一方面是在作价出资等资本化过程中可能发生的国有资产流失风险。这种风险发生的重要原因是农用地资本化的相关法律法规以及相关政策文件缺位。目前关于国有土地资本化的法律法规相对零散，法律颁布的时间也相对较早，难以满足当前农垦国有农用地资产化资本化的需要。而且，现行相关法规和政策主要是针对国有工商企业改革的现实需要制定的[①]。鉴于国有农用土地的特殊性，以及土地对于农垦企业的特殊重要意义，现行法规政策不能对现在推进农垦改革过程中国有土地资本化遇到的新问题提供指导，甚至起到制约作用[②]，这方面存在导致国有资产流失的风险。

另一方面是在持续性的企业资本化运作过程中可能发生的国有资产流失风险。该类风险成因可以归纳为以下三方面：一是在农用地作为资产计入企业资产后，相较于其他资产构成如建设用地，其经由农业生产产生的经营收益具有不稳定性和不可控性，正常农业活动收益难以超过建设用地上的经营收益，甚至受自然灾害等影响成本利润率可能跌至负值，故企业资产在接纳农用地后可能陷入减损缩水的风险之中。二是一些农垦企业存在一定的管理体制风险。从农场管理体制改革来看，一些市县属地管理的农场、场镇合一的农场政企不分问题仍然比较突出，农场管委会和农场企业一套人马，农场企业化改革滞后，难以满足土地资本化对农垦企业管理体制的要求。从农场经营管理情况来看，有的农场规模小、地处偏远、人才短缺、生产成本高、农业效益不理想，有的农场属地管理后参照或实行农村的经营管理模式，分散经营现象比较突出，这些都在较大程度上影响着国有资产经营情况，存在造成国有资产流失的风险[③]。三是一些农垦企业存在一定的决策风险。在重大事项决策上，农垦企业还不同程度地存在着党的领导弱化问题，有些企业党组织在重大问题决策上有名无实，决策中不能充分体现党组织的意图。在技术决策上，有些农垦企业由地方政府

[①] 目前我国关于国有土地资本化的相关法律是颁布于 2008 年的《企业国有资产法》，该法也仅在第 42 条涉及土地资本化："企业改制涉及以企业的实物、知识产权、土地使用权等非货币财产折算为国有资本出资或者股份的，应当按照规定对折价财产进行评估，以评估确认价格作为确定国有资本出资额或者股份数额的依据。不得将财产低价折股或者有其他损害出资人权益的行为。"

[②] 参见朱晓明，《农垦土地资本化相关问题探析》，载《中国农垦》2016 年第 7 期。

[③] 参见中国农垦经济研究会秘书处，《2021 年中国农垦经济研究会年会纪要》，载《中国农垦》2021 年第 12 期。

管理，地方政府与中央政府在自身利益上的取向不尽相同，决策者更多地照顾本部门或本级政府的利益，没有严格按照科学的参考因素或指标进行可行性分析，直接影响土地资产的保值增值。

（三）社会风险

农垦国有农用地因具有公共属性而承载着社会保障的重要功能，推进农垦国有农用地资产化资本化，可能会引发生产经营者失业风险和社会保障风险。

社会风险的表现形式之一是生产经营者失业风险。该类风险主要成因为，在农垦集团进行企业化改革后，为提升企业的竞争力、追求利润，农垦集团对生产经营者的淘汰筛选力度会相应加大，企业的招聘名额也可能发生一定变动。在此情况下，专业能力不足、年龄或经验不占优势的生产经营者，在激烈的市场竞争漩涡中，就可能面临被裁员的风险。

社会风险的表现形式之二是社会保障不力风险。该类风险一方面形成于剥离国有农场办社会职能的前置性工作。剥离国有农场办社会职能是农场企业化改革、推进资产化资本化的先决条件，这意味着将国有农场承担的社会管理和公共服务职能交由地方政府统一管理。在这一过程中能否妥善解决有关机构编制、人员安置、所需经费等问题，将直接影响相关群众所享受的社会保障水平。另一方面形成于农垦企业经营走向不稳定之转变。当前时期，农村社会保障制度尚不健全，《宪法》规定应当实现的权益保障[1]，在农村尚未得到切实实现，农村人口仍主要依赖自身劳动与家庭经营获得经济来源[2]。在推进农垦国有农用地资产化资本化过程中，一些农垦企业生产经营者有可能丧失原有地位，同时失业保险金、失业救济措施很难及时到位；而对于那些曾经从事农耕活动、现年老体弱又缺乏义务人赡养的老年人口来说，失去企业为其构筑的屏障后，仅靠国家提供的养老保险与低保扶助很难维系生活。在社会保障领域，农垦企业生产经营者合法权益保障仍旧面临极大的风险[3]。

---

① 参见《宪法》第 45 条。
② 参见崔红志，《完善覆盖农村人口的社会保障体系：现状、问题与对策建议》，载《新疆师范大学学报（哲学社会科学版）》2020 年第 5 期。
③ 参见李子蔚，《我国失业保险制度保障水平与再就业的困境与化解》，载《人才资源开发》2020 年第 4 期。

三、农垦国有农用地资本化风险防范制度的现状及评价

行政领域、经济领域、法律领域施行的部分制度，有助于对农垦国有农用地资本化风险的防范。对有关制度进行梳理，分析各项制度具体作用、作用力度及不足之处，对于构建完备的资本化风险防范制度具有重要意义。

（一）行政领域的风险防范

现阶段，一些地方选择具有代表性的农垦企业集团，开展集团化企业化改革[①]、土地资源保护等各类试点，根据试点企业出现的风险谋篇布局，为农垦国有农用地整体资本化推进制定风险防范计划。

第一，农垦集团化企业化改革试点。根据集团化、企业化改革的试点企业情况，辽宁省一些地区出台了有针对性的农垦试点实施方案[②]，扶助农垦单位企业化转型。转型过程中的农垦企业，按照试点方案完成土地登记确权工作，以分场为单位确权发证；委托专业中介机构对确权土地进行价格评估，根据实际情况，选择作价入股、签订使用权出让合同等不同的土地使用权流转方式，并在可流转的土地上设置抵押权，从金融机构处取得贷款，提升农垦企业经济总量，增强企业融资和抗风险能力。

第二，土地资源保护试点。土地资源休养生息试点主要选取耕地重金属污染、农业面源污染、地表及地下水污染、沙化地、农牧交接地、被过度开发的湿地等问题突出的地区，进行保护与治理，探索治理污染的新方案，争取做到农垦用地可持续发展能力的再延续。2018 年，湖北省人民大垸农场引入社会资本实施土地整治项目，通过平整土地、新增耕地、构建田间防护林等建设内容，实现项目新增耕地超 2 700 亩，出地率达到13.5%[③]。2021 年，海南农垦实施 7 万亩左右土地综合整治项目，导入雪茄烟叶、特色水稻种植，实现碎片化土地整合、保障全省耕地占补平衡、

[①] 参见农业农村部，《2020 年农业农村部农垦局工作要点》，http://www.moa.gov.cn/ztzl/2020gzzd/gsjgzyd/202002/t20200220_6337435.htm，访问日期：2022 年 2 月 24 日。

[②] 如盘锦大洼农垦集团有限公司可以依照《盘锦市加快农垦改革发展综合试点实施方案》推进改革。

[③] 参见农业农村部农垦局，《吸引社会资本 开展土地整治》，载《农垦情况》2020 年第 8 期。

规模化农业生产基地建设一举多得①。

第三，耕地占补平衡试点。鼓励垦区利用自有资金及省市专项扶持资金，使废弃坑塘、低效林地等生产能力较弱的区域暂时退出生产，对其进行整理、复垦；或将其变更为其他用地，将对等面积的其他用地开垦为耕地，新增耕地指标纳入省级平台交易，垦区通过指标交易获得收益。目前，在耕地占补平衡试点中存在的问题主要体现在耕地保护方式和激励机制上。从耕地保护的方式来看，试点实践中一方面存在未能有效落实耕地占补平衡政策，导致耕地占补不平衡的问题。如，海南省在落实耕地占补平衡过程中出现了不平衡现象②。另一方面尚未形成耕地质量保护体系，导致耕地质量保护效果不佳③。从耕地保护的激励机制来看，存在耕地保护的补偿激励规则不明、激励资金投入不足和补偿激励方式不合理等问题。

（二）经济领域的风险防范

经济领域的风险防范措施主要体现在农垦企业市场风险控制方案以及税收与会计政策两方面。对核心风险防控措施进行实施现状梳理与防控效果评估，有助于不断完善农垦国有农用地资本化风险防范制度。

1. 农垦企业市场风险控制方案实施现状及评价

农垦企业通过提升经济总量、降低负债率、各类企业交叉持股等方式，实现市场风险控制。对于实际流动资金有限，无法通过交纳出让金获得农垦土地使用权且又不符合继续保留划拨用地条件的农垦企业，企业多数会申请以土地使用权作价入股的方式，获得农垦国有农用地的使用权，即在不减少现有流动资金的前提下，扩大资本规模。农垦企业以作价入股方式取得使用权的具体做法，一般是先由农垦企业提交申请，当地政府及国资委调研后作出批复，企业进一步完善入股方案，再对农用地估价并确定土地入股后的财税方案，然后开展账务调整等具体工作。根据《企业会

---

① 参见农业农村部农垦局，《各地推进农垦改革发展做法和成效摘编——关于创新农垦土地管理方式》，载《农垦情况》2021年第4期。

② 参见王宝锋，《新时期海南省耕地占补平衡存在问题及对策研究》，载《国土资源情报》2020年第11期。

③ 参见杨骥、裴久渤、汪景宽，《耕地质量下降与保护研究——基于土地法学的视角》，载《中国土地》2016年第9期。

计准则》，土地资产如作为使用期限不确定的无形资产入账，入账后可以不摊销①，如其不涉及产权转让，不需缴纳契税，也不需缴纳城镇土地使用税。

在此过程中，农垦企业面对的问题主要包括，农用地估价难度大，估价案例较少，理论和实际操作较为复杂，技术难点多，摊销方案仍需详细论证等。

2. 税收与会计政策实施现状及评价

我国现行的土地资产化资本化涉及契税、土地增值税、增值税和印花税等税收政策，以及土地出让金和会计政策。从现行政策看，对于与农业生产相关的土地权属转移和企业改制中的土地权属转移，目前都给予了税收优惠；税收政策明确，以作价出资（入股）方式转移土地、房屋权属属于契税征税范围；根据会计准则规定，企业取得的有使用年限的土地使用权一般须确认为无形资产进行摊销。

政府以作价出资（入股）方式实行土地资源资本化，将给企业带来很大的税务负担和现金流的压力，不利于推进土地资源资本化。同时，对土地入账价值进行摊销，将直接减少利润（或增大亏损），影响企业融资信誉和业绩考核。由于农垦企业属于盈利水平不高的企业，纳税需要现金流和土地无形资产摊销带来的盈利减少，都会给企业带来很大负担。海南农垦也指出，传统农业企业，其橡胶产业处于低谷和亏损周期，土地资产化引起的摊销问题，将大大增加企业成本负担，不能客观地反映海南农垦的改革经营成果，也不利于推动海南农垦的正常经营和产业发展。

现行农垦企业国有农用地资产化资本化过程中存在的主要税费和会计政策问题表现为：一是税收负担重，尤其是在缴纳契税上的缺乏现金流问题，不利于农垦企业推进国有农用地资产化资本化的改革改制；二是土地摊销压力大，对土地使用权进行摊销，会导致改制后的公司成本费用增加，利润下降，资产收益率降低。农垦企业认为，对土地使用权进行摊销难以正确反映改制后公司的经营成果，且亏损后的财务状况不利于企业开展融资等活动②。

---

① 《企业会计准则》规定："使用寿命不确定的无形资产不需要摊销，但在会计期末进行减值测试。"

② 许文，《国有农用地资产化资本化税费负担和成本摊销研究》（研究报告）。

（三）法律领域的风险防范

我国农垦国有农用地尚未形成统一、完善的法律法规体系，一般的适用于农垦国有农用地资本化风险防范的条款，多见于对农垦土地、国有土地、农村土地、农用土地、土地资本化防控的规定中。适用于农垦国有农用地资本化风险防范的内容在《宪法》《民法典》《土地管理法》《证券法》等法律中有所体现。此外的农垦国有农用地资本化防范制度，多存在于法规、部门规章、其他规范性文件之中，依地区及领域特点确定规范方式。总的来看，现有法律规范呈现出效力层级低、针对性较弱的不足。

1. 宪法

农垦国有农用地资本化风险防范制度，在《宪法》中主要体现为对农垦国有农用地性质的界定，对农垦国有农用地管理制度、农垦国有农用地地上权利流转制度的确定，对农垦企业管理制度、对务农人员保障及补贴的确定等。

《宪法》为土地所有权与使用权分离、使用权流转提供了宪法依据[1]。农垦单位、改革后的农垦企业等，均有可能成为农垦国有农用地使用权流转关系中的主体，参与农垦国有农用地的生产、经营、交易活动。

《宪法》为农垦单位转型为农垦企业，以及转型后农垦企业管理制度的设置提供了宪法依据[2]。农垦企业可以在农垦国有农用地使用权限范围内，自主决定生产经营内容，独立承担经济责任，并取得相应收益。

《宪法》规定了劳动者享有的基本权利[3]，为农垦国有农用地生产经营人员获得社会保障提供了宪法依据，也为农垦国有农用地补贴、务农人员补贴政策提供了推行基础。

2. 法律

农垦国有农用地资本化风险防范制度，在法律中主要体现为，基于《宪法》对农垦国有农用地性质、管理保护制度、权利构造及流转制度等的规定，进一步进行细化规定。

在农垦国有农用地性质、类型方面，可参照适用《土地管理法》中[4]

---

① 参见《宪法》第 10 条。
② 参见《宪法》第 16 条、第 17 条、第 18 条。
③ 参见《宪法》第 40 条、第 41 条、第 42 条、第 43 条、第 44 条、第 45 条。
④ 参见《土地管理法》第 4 条、第 35 条、第 37 条、第 38 条、第 42 条、第 43 条。

农用地类型的划分方式，以及与农用地开发利用相关的规定。

在农垦国有农用地管理制度方面，可参照适用《土地管理法》①《农业法》②《草原法》③《森林法》④《土壤污染防治法》中，对一般土地、农业用地、草原、森林的部分规定。依照上述法律规定，国务院自然资源主管部门负责农垦国有农用地的管理工作；农垦单位、改革后的农垦企业可以依法享有农垦国有农用地的使用权；在使用过程中，使用权主体不得随意更改土地用途，且须对农用地进行涵养保护，改善农业生产条件和生态环境，对于向耕地中排放有毒有害物质的企业和个人，将处以高额罚款。

在农垦国有农用地的权利流转制度方面，主要是《民法典》⑤对土地租赁权作出规定，其中规定了租赁期限⑥，租赁合同的效力⑦，经出租人同意可以转租给第三人及转租期限、转租效力⑧、支付租金的期限⑨等内容。

在农垦企业管理制度方面，主要是《公司法》对公司经营作出规定，包括在农垦单位转型为农垦公司后，其组织机构、股东股权持有方式、对外合同的签署、公司的解散清算，都须遵照《公司法》中的具体规定执行。

在农垦企业生产经营者保障制度方面，主要是《劳动法》《劳动合同法》对劳动者权益保障作出规定，对非农垦企业生产经营者而言，其社会保障制度在《农业法》中有所体现。

3. 行政法规

在行政法规中，农垦国有农用地资本化风险防范制度，主要涵盖：农垦国有农用地确权的详细方案，如《土地调查条例》《土地管理法实施条例》；农垦国有农用地管理的详细方案，如《基本农田保护条例》《耕地占用税暂行条例》《农田水利条例》。

---

① 参见《土地管理法》第5条、第11条、第13条。
② 参见《农业法》第58条、第61条。
③ 参见《草原法》第10条。
④ 参见《森林法》第15条。
⑤ 参见《民法典》第703条、第734条。
⑥ 参见《民法典》第705条、第707条。
⑦ 参见《民法典》第706条。
⑧ 参见《民法典》第716条、第717条、第718条。
⑨ 参见《民法典》第721条、第722条。

4. 部门规章、地方性法规、地方性规章

部门规章、地方性法规、地方性规章，多是以法律、行政法规为基础，进一步作出可供参照的细化规定。如《农村土地承包经营权证管理办法》《不动产登记暂行条例实施细则》《土地调查条例实施办法》等部门规章中农垦国有农用地权利登记可参照适用的细化规定；《农村土地承包经营纠纷仲裁规则》《农村土地承包经营权流转管理办法》等部门规章中农垦国有农用地权利流转可参照适用的规定。再如《海南农垦农用地管理办法》《海南经济特区土地管理条例》《东营市国有农用地和未利用地使用管理暂行办法》《日照市国有土地租赁实施办法》等地方性法规、规章中，对当地农垦国有农用地管理制度作出的细化规定。

5. 其他规范性文件

以上所列举的法律法规，多是针对土地、国有土地、农用土地等制定的规范，农垦国有农用地可参考适用部分条款。而具体到农垦国有农用地领域的特别性问题，则多见于规范性文件中。

如针对农垦单位变更为农垦企业过程中出现的问题，可参考《农业部职能配置、内设机构和人员编制方案》等规定加以解决；针对农垦国有农用地确权问题，可参考《中共中央、国务院关于进一步推进农垦改革发展的意见》、《关于加快推进农垦国有农用地使用权确权登记发证工作的通知》（国土资发〔2016〕156号）、《国家土地管理局关于变更土地登记的若干规定》（〔1993〕国土〔籍〕字第33号）、《关于北大荒股份公司承包土地问题的批复》等规定加以解决；针对农垦国有农用地资产化资本化过程中出现的问题，可参考《中国银监会、国土资源部关于印发农村集体经营性建设用地使用权抵押贷款管理暂行办法的通知》（银监发〔2016〕26号）等规定加以解决。

四、农垦国有农用地资本化风险防范制度的完善

完善农垦国有农用地资本化风险防范制度，可以有效应对农垦国有农用地资本化过程中潜藏的风险，推进农垦国有农用地使用权市场化流转，促进土地管理及利用效率的增长，激发农垦国有农用地价值。同时顺应国企改革的趋势，提升农垦企业的竞争实力，有助于实现土地经济效益与国家粮食安全的统一，实现农垦国有农用地生产经营者、农垦企业、金融机

构、地方政府等多个主体的利益共赢。

（一）行政领域的完善措施

1. 明确农垦国有农用地管理方案

农垦国有农用地关系到国家粮食安全问题。政府作为国家意志的代表，有确认国有农用地基本用途、保证农垦国有农用地用途不发生改变的管理职责。部分地区存在未经合法程序，单方面将农垦辖区内土地无偿划为其他用地的情况；或是虽然按照法律程序划转，但未支付生态补偿和森林防护等费用。行政机关应当担负起管理职责，保障农用地用途不被随意改变。

政府还可以鼓励生产效益不佳、土壤肥力减损严重的垦区，对低效农用地进行复垦、涵养；积极推动开展耕地综合治理，提高耕地质量与土地集约利用率。

2. 完善农垦国有农用地资产化资本化保障政策

农垦国有农用地资产化资本化保障政策是否完善，会影响农垦企业参与资本化进程的外部驱动力与实际成效。中央农垦主管部门应根据各垦区发展的实际情况，积极主动扩大农垦土地使用权资产化资本化试点范围并进行监测，及时总结垦区经验并分析实践发展不足。地方政府主管部门应充分考虑垦地融合发展的需要，从财政、金融、土地分类评估、土地作价评估、各处置方式操作细则等方面提供政策指引，明确各环节牵头部门并积极落实税费、补贴等优惠政策，而不能仅依靠国土资源管理部门文件要求和政策规定推进资本化进程。同时，应适时出台农垦土地使用权资产化资本化操作指引[①]，简化相关业务办理流程，优化审批程序，为农垦土地资产化资本化提供政策保障。

3. 建立农垦国有农用地风险预警机制

农垦国有农用地的风险可能来源于自然因素，也可能源于市场经营。行政机关应当协助当地农垦集团，促进先进科学技术与农业生产相结合，建立自然灾害风险防范机制，根据所测天气状况、温度湿度等开展合理的生产经营活动；同时，在市场经营管理中，建立相应的科学测算指标，监测市场收益状况，对经营管理活动进行大数据分析，并定期完成项目风险

---

① 参见王爽，《农垦土地资产化和资本化问题及对策思考》，载《中国农业会计》2022 年第 3 期。

评估报告。根据监测及风险评价结果，适时调整生产模式，应对各类可能出现的风险。

4. 强化农垦企业风险防范意识与能力

在行政领域内探讨强化农垦风险防范意识与能力之举措，主要是希望借助行政机关的督促、保障角色，提升农垦企业风险防范意识与能力。政府应当督促建立健全农垦现代农业企业集团评估体系，推动农垦国有资本投资运营体系的完善。

行政机关一方面应当督促建成针对具有国际竞争力的农垦现代农业企业集团的评估体系，并将管理方式较佳、效益较高的企业树立为示范性企业，鼓励农垦集团之间展开经验交流与经营合作。同时，适当给农垦集团提供财政支持，引入先进管理技术，为地区提供专业培训，以强化农垦国有农用地防范资本化风险的能力。另一方面由于大量农垦企业选择以作价入股方式取得土地使用权，故中央或地方政府需要促进农垦国有资本投资运营体系完善，确保有专门的投资运营集团公司负责股份制农垦企业内国家股的管理运作，放大土地资源效能。

当然，各垦区及农垦企业也需要认真核算评估国有资产价值，包括国有资产保有量、开发度等，提前设计生产经营方案，尽量减少垦区内无指标占地行为，提升自身资本化风险防范的意识及能力。

（二）经济领域的完善措施

1. 合理规划农垦国有农用地农业补贴

在 WTO 农业多边协议框架下，农业补贴措施可以分为两类：一类补贴费用由纳税人负担，不会影响产品交易价格，且对生产者没有反向影响，如为低收入或遭遇自然灾害的生产者提供补贴等；另一类补贴会对贸易造成影响，如以粮食价格为标准予以补贴，或在粮食出口时予以补贴[①]。

对农垦国有农用地的农业补贴，一方面有助于激活农垦国有农用地的生产能力，例如为农垦集团购买大型机械化设备提供资金支持；另一方面，在保障国家粮食安全的前提下，安排合理的农业补贴，有助于为粮食对外输出、参与国际市场开通道路。

---

① 参见许荣、肖海峰，《美国新农业法案中农业补贴政策的改革及启示》，载《华中农业大学学报（社会科学版）》2020 年第 2 期。

2. 规范农垦国有农用地资本化市场

针对农垦国有农用地资本化中潜藏的市场风险，最重要的防范举措就是规范市场，具体措施包括：①建立相对完备的金融组织体系，鼓励不同社会主体加入金融行业中，以降低土地金融可能产生的风险；②鼓励农垦企业参与信用机构评级，在全国范围内推动形成农垦企业的信用化体系，优化农垦企业投资交易环境；③鼓励保险业务向农垦国有农用地拓展，增设适用于农垦国有农用地资本化的保险品种，防范农用地经营投资风险；④督促评估机构提升农垦国有农用地评估能力，制定统一的土地价值评估标准；⑤给予垦区及相关金融机构优惠的税费政策和充足的资金，实现金融要素和土地资源的深度融合，管控贷后抵押的风险，防止因土地使用权被收回导致金融机构的抵押权随之灭失、资金不能全部回收[①]。

3. 建立现代农垦企业经营制度

农垦集团进行企业化改制，改制后须符合企业法人设置的六项要素[②]，其中较为关键的是确定农垦集团的独立财产，保证其财产不与企业设立人、股东发生混同。在这个环节中重点包括：①建立与企业模式相匹配的人事组织架构，成立股东大会、董事会、监事会，并共同制定章程，设立制裁股东滥用权力或未能遵循股东义务的措施，防止企业资产的流失；②构建农垦产业链，搭建农民创业园、农业示范园区、农垦观光旅游区等平台，推动农垦企业一体化发展，提高其风险抗击能力。

（三）法律领域的完善措施

1. 明确农垦国有农用地使用权性质及相应制度规范

建立健全法律法规，是当下的紧急要务。立法部门应当适时修订《土地管理法》《土地管理法实施条例》《基本农田保护条例》《农村土地承包法》等相关法律法规，在现有法律中明确国有农用地使用权的法律性质，明确国有农用地使用权权利主体，不同类型国有农用地的使用期限、使用权人违法责任，为农垦国有农用地的出租、承包经营，农垦企业的资产重组、破产清算、农用地回购、使用权人土地抵押等市场活动提供法律依据。

---

① 《城镇国有土地使用权出让和转让暂行条例》第74条第1款规定："无偿取得划拨土地使用权的土地使用者，因迁移、解散、撤销、破产或者其他原因而停止使用土地的，市、县人民政府应当无偿收回其划拨土地使用权，并可依照本条例的规定予以出让。"

② 参见《公司法》第23条。

具言之，农垦国有农用地使用权的性质，其登记的法律效力，通过不同方式取得的农垦国有农用地使用期限等问题，都应当在法律中予以明文规定。建议：一是在使用权发生转移后，以农垦国有农用地使用权的用益物权属性得到法律认可为前提，适用《民法典》第 208 条、第 209 条和《土地管理法》第 12 条的规定，使农垦国有农用地使用权的物权变动采用登记生效主义。二是农垦国有农用地使用权应设定长期化使用期限，一方面保证不至于侵损所有权的弹力性和完全性，另一方面也要顺应用地关系长久不变的现实需求。依据土地取得方式的不同，可考虑在相关法律如《土地管理法》中规定"以出让、作价出资、授权经营等方式取得的农垦国有农用地使用权，土地使用期限为 30～50 年。期限届满后可申请续期，但出让金、作价款等应根据市场价格合理确定"。使用权的期限应该设定最低限度标准，即保证使用权人虽可以自主流转使用权，但不能使土地使用权过度资本化，出现单期持有时间过短、流转过分频繁等情况，影响土地生产经营与生态修复。

2. 加快推进农垦国有农用地确权发证工作法治化

在农垦国有农用地的确权问题上，还须明确国有农用地使用权首次确权登记发证的权利主体必须是国有农场或国有农场全资子公司；确保在各地设立有具体的确权登记机关；明确农垦部门对国有土地规划、审批、备案等知情权限；明确农垦国有农用地补偿标准，使农垦企业国有土地收回有法可依。

针对农垦国有农用地确权发证过程中出现的纠纷问题，可以根据地方情况成立专门的调解机构，构建土地权属纠纷解决机制。如果调解尚不足以解决纠纷问题，可以上报省级政府或省级土地管理部门协调；如协调不成，再启动法律程序，通过行政决定或法院裁决确定土地权利的归属[①]。

由此，可在《不动产登记暂行条例实施细则》等相关规范性文件中进一步就以下内容做出规定：一是申请国有农用地使用权登记，应当提交有批准权的人民政府或者主管部门的批准文件；二是国有农用地使用权首次确权登记发证的权利主体，必须是国有农场或国有农场全资子公司；三是

---

① 参见刘震宇、王崇敏，《我国农村土地纠纷多元化解决机制的构建》，载《海南大学学报（人文社会科学版）》2016 年第 5 期。

国有农用地使用权登记纠纷，应当首先由土地管理部门进行调解，调解不成的，应当上报省级政府或省级土地管理部门进行协调。

另外，可在法规、规章中，对部分共性的问题做出回应，如分别就已颁发"三证"的土地、可证实的由农民自主开发的土地、可证实的由农垦单位开发的土地、无法证实开垦主体且多年未经使用的土地、未开发利用的土地、地方政府与用地企业已签订用地协议的土地，规定其使用权归属、使用期限、土地用途、使用期限届满后的处置方法等，保证在执行环节有法可依。

3. 明确农垦国有农用地资本化限度

法律应确定农垦国有农用地使用权的权利属性，明确其为用益物权这一法定权利类型，这样的处理方式可以保证国家所有权的完整性和永恒性不受侵害，土地基本性质、用途不能由使用权人自由改变，以此保证国有农用地资本化限度被控制在合理区间内。

现行法律法规和规范性文件中，国有土地的处置主要有五种方式，即保留划拨、出让、租赁、作价出资、授权经营[①]。当前仍旧可以采用划拨方式处置的农垦国有农用地，范围受到严格控制，只有法律中特别规定的几类特殊用地，可以沿用划拨的方式。

采用作价出资或入股方式处置的土地，需要确保两个基本原则的实现：一是不改变土地性质，作价出资后的土地仍属国家所有、农垦经营。二是不改变土地用途。

4. 完善风险分散法律机制

建立多元的风险分散机制，主要目的在于应对农垦国有农用地进入市场及金融领域可能引发的风险。风险分散可成立专门的风险监督管理机构，如设立土地金融监管机构，监督金融市场运营规范性；鼓励行业内成立协会，进行行业内自我管理与约束；设立互助保险集团，分担可能产生的金融风险；要求保险行业提前缴纳强制保险金，应对破产或其他可能的资金风险；设立专项资金，对参与农垦国有农用地使用权的双方进行补贴[②]。

[①] 参见《土地管理法》《城市房地产管理法》《划拨用地目录》《国有企业改革中划拨土地使用权管理暂行规定》。

[②] 参见丁关良，《国外农用土地流转法律制度对中国土地承包经营权流转的启示》，载《世界农业》2010年第8期。

第八章 >>>

农垦国有农用地资产化资本化税费负担和成本摊销

>>>>

第一节 我国土地相关税费和会计政策

一、相关税收政策

一般而言，与土地资产化资本化相关的税收政策主要是指土地权属配置、转移（土地使用权出让和转让）及企业改制重组等土地处置中涉及的税收政策。

（一）主要税种及规定

与土地相关的税种主要是契税、土地增值税、增值税和印花税，各税种的具体规定见表 8-1。

表 8-1　土地的相关税种及规定

税种	对土地权属转移的征收范围	不征税或免税的情况	税率	政策文件
契税	转移土地权属： （1）土地使用权出让； （2）土地使用权转让，包括出售、赠与、互换； （3）以作价投资（入股）、偿还债务、划转、奖励等方式转移土地、房屋权属的，应当依照本法规定征收契税	土地使用权转让，不包括土地承包经营权和土地经营权的转移。承包荒山、荒地、荒滩土地使用权用于农、林、牧、渔业生产，免征契税	3%～5%	《契税法》（2021 年 9 月 1 日实施）

（续）

税种	对土地权属转移的征收范围	不征税或免税的情况	税率	政策文件
土地增值税	转让国有土地使用权，地上的建筑物及其附着物（简称转让房地产）		实行四级超率累进税率	《土地增值税暂行条例》
增值税	销售无形资产：转让无形资产所有权或者使用权的业务活动； 转让无形资产：转让土地使用权	免征增值税： （1）将土地使用权转让给农业生产者用于农业生产； （2）纳税人采取转包、出租、互换、转让、入股等方式将承包地流转给农业生产者用于农业生产； （3）将国有农用地出租给农业生产者用于农业生产	一般纳税人：9%；小规模纳税人征收率为3%	《关于全面推开营业税改征增值税试点的通知》（财税〔2016〕36号）；《关于建筑服务等营改增试点政策的通知》（财税〔2017〕58号）；《关于明确国有农用地出租等增值税政策的公告》（财政部税务总局公告2020年第2号）
印花税	书立产权转移书据		0.05%	《印花税法》

1. 征税范围

根据表8-1可知，契税既对国有土地使用权出让征收，也对土地使用权转让进行征收。而土地增值税只涉及国有土地使用权转让，增值税则对土地使用权转让征收。我国目前完成了契税和印花税的立法，土地增值税和增值税则处于立法工作之中，立法中也对部分税种的征收范围进行了调整。

根据2021年9月1日实施的《契税法》规定，转移土地权属是指下列行为：土地使用权出让[①]、土地使用权转让（包括出售、赠与、交换），以作价投资（入股）、偿还债务、划转、奖励等方式转移土地权属。同时，《契税法》也规定：土地使用权转让不包括土地承包经营权和土地经营权的转移[②]。

根据《土地增值税法（征求意见稿）》的规定，土地增值税也扩大了征税范围。转移房地产除了包括"转让土地使用权、地上的建筑物及其附

---

① 与《契税暂行条例》相比，《契税法》在保持对转移土地、房屋权属进行征收的同时，将国有土地使用权出让扩大到土地使用权出让。

② 根据2018年修正的《农村土地承包法》，将原《契税暂行条例》中规定的"农村集体土地承包经营权"相应调整为"土地承包经营权和土地经营权"。

着物"，还新增了"出让集体土地使用权、地上的建筑物及其附着物，或以集体土地使用权、地上的建筑物及其附着物作价出资、入股"。

契税和土地增值税征收范围的调整主要是为了使税制与建立城乡统一建设用地市场的土地制度改革衔接起来。我国已经明确要求建立集体经营性建设用地入市制度，并要求建立兼顾国家、集体、个人的土地增值收益分配机制，合理提高个人收益。因此，集体土地使用权出让和转让也相应被纳入契税和土地增值税的征收范围。

2. 减免税规定

在契税和增值税的减免税规定中，包含涉及农业生产的土地权属转移相关优惠政策。其中，契税的规定为：纳税人承受荒山、荒地、荒滩土地使用权用于农、林、牧、渔业生产，免征契税。而增值税的规定为：将土地使用权转让给农业生产者用于农业生产，免征增值税。并进一步明确：纳税人采取转包、出租、互换、转让、入股等方式将承包地流转给农业生产者用于农业生产，免征增值税；纳税人将国有农用地出租给农业生产者用于农业生产，免征增值税。

（二）改制重组中的相关税收政策

1. 改制重组的契税政策

为推动企业改革的逐步深化和支持企业改制重组，财税部门于 2001 年发布了《关于企业改革中有关契税政策的通知》（财税〔2001〕161 号），其中明确了公司制改造、企业合并、企业分立、股权重组、企业破产等情形下的契税政策。其后，财税部门又相继发布了《关于企业改制重组若干契税政策的通知》（财税〔2003〕184 号）、《关于延长企业改制重组若干契税政策执行期限的通知》（财税〔2006〕41 号）、《关于企业改制重组若干契税政策的通知》（财税〔2008〕175 号）、《关于企业事业单位改制重组契税政策的通知》（财税〔2012〕4 号）等文件，对有关企业等改制重组的契税政策进行了调整、完善和延续。

为贯彻落实《国务院关于进一步优化企业兼并重组市场环境的意见》，继续支持企业、事业单位改制重组，财税部门发布了《关于进一步支持企业事业单位改制重组有关契税政策的通知》（财税〔2015〕37 号），其中对企业改制、事业单位改制、公司合并、公司分立、企业破产、资产划转、债权转股权、划拨用地出让或作价出资、公司股权（股份）转让等涉及的土地权属转移征收契税问题进行明确。该政策的期限为 2015 年 1 月 1 日起至 2017 年 12 月 31 日。其后，财税部门又相继发布《关于继续支持企业事业单位改制重组有关契税政策的通知》（财税〔2018〕17 号）、《关于继续执行企业事业单位改制重组有关契税政策的公告》（财政部、税务总局公告 2021 年第 17 号）、《关于继续实施企业、事业单位改制重组有关契税政策的公告》（财政部、税务总局公告 2023 年第 49 号），延续了上述契税政策，政策期限为 2024 年 1 月 1 日至 2027 年 12 月 31 日。

参照上述规定，农垦改革也享受了免征契税政策。如《海南省深化海南农垦管理体制改革领导小组办公室关于印发〈海南省地方税务局关于支持海南农垦改革发展的税收意见〉的通知》（琼垦改办发〔2017〕2 号）也指出：现行契税明确规定了改制、合并、分立、破产、资产划转、债权转股权和股权（股份）转让等方面免征或不征契税的优惠政策。尤其是资产划转方面延续了"对承受县级以上人民政府或国有资产管理部门按规定进行行政性调整、划转国有土地、房屋权属的单位免征契税"和"同一投资主体内部所属企业之间土地、房屋权属的划转免征契税"的优惠。

但值得注意的是，在对大部分改制重组的情形给予减免契税政策的情况下，对于划拨土地以出让或作价出资方式处置的情形则重点明确了对征收契税的规定。如《关于继续实施企业、事业单位改制重组有关契税政策的公告》（财政部、税务总局公告 2023 年第 49 号）规定："以出让方式或国家作价出资（入股）方式承受原改制重组企业、事业单位划拨用地的，不属上述规定的免税范围，对承受方应按规定征收契税。"

实际上，早在《关于企业改革中有关契税政策的通知》（财税〔2001〕161 号）明确的"股权重组"情形中，就规定了"在增资扩股中，对以土地、房屋权属作价入股或作为出资投入企业的，征收契税"。《关于国有土地使用权出让等有关契税问题的通知》（财税〔2004〕134 号）规定："先以划拨方式取得土地使用权，后经批准改为出让方式取得该土地使用权的，应依法缴纳契税，其计税依据为应补缴的土地出让金和其他出让费用。"

《关于企业改制过程中以国家作价出资（入股）方式转移国有土地使用权有关契税问题的通知》（财税〔2008〕129 号）则专门对以国家作价出资（入股）方式转移国有土地使用权进行了规定和解释："根据《中华人民共和国契税暂行条例》第二条第一款规定，国有土地使用权出让属于契税的征收范围。根据《中华人民共和国契税暂行条例细则》第八条第一款规定，以土地、房屋权属作价投资、入股方式转移土地、房屋权属的，视同土地使用权转让征税。因此，对以国家作价出资（入股）方式转移国有土地使用权的行为，应视同土地使用权转让，由土地使用权的承受方按规定缴纳契税。"以国家作价出资（入股）方式转移国有土地使用权的行为不适用《财政部国家税务总局关于企业改制重组若干契税政策的通知》（财税〔2003〕184号）。"其后，该契税政策一直延续到现在。现行企业事业单位改制重组有关契税政策情况见表8-2。

表8-2　现行企业事业单位改制重组有关契税政策情况

情形	政策规定
企业改制	企业按照《中华人民共和国公司法》有关规定整体改制，包括非公司制企业改制为有限责任公司或股份有限公司，有限责任公司变更为股份有限公司，股份有限公司变更为有限责任公司，原企业投资主体存续并在改制（变更）后的公司中所持股权（股份）比例超过75%，且改制（变更）后公司承继原企业权利、义务的，对改制（变更）后公司承受原企业土地、房屋权属，免征契税
事业单位改制	事业单位按照国家有关规定改制为企业，原投资主体存续并在改制后企业中出资（股权、股份）比例超过50%的，对改制后企业承受原事业单位土地、房屋权属，免征契税
公司合并	两个或两个以上的公司，依照法律规定、合同约定，合并为一个公司，且原投资主体存续的，对合并后公司承受原合并各方土地、房屋权属，免征契税
公司分立	公司依照法律规定、合同约定分立为两个或两个以上与原公司投资主体相同的公司，对分立后公司承受原公司土地、房屋权属，免征契税
企业破产	企业依照有关法律法规规定实施破产，债权人（包括破产企业职工）承受破产企业抵偿债务的土地、房屋权属，免征契税；对非债权人承受破产企业土地、房屋权属，凡按照《中华人民共和国劳动法》等国家有关法律法规政策妥善安置原企业全部职工规定，与原企业全部职工签订服务年限不少于三年的劳动用工合同的，对其承受所购企业土地、房屋权属，免征契税；与原企业超过30%的职工签订服务年限不少于三年的劳动用工合同的，减半征收契税
资产划转	对承受县级以上人民政府或国有资产管理部门按规定进行行政性调整、划转国有土地、房屋权属的单位，免征契税；同一投资主体内部所属企业之间土地、房屋权属的划转，包括母公司与其全资子公司之间，同一公司所属全资子公司之间，同一自然人与其设立的个人独资企业、一人有限公司之间土地、房屋权属的划转，免征契税；母公司以土地、房屋权属向其全资子公司增资，视同划转，免征契税
债权转股权	经国务院批准实施债权转股权的企业，对债权转股权后新设立的公司承受原企业的土地、房屋权属，免征契税

（续）

情形	政策规定
划拨用地出让或作价出资	以出让方式或国家作价出资（入股）方式承受原改制重组企业、事业单位划拨用地的，不属上述规定的免税范围，对承受方应按规定征收契税
公司股权（股份）转让	在股权（股份）转让中，单位、个人承受公司股权（股份），公司土地、房屋权属不发生转移，不征收契税

资料来源：政策文件《关于继续实施企业、事业单位改制重组有关契税政策的公告》（财政部、税务总局公告 2023 年第 49 号）。

2. 改制重组的土地增值税政策

对于房地产投资和企业兼并中的房地产转让，《关于土地增值税一些具体问题规定的通知》（财税字〔1995〕48 号）规定：对于以房地产进行投资、联营的，投资、联营的一方以土地（房地产）作价入股进行投资或作为联营条件，将房地产转让到所投资、联营的企业中时，暂免征收土地增值税。对投资、联营企业将上述房地产再转让的，应征收土地增值税。在企业兼并中，对被兼并企业将房地产转让到兼并企业中的，暂免征收土地增值税。其后，《关于土地增值税若干问题的通知》（财税〔2006〕21 号）进一步规定：对于以土地（房地产）作价入股进行投资或联营的，凡所投资、联营的企业从事房地产开发的，或者房地产开发企业以其建造的商品房进行投资和联营的，均不适用暂免征收土地增值税的规定。

为贯彻落实《国务院关于进一步优化企业兼并重组市场环境的意见》，财税部门发布了《关于企业改制重组有关土地增值税政策的通知》（财税〔2015〕5 号），对企业整体改制、合并、分立等土地增值税政策进行了明确，其政策期限为 2015 年 1 月 1 日至 2017 年 12 月 31 日。其后，财税部门又相继发布了《关于继续实施企业改制重组有关土地增值税政策的通知》（财税〔2018〕57 号）、《关于继续实施企业改制重组有关土地增值税政策的公告》（财政部、税务总局公告 2021 年第 21 号）、《关于继续实施企业改制重组有关土地增值税政策的公告》（财政部、税务总局公告 2023 年第 51 号），延续了上述土地增值税政策，政策期限为执行至 2027 年 12 月 31 日。

与契税政策对划拨用地作价出资需要征收契税的规定不同，早在《关于企业改制重组有关土地增值税政策的通知》（财税〔2015〕5 号）中就规定：单位、个人在改制重组时以国有土地、房屋进行投资，对其将国有土地、房屋权属转移、变更到被投资的企业，暂不征土地增值税。《关于继续实施企业改制重组有关土地增值税政策的公告》（财政部、税务总局公告 2023 年第 51 号）中也规定：单位、个人在改制重组时以房地产作价入股进行投资，对其将房地产转移、变更到被投资的企业，暂不征土地增值税。

现行企业改制重组有关土地增值税政策见表 8-3。

表 8-3   现行企业改制重组有关土地增值税政策

情形	政策规定
企业整体改制暂不征土地增值税	按照《中华人民共和国公司法》的规定，非公司制企业整体改制为有限责任公司或者股份有限公司，有限责任公司（股份有限公司）整体改制为股份有限公司（有限责任公司），对改制前的企业将国有土地使用权、地上的建筑物及其附着物（以下称房地产）转移、变更到改制后的企业，暂不征土地增值税
企业合并暂不征土地增值税	按照法律规定或者合同约定，两个或两个以上企业合并为一个企业，且原企业投资主体存续的，对原企业将房地产转移、变更到合并后的企业，暂不征土地增值税
企业分立暂不征土地增值税	按照法律规定或者合同约定，企业分设为两个或两个以上与原企业投资主体相同的企业，对原企业将房地产转移、变更到分立后的企业，暂不征土地增值税
房地产作价入股进行投资暂不征土地增值税	单位、个人在改制重组时以房地产作价入股进行投资，对其将房地产转移、变更到被投资的企业，暂不征土地增值税
上述改制重组有关土地增值税政策不适用于房地产转移任意一方为房地产开发企业的情形	
企业改制重组后房地产再转让土地成本的认定	企业改制重组后再转让国有土地使用权并申报缴纳土地增值税时，应以改制前取得该宗国有土地使用权所支付的地价款和按国家统一规定缴纳的有关费用，作为该企业"取得土地使用权所支付的金额"扣除。企业在改制重组过程中经省级以上（含省级）国土管理部门批准，国家以国有土地使用权作价出资入股的，再转让该宗国有土地使用权并申报缴纳土地增值税时，应以该宗土地作价入股时省级以上（含省级）国土管理部门批准的评估价格，作为该企业"取得土地使用权所支付的金额"扣除。办理纳税申报时，企业应提供该宗土地作价入股时省级以上（含省级）国土管理部门的批准文件和批准的评估价格，不能提供批准文件和批准的评估价格的，不得扣除

资料来源：政策文件《关于继续实施企业改制重组有关土地增值税政策的公告》（财政部、税务总局公告 2023 年第 51 号）。

3. 改制重组的增值税政策

根据《关于全面推开营业税改征增值税试点的通知》（财税〔2016〕36 号）规定：在资产重组过程中，通过合并、分立、出售、置换等方式，将全部或者部分实物资产以及与其相关联的债权、负债和劳动力一并转让给其他单位和个人，其中涉及的不动产、土地使用权转让行为，不征收增值税。

4. 改制重组的印花税政策

企业改制重组的印花税政策不仅涉及产权转让书据，也涉及资金账簿。为支持企业改制，财税部门发布了《关于企业改制过程中有关印花税政策的通知》（财税〔2003〕183 号），其中规定对资金账簿只对未贴花的部分和以后新增加的资金按规定贴花，对企业因改制签订的产权转移书据免予贴花。

为减轻企业负担，《关于对营业账簿减免印花税的通知》（财税〔2018〕50 号）规定：自 2018 年 5 月 1 日起，对按万分之五税率贴花的资金账簿减半征收印花税，对按件贴花五元的其他账簿免征印花税。

2022 年 7 月 1 日《印花税法》实施后，对营业账簿按照实收资本（股本）、资本公积合计金额的万分之二点五征收印花税，其他的按件贴花五元的账簿不再征收印花税。同时，根据《关于印花税法实施后有关优惠政策衔接问题的公告》（财政部、税务总局公告 2022 年第 23 号）的规定，上述财税〔2003〕183 号文继续执行。

现行企业改制有关印花税政策情况如表 8-4 所示。

表 8-4　现行企业改制有关印花税政策情况

情形	政策规定
资金账簿	（1）实行公司制改造的企业在改制过程中成立的新企业（重新办理法人登记的），其新启用的资金账簿记载的资金或因企业建立资本纽带关系而增加的资金，凡原已贴花的部分可不再贴花，未贴花的部分和以后新增加的资金按规定贴花。 　　公司制改造包括：国有企业依《公司法》整体改造成国有独资有限责任公司；企业通过增资扩股或者转让部分产权，实现他人对企业的参股，将企业改造成有限责任公司或股份有限公司；企业以其部分财产和相应债务与他人组建新公司；企业将债务留在原企业，而以其优质财产与他人组建新公司。 　　（2）以合并或分立方式成立的新企业，其新启用的资金账簿记载的资金，凡原已贴花的部分可不再贴花，未贴花的部分和以后新增加的资金按规定贴花。合并包括吸收合并和新设合并。分立包括存续分立和新设分立。

（续）

情形	政策规定
资金账簿	（3）企业债权转股权新增加的资金按规定贴花。 （4）企业改制中经评估增加的资金按规定贴花。 （5）企业其他会计科目记载的资金转为实收资本或资本公积的资金按规定贴花
各类应税合同	企业改制前签订但尚未履行完的各类应税合同，改制后需要变更执行主体的，对仅改变执行主体，其余条款未作变动且改制前已贴花的，不再贴花
产权转移书据	对企业因改制签订的产权转移书据免予贴花

资料来源：政策文件《关于企业改制过程中有关印花税政策的通知》（财税〔2003〕183号）。

二、相关收费和会计政策

（一）土地出让金政策

《土地管理法》第2条规定：国家依法实行国有土地有偿使用制度。但是，国家在法律规定的范围内划拨国有土地使用权的除外。第55条规定：以出让等有偿使用方式取得国有土地使用权的建设单位，按照国务院规定的标准和办法，缴纳土地使用权出让金等土地有偿使用费和其他费用后，方可使用土地。

《城镇国有土地使用权出让和转让暂行条例》第8条规定：土地使用权出让是指国家以土地所有者的身份将土地使用权在一定年限内让予土地使用者，并由土地使用者向国家支付土地使用权出让金的行为。土地使用权出让应当签订出让合同。第44条规定：划拨土地使用权，除本条例第四十五条规定的情况外，不得转让、出租、抵押。第45条规定：符合下列条件的，经市、县人民政府土地管理部门和房产管理部门批准，其划拨土地使用权和地上建筑物，其他附着物所有权可以转让、出租、抵押：①土地使用者为公司、企业、其他经济组织和个人；②领有国有土地使用证；③具有地上建筑物、其他附着物合法的产权证明；④依照本条例第二章的规定签订土地使用权出让合同，向当地市、县人民政府补交土地使用权出让金或者以转让、出租、抵押所获收益抵交土地使用权出让金。

根据上述规定可知，国家将国有土地使用权出让给土地使用者，土地使用者需要按规定缴纳土地使用权出让金。同时，原通过行政划拨获得土地使用权的土地使用者，经批准将土地使用权转让、改变用途等，需要按规定补交土地使用权出让金①。

（二）土地成本摊销的会计政策

《企业会计准则第 6 号——无形资产》应用指南规定：企业取得的土地使用权通常应确认为无形资产，但改变土地使用权用途，用于赚取租金或资本增值的，应当将其转为投资性房地产。自行开发建造厂房等建筑物，相关的土地使用权与建筑物应当分别进行处理。外购土地及建筑物支付的价款应当在建筑物与土地使用权之间进行分配；难以合理分配的，应当全部作为固定资产。按照上述规定，土地资源的资产化，即企业取得的土地使用权一般需要确定为无形资产并进行相应会计处理，即按照《企业会计准则第 6 号——无形资产》规定：使用寿命有限的无形资产应当在使用寿命内系统合理摊销②，使用寿命不确定的无形资产不予摊销。

应用指南中有关估计无形资产使用寿命的规定为：来源于合同性权利或其他法定权利的无形资产，其使用寿命不应超过合同性权利或其他法定权利的期限；合同性权利或其他法定权利在到期时因续约等延续，且有证据表明企业续约不需要付出大额成本的，续约期应当计入使用寿命。合同或法律没有规定使用寿命的，企业应当综合各方面因素判断，以确定无形资产能为企业带来经济利益的期限。比如，与同行业的情况进行比较、参考历史经验，或聘请相关专家进行论证等。按照上述方法仍无法合理确定无形资产为企业带来经济利益期限的，该项无形资产应作为使用寿命不确定的无形资产。

对于土地使用权无形资产的摊销，土地使用权的使用寿命应按照相关法律规定执行（表 8 - 5）。如《城镇国有土地使用权出让和转让暂行条例》第 12 条规定，土地使用权出让最高年限按下列用途确定：①居住用地七十年；②工业用地五十年；③教育、科技、文化、卫生、体育用地五十年；④商业、旅游、娱乐用地四十年；⑤综合或者其他用地五十年。

---

① 根据《关于加强土地资产管理促进国有企业改革和发展的若干意见》（国土资发〔1999〕433号）规定："采取授权经营、作价出资（入股）方式处置土地资产的，按政府应收取的土地出让金额计作国家资本金或股本金。"

② 根据《企业所得税法实施条例》第 67 条规定：无形资产按照直线法计算的摊销费用，准予扣除。无形资产的摊销年限不得少于 10 年。作为投资或者受让的无形资产，有关法律规定或者合同约定了使用年限的，可以按照规定或者约定的使用年限分期摊销。

表 8 – 5 土地使用权无形资产的摊销政策

无形资产摊销政策	政策文件
企业取得的土地使用权通常应确认为无形资产，但改变土地使用权用途，用于赚取租金或资本增值的，应当将其转为投资性房地产，自行开发建造厂房等建筑物，相关的土地使用权与建筑物应当分别进行处理。 使用寿命有限的无形资产应当在使用寿命内系统合理摊销，使用寿命不确定的无形资产不予摊销。来源于合同性权利或其他法定权利的无形资产，其使用寿命不应超过合同性权利或其他法定权利的期限；合同性权利或其他法定权利在到期时因续约等延续，且有证据表明企业续约不需要付出大额成本的，续约期应当计入使用寿命。合同或法律没有规定使用寿命的，企业应当综合各方面因素判断，以确定无形资产能为企业带来经济利益的期限。比如，与同行业的情况进行比较，参考历史经验，或聘请相关专家进行论证等。按照上述方法仍无法合理确定无形资产为企业带来经济利益期限的，该项无形资产应作为使用寿命不确定的无形资产	《企业会计准则第 6 号——无形资产》及其应用指南
土地使用权出让最高年限按下列用途确定：①居住用地七十年；②工业用地五十年；③教育、科技、文化、卫生、体育用地五十年；④商业、旅游、娱乐用地四十年；⑤综合或者其他用地五十年	《城镇国有土地使用权出让和转让暂行条例》

三、政策特点

根据上述对与土地资产化资本化相关的税收等政策的分析，可以总结出以下特点。

（一）对与农业生产相关的土地权属转移给予税收优惠政策

在契税、增值税等税种中，对与农业生产相关的土地权属转移制定了相关优惠政策。包括：土地承包经营权和土地经营权的转移不征收契税；纳税人承受荒山、荒沟、荒丘、荒滩土地使用权，用于农、林、牧、渔业生产的免征契税。将土地使用权转让给农业生产者用于农业生产，纳税人采取转包、出租、互换、转让、入股等方式将承包地流转给农业生产者用于农业生产，纳税人将国有农用地出租给农业生产者用于农业生产，免征增值税。上述政策表明了支持农业发展的方向和目的，因而对与农业生产相关的土地权属转移应制定相应的免税优惠政策。

（二）对企业改制中的土地处置给予税收优惠政策

针对企业改制中涉及的土地使用权问题，契税、土地增值税、印花税方面都专门制定了相关税收政策，增值税中也有相应的税收政策。总体看，这些税收政策的目的都是促进企业改制，避免税收政策对企业改制过程形成阻碍。但上述税收政策中也有一些例外的规定，其目的主要是保持政策的公平性和避免政策漏洞。例如，土地增值税方面在实施"单位、个人在改制重组时以房地产作价入股进行投资，对其将房地产转移、变更到被投资的企业，暂不征土地增值税"等改制重组优惠政策的同时，也明确规定这些政策不适用于房地产转移任意一方为房地产开发企业的情形，就是为避免房地产企业利用改制重组政策逃避缴纳土地增值税。

（三）以作价出资（入股）方式转移土地权属属于契税征税范围

根据契税有关企业改制重组的规定，以出让方式或国家作价出资（入股）方式承受原改制重组企业、事业单位划拨用地的，不能享受免税政策。因为《契税法》规定了契税的征收范围包括国有土地使用权出让，并对同属于国有土地有偿使用方式的国有土地使用权作价出资或者入股，也视同国有土地使用权转让征收契税。按照上述规定，原划拨用地（国有农用地），改为出让或者国家作价出资（入股）方式，都需要缴纳契税，且契税在征管上实行先税后证的做法，企业在办理土地权属转移登记前需要先缴纳税款。

（四）企业取得的土地使用权按规定一般须确认为无形资产进行摊销

根据《企业会计准则第 6 号——无形资产》规定，只有使用寿命不确定的无形资产才可以不予摊销。土地使用权一般情况下都根据其用途规定了最高年限，国有农用地也不例外，因而一般情况下对企业取得的具有明确使用年限的土地使用权，都应当在使用寿命内系统合理摊销。

第二节　现行税费和成本摊销政策对农垦国有农用地资产化资本化的影响

一、农垦国有农用地资产化资本化的税费和会计政策情况

2021 年修订的《土地管理法实施条例》第 17 条规定：国有土地有偿使用的方式包括国有土地使用权出让，国有土地租赁，国有土地使用权作价出资或者入股。《关于扩大国有土地有偿使用范围的意见》（国土资规〔2016〕20 号）规定：国有农用地的有偿使用，严格限定在农垦改革的范围内。农垦企业改革改制中涉及的国有农用地，国家以划拨方式处置的，

使用权人可以承包租赁；国家以出让、作价出资或者入股、授权经营方式处置的，考虑农业生产经营特点，合理确定使用年限，最高使用年限不得超过50年，在使用期限内，使用权人可以承包租赁、转让、出租、抵押。国家以租赁方式处置的，使用权人可以再出租。

在不同的国有农用地有偿使用方式下，涉及的土地权属情况不同，相应的涉税情况也存在差别（表8-6）。

表8-6 国有农用地处置方式及其土地权属情况

处置方式	使用权人权利	土地权属转移
划拨方式	承包租赁	不涉及
出让方式	承包租赁、转让、出租、抵押	不涉及
作价出资或者入股	承包租赁、转让、出租、抵押	不涉及
授权经营方式	向其直属企业、控股企业、参股企业以作价出资（入股）或租赁等方式配置土地	有可能涉及
租赁	承包租赁、转租、转让或抵押	不涉及

现行各地的国有农用地资产化资本化，主要是按照《中共中央、国务院关于进一步推进农垦改革发展的意见》的要求对农垦企业实行公司制改制，将原生产经营性国有划拨建设用地和农用地以作价出资（入股）等方式注入农垦集团公司。

（一）国有农用地资产化资本化的涉税情况

农垦企业公司制改制中同样涉及土地处置问题，根据前文分析，对于将国有划拨土地进行作价出资（入股），其涉税情况主要为：需要缴纳契税和印花税，不需要缴纳土地增值税和增值税。

其中，以原生产经营性国有划拨建设用地和农用地作价出资（入股），应执行《关于继续实施企业、事业单位改制重组有关契税政策的公告》（财政部、税务总局公告2023年第49号）的规定："以出让方式或国家作价出资（入股）方式承受原改制重组企业、事业单位划拨用地的，不属企业改制重组规定的免税范围，对承受方应按规定征收契税。"由于契税税收政策中未规定授权经营方式，因而以授权经营方式承受原改制重组企业、事业单位划拨用地的，应免征契税。

同时，由于进行土地资产化和资本化，改制后公司的实收资本和资本公积相应增加，需要按规定对增加的资金缴纳印花税。而按照土地增值税和增值税有关企业改制重组的规定，目前不缴纳增值税、暂不缴纳土地增值税（表 8-7）。

表 8-7　农垦土地资产化资本化的涉税情况

税种	是否纳税	适用政策规定	政策文件
契税	缴纳	以土地权属作价投资、入股方式承受土地权属，视同土地使用权转让； 以出让方式或国家作价出资（入股）方式承受原改制重组企业、事业单位划拨用地的，不属企业改制重组规定的免税范围，对承受方应按规定征收契税	《关于继续支持企业事业单位改制重组有关契税政策的通知》（财税〔2018〕17 号）
土地增值税	不缴纳	按照《公司法》的规定，非公司制企业整体改制为有限责任公司或者股份有限公司，有限责任公司（股份有限公司）整体改制为股份有限公司（有限责任公司），对改制前的企业将国有土地使用权、地上的建筑物及其附着物（以下称房地产）转移、变更到改制后的企业，暂不征土地增值税	《关于继续实施企业改制重组有关土地增值税政策的通知》（财税〔2018〕57 号）
增值税	不缴纳	在资产重组过程中，通过合并、分立、出售、置换等方式，将全部或者部分实物资产以及与其相关联的债权、负债和劳动力一并转让给其他单位和个人，其中涉及的不动产、土地使用权转让行为，不征收增值税	《关于全面推开营业税改征增值税试点的通知》（财税〔2016〕36 号）
印花税	缴纳	企业改制中经评估增加的资金按规定贴花	《关于企业改制过程中有关印花税政策的通知》（财税〔2003〕183 号）

（二）国有农用地资产化资本化的收费和会计摊销政策情况

根据《中共中央、国务院关于进一步推进农垦改革发展的意见》规定：农垦现有划拨建设用地，经批准办理有偿使用手续后，可以转让、出租、抵押或改变用途，须办理出让手续的，可以采取协议方式。因此，农垦土地资产化资本化过程中也会涉及按规定缴纳土地出让金的问题。其中，农垦划拨的国有农用地采用国家作价出资（入股）方式，不用缴纳土地出让金。

同时，在农垦企业按规定将原生产经营性国有划拨建设用地和农用地作价出资（入股）实行公司制改制后，按照《关于扩大国有土地有偿使用范围的意见》（国土资规〔2016〕20 号）规定："规范国有农用地使用管理。作价出资或者入股土地使用权实行与出让土地使用权同权同价管理制度，依据不动产登记确认权属，可以转让、出租、抵押。"该文件还规定：国家以出让、作价出资或者入股、授权经营方式处置的，考虑农业生产经营特点，合理确定使用年限，最高使用年限不得超过50年，在使用期限内，使用权人可以承包租赁、转让、出租、抵押。因此，按照《企业会计准则》规定，改制后的公司需要将土地使用权确认为无形资产，土地使用权的使用寿命应按照相关法律规定执行。

部分农垦企业国有农用地资产化资本化的税收和摊销政策情况见表8-8。

表8-8 部分农垦企业国有农用地资产化资本化的税收和摊销政策情况

	政策规定	影响
涉税情况	缴纳契税、印花税；不缴纳土地增值税和增值税	税收负担过重，农垦企业难以承受； 海南农垦：全部完成40万亩土地资本化后，预计需缴纳契税13.44亿元
土地使用权摊销情况	国有土地使用权须确认为无形资产，按规定摊销（国有农用地最高使用年限不得超过50年）	影响企业融资信誉、业绩考核和引入战略投资者； 海南农垦：全部完成40万亩土地资本化后，年摊销额约22.4亿元/年

二、相关税费和会计政策对农垦改革的影响

（一）调研农垦企业的国有农用地资产化资本化涉税情况

1. 宁夏农垦

2009年，根据宁夏回族自治区政府两次批复，宁夏农垦集团有限公司对农垦国有划拨土地采用国家出资方式进行了土地资产处置，依照国有土地资产评估结果，作为国家资本金全额注入宁夏农垦集团有限公司。具体看，宁夏农垦以作价出资方式处置土地229宗、面积120.1万亩、总地价79.888 6亿元，按照规定和程序，将220宗115.61万亩土地评估价值75.35亿元注入宁夏农垦集团有限公司。2010年，宁夏农垦集团公司对作价出资的86宗、66.8万亩、价值41.2亿元的土地使用权进行抵押担保，发行农业企业公司债券18亿元。

以作价出资方式处置土地，按照契税3%和印花税0.05%的税率，涉及契税2.396 6亿元，印花税565万元。宁夏农垦报自治区政府请示免征

契税，自治区政府做出"关于免征宁夏农垦集团有限公司土地证过户契税的批复"后，自治区财政厅、地方税务局联合行文《关于宁夏农垦集团有限公司办理土地证过户手续有关契税政策的通知》，免征契税。同时，经自治区财政厅、物价局、国土资源厅批准，免收土地登记费。

2022年，宁夏农垦集团公司针对2009年已作价出资土地的账面资产价值，与现行实际土地价值背离较大的问题，按照政策规定和程序，对农垦集团2009年已作价出资的220宗115.61万亩土地评估价值75.35亿元，重新按照现行土地价格进行了评估，核减审核确认自治区政府项目征占用和移交属地政府土地25宗7.84万亩，最终重新评估土地195宗107.77万亩、评估价值203.46亿元，较2009年时账面资产价值增加128.11亿元。根据自治区自然资源厅《关于宁夏农垦集团有限公司土地资产处置有关意见的函》（宁自然资函〔2022〕221号）和自治区国资委《关于宁夏农垦集团有限公司土地资产处置方案意见的函》（宁国资函〔2022〕33号），将增资部分128.11亿元全部注入宁夏农垦集团有限公司。因不需要重新办理土地使用权变更手续，没有涉及契税和印花税等。

2. 海南农垦

2017年以来，海南农垦在前期会同省直相关部门研究出台的《关于推进海南农垦土地资源资产化和资本化的实施方案》（琼垦改办发〔2017〕4号）基础上，以海南农垦东昌农场有限公司3 555亩农用地开展资产化资本化试点，按照不改变经营性农用地原规划用途的要求，进行土地资产市场公允价值评估，以公允评估价值进行资产入账管理，以土地作价出资（入股）的方式进行处置。累计完成13万亩农用地作价出资，完成入账金额约为119亿元。根据海南农垦产业发展项目用地需求，争取在2025年前，完成垦区资源条件好、价值高、具有产业发展优势的18万亩土地资源的作价出资。因省内没有有关免征契税的特殊政策，根据财政部、税务总局有关作价出资（入股）处置划拨用地的征收契税规定，按契税税率3%计，海南农垦现完成的13万亩资产化资本化农用地已欠缴契税1.45亿元。

（二）调研农垦企业的国有农用地资产化资本化会计处理情况

1. 宁夏农垦

根据《企业会计准则第6号——无形资产》第十九条"使用寿命不确定的无形资产不应摊销"的规定，宁垦政发〔2010〕118号文件明确了

"宁夏人民政府作价出资的土地使用权可长期使用，到期前不进行价值摊销"。对于宁夏农垦不对无形资产进行摊销的做法，当地财政、审计等部门不持异议，国家发改委核准同意宁夏农垦发行企业债券，也未就此事项提出异议。宁夏农垦还存在着以国有出让土地使用权价值入账的问题。按照规定，国有划拨土地使用权价值按照国有出让土地使用权价值的60%计算，但宁夏农垦直接采用国有出让土地使用权价值作为入账依据计入资本公积。自治区审计厅对此不予认可，在2017年进行的专项审计中出具了"违规多计资产"的审计取证单。宁夏农垦依据《自治区党委、人民政府关于进一步加快农垦改革的意见》（宁党发〔2009〕9号）中"给予农垦更优惠的土地政策。依据国有土地资产评估结果，作为国家资本金注入宁夏农垦集团有限公司"进行情况说明，后来专项审计再没有提出类似的问题。

2. 海南农垦

根据海南农垦介绍，土地以作价出资（入股）方式处置后，使用期限由无期限变为50年，土地入账价值须进行直线摊销，直接减少利润（或增大亏损），影响企业融资信誉和业绩考核。其已经以作价出资方式处置的13万亩土地，所涉及的土地使用权的无形资产，已进行了摊销。原因是目前的土地无形资产规模还不大，在按50年期限摊销后，对企业的影响尚不明显。但据海南农垦测算，从未来看，在全部完成18万亩土地作价出资后，土地无形资产年摊销额约为3.6亿元/年，即18万亩×10万元/亩÷50年。每年摊销3.6亿元，对农垦经营利润影响巨大，农垦将难以承受。

（三）国有农用地资产化资本化相关税费和会计政策对调研农垦企业的影响

从调研的海南农垦等企业看，以国家作价出资（入股）方式实行土地资源资本化，将给企业带来很大的税务负担和现金流的压力，不利于推进土地资源资本化。同时，对土地入账价值进行摊销，将直接减少利润（或增大亏损），影响企业融资信誉和业绩考核。由于农垦企业属于盈利水平不高的企业，纳税所需的现金流和土地无形资产摊销带来的盈利减少，都会给企业带来很大负担。（部分农垦企业土地资产化资本化改革中的土地评估价值如表8-9所示。）

表 8 - 9　部分农垦企业土地资产化资本化改革中的土地评估价值

地区	资本化的土地面积 （万亩）	土地评估价值 （亿元）	单位土地评估价值 （万元/亩）
宁夏（2009 年）	120.1	79.888 6	0.665
安徽（2014 年）	63.99	241	3.766
海南（2023 年）	13	119	9
海南（未来预测）	18	162	9

对此，海南农垦也指出，传统农业企业，尤其是橡胶产业处于低谷和亏损周期，土地资产化引起的摊销问题，将大大增加企业成本负担，不能客观地反映海南农垦的改革经营成果，也不利于推动海南农垦的正常经营和产业发展。

三、主要结论

（一）现行相关税费等政策会对农垦企业改制带来一些不利影响

农垦企业国有农用地资产化资本化过程中存在的主要税费和会计政策问题为：一是税收负担重。农垦企业在以国家作价出资（入股）方式实行国有农用地资产化资本化过程中会涉及缴纳契税和印花税的问题。历史等各种客观原因导致农垦人口多、经济社会负担重、经济效益低。企业税收负担重，尤其是缴纳契税缺乏现金流，不利于农垦企业推进国有农用地资产化资本化的改革改制。二是土地摊销压力大。对土地使用权进行摊销，会导致改制后的公司成本费用增加、利润下降、资产收益率降低。农垦企业认为难以正确反映改制后公司的经营成果，且亏损后的财务状况不利于企业开展融资等活动。

（二）有必要制定农垦企业改制相关优惠政策以推动改革

目前，农垦企业国有农用地资产化资本化尚处于试点阶段，为了加快推进农垦企业改革改制，有必要针对现行农垦企业国有农用地资产化资本化中存在的税费负担等突出问题，合理制定相关优惠政策，减轻农垦企业改制的负担，避免对改革形成障碍。同时，对于土地摊销问题，考虑到与划拨之前相比企业增加了成本费用，但也同样获得了资产增加等好处，需要进一步分析土地会计摊销政策对农垦企业改制影响的合理性。

此外，如果现行契税政策和土地会计摊销政策难以专门对农垦进行调整，也需要进一步思考国有农垦企业改制应该在国有农用地上选择什么样的处置方式[①]，以更好地保障农垦企业的健康发展。

第三节 农垦国有农用地资产化资本化的税收和会计政策分析

一、深化农垦改革要求加大税收等政策支持力度

《中共中央、国务院关于进一步推进农垦改革发展的意见》指出：农垦是国有农业经济的骨干和代表、是推进中国特色新型农业现代化的重要力量，强调应深刻认识新时期农垦的特殊地位和重要作用，并从农垦贡献、农业经济发展、保障国家粮食安全、农业国际竞争力和维护边疆和谐稳定等方面进一步进行了具体分析（表8-10）。

表8-10 对农垦特殊地位和重要作用的表述[②]

地位和作用	具体内容
农垦为我国经济社会发展作出了重大贡献	农垦是在特定历史条件下为承担国家使命而建立的，经过60多年的艰苦创业，为保障国家粮食安全、支援国家建设、维护边疆稳定作出了重大贡献。近年来成为国家在关键时刻抓得住，用得上的重要力量。 农垦还存在管理体制尚未完全理顺、经营机制不活，社会负担重、政策支持体系不健全、部分国有农场生产经营困难等问题，迫切需要进一步深化改革
农垦是中国特色农业经济体系不可或缺的重要组成部分	农垦与农村集体经济、农户家庭经济、农民合作经济等共同构成中国特色农业经济体系，是我国以公有制为主体，多种所有制经济共同发展的基本经济制度在农业农村领域的重要体现，是农业农村发展不断取得巨大成就的基本保障，符合我国国情农情和市场经济发展要求，必须长期坚持并不断完善。 农垦农业生产力先进，在现代农业建设中具有独特优势，大力发展农垦经济，对于带动农业农村多种所有制经济共同发展，坚持和完善我国基本经济制度，巩固党的执政基础，具有重要意义

---

① 甘肃农垦是采用授权经营方式处置国有农用地。参见农业农村部农垦局，《全国农垦土地管理利用情况材料汇编》（内部资料），2019年11月。

② 参见《中共中央、国务院关于进一步推进农垦改革发展的意见》。

（续）

地位和作用	具体内容
新形势下农垦承担着更加重要的历史使命	农垦农业生产经营规模化水平较高，综合生产能力强，农产品商品率高，科技成果推广应用、物质装备条件、农产品质量安全水平，农业对外合作等走在全国前列，一些国有农场位于边境地区，在国家全局中的战略作用更加突出。 必须适应新形势新要求推进农垦改革发展，努力把农垦建设成为保障国家粮食安全和重要农产品有效供给的国家队、中国特色新型农业现代化的示范区、农业对外合作的排头兵、安边固疆的稳定器

《中共中央、国务院关于进一步推进农垦改革发展的意见》还明确了新时期农垦改革发展的主要目标：围绕垦区率先基本实现农业现代化、率先全面建成小康社会，加快改革发展。到 2020 年，建立健全适应市场经济要求、充满活力、富有效率的管理体制和经营机制，打造一批具有国际竞争力的现代农业企业集团。建成一批稳定可靠的大型粮食、棉花、糖料、天然橡胶、牛奶、肉类、种子、油料等重要农产品生产加工基地，形成完善的现代农业产业体系。垦区民生建设取得显著进展，职工收入大幅提高，基础设施和公共服务进一步健全，农场社区服务功能不断完善，新型城镇化水平明显提升。为实现上述目标，需要深化农垦管理体制和经营机制改革。其中，推进农垦土地资源资产化和资本化，创新农垦土地资产配置方式，也是深化推进农垦改革的重要内容之一。

由于农业生产的周期长、自然风险和市场风险叠加、生产成本持续走高和经济效益持续走低并存，因此，支持农业生产以及"三农"发展是我国税收优惠政策的基本方向和重要内容。考虑到新时期农垦的特殊地位和重要作用，以及农垦还存在的政策支持体系不健全、部分国有农场生产经营困难等问题，有必要运用税收等政策支持农垦土地的资产化和资本化，进而支持农垦改革。

二、农垦国有农用地资产化资本化的税收政策分析

（一）对重大领域的企业重组改制加大税收政策支持力度已有先例

税收政策在企业重组改制中保持中性，即不对重组改制形成阻碍，是我国制定相关企业重组改制税收政策的基本原则。例如，前文介绍的有关

企业重组改制的契税、土地增值税和印花税等税收政策，就是遵循上述中性原则制定的。同时，为了加快推动部分重大领域的企业改制，税收政策还进一步加以激励，即在上述企业重组改制税收政策基础上制定了更大激励力度的优惠政策。例如，对于经营性文化事业单位转制为企业，财税部门自 2009 年开始相继发布了《关于文化体制改革中经营性文化事业单位转制为企业的若干税收优惠政策的通知》（财税〔2009〕34 号）、《关于继续实施文化体制改革中经营性文化事业单位转制为企业若干税收政策的通知》（财税〔2014〕84 号）和《关于继续实施文化体制改革中经营性文化事业单位转制为企业若干税收政策的通知》（财税〔2019〕16 号）3 个税收优惠政策文件，对其给予支持（表 8 - 11）。

表 8 - 11　现行经营性文化事业单位转制为企业的税收优惠政策情况

优惠政策内容	政策文件
（1）经营性文化事业单位转制为企业，自转制注册之日起五年内免征企业所得税。2018 年 12 月 31 日之前已完成转制的企业，自 2019 年 1 月 1 日起可继续免征五年企业所得税。 （2）由财政部门拨付事业经费的文化单位转制为企业，自转制注册之日起五年内对其自用房产免征房产税。2018 年 12 月 31 日之前已完成转制的企业，自 2019 年 1 月 1 日起对其自用房产可继续免征五年房产税。 （3）党报、党刊将其发行、印刷业务及相应的经营性资产剥离组建的文化企业，自注册之日所取得的党报、党刊发行收入和印刷收入免征增值税。 （4）对经营性文化事业单位转制中资产评估增值、资产转让或划转涉及的企业所得税、增值税、城市维护建设税、契税、印花税等，符合现行规定的享受相应税收优惠政策。 税收政策执行期限为 2019 年 1 月 1 日至 2023 年 12 月 31 日。企业在 2023 年 12 月 31 日享受本通知第一条第（一）、（二）项税收政策不满五年的，可继续享受至五年期满为止	《关于继续实施文化体制改革中经营性文化事业单位转制为企业若干税收政策的通知》（财税〔2019〕16 号）

同时，财税部门也针对部分企业制定过印花税免税政策。根据印花税相关政策可以看到，绝大多数企业在改制中增加的资金账簿资金都是执行《关于企业改制过程中有关印花税政策的通知》（财税〔2003〕183 号）的规定。但对于部分企业而言，其增加的资金账簿资金也享受了特定的印花税免税政策（表 8 - 12）。

农垦土地的资产化和资本化，与农垦企业改制和建设大型现代农业企业集团密切相关。按照税收中性和激励的要求，税收政策同样不应对农垦改革改制形成阻碍，而应该加以激励和促进。实际上，早在《国土资源部关于加强土地资产管理促进国有企业改革和发展的若干意见》（国土资发〔1999〕433 号）中，对于涉及国企的土地制度改革，就提出了"发挥土地资产效益，优化资产结构，减轻企业负担"的要求。在现阶段，考虑到农垦改革改制的重要意义以及农垦企业承受能力弱等现状，更需要参照文化企业改制等领域的税收政策，加大对农垦土地资产化资本化等行为的税收激励。

表 8 - 12　部分企业改制中的印花税免税政策

印花税免税政策	政策文件
为支持中国华润总公司改组工作，针对华润（集团）有限公司、香港康贸发展有限公司与中国华润总公司特殊的产权关系，经研究决定，对因华润（集团）有限公司、香港康贸发展有限公司并入中国华润总公司而增加的实收资本，资本公积应纳印花税给予免征的优惠照顾	《关于免征中国华润总公司有关新增实收资本资本公积印花税的通知》（财税〔2001〕155 号）
对联通新时空移动通信有限公司接受中国联合网络通信集团有限公司南方 21 省、自治区、直辖市的固定通信网络资产而增加资本金涉及的印花税，予以免征	《关于中国联合网络通信集团有限公司转让 CDMA 网及其用户资产企业合并资产整合过程中涉及的增值税营业税印花税和土地增值税政策问题的通知》（财税〔2011〕13 号）
对 2011 年中国移动集团股权结构调整事项中，中国移动通信有限公司（CMC）增加的资本公积、中国移动通信集团公司及其所属公司签署的股权调整协议，免征印花税；对 2011 年中国移动通信集团公司盈余公积转增实收资本增加的资金，免征印花税	《关于中国移动集团股权结构调整及盈余公积转增实收资本有关印花税政策的通知》（财税〔2012〕62 号）
对中国铁路总公司在改革过程中通过控股、参股等与所属企业建立资本关系而增加的资金账簿资金免征印花税	《关于组建中国铁路总公司有关印花税政策的通知》（财税〔2015〕57 号）

（二）农垦土地的特点要求在国有农用地资产化资本化上实行差别化政策

首先，从税收政策看。现行契税的征收主要是针对国有建设用地的土地使用权出让和转让，农村集体土地承包经营权不在土地使用权的转让范围内。随着土地制度的改革，契税开始对农村集体土地（经营性建设用地）的出让和转让征收，并将土地承包经营权和土地经营权的转移排除在征收范围之外。总体看，其方向上仍然是对农村土地（农民集体所有和国家所有依法由农民集体使用的耕地、林地、草地，以及其他依法用于农业的土地）免于征收。

从用途上看，同属于农用地的农村集体土地与国有农用地都是直接用于农业生产，与建设用地之间存在着差别。目前对农垦企业改革改制中涉及的国有划拨农用地，可按需要采取国有土地使用权出让、租赁、作价出资（入股）等方式处置，即采用与建设用地同样的有偿使用方式处置。但国有农用地在资产化资本化后的用途未变，仍然是用于农业生产，因而税收政策也需要充分考虑农垦国有农用地农业生产经营的独特性以及土地价值和收益低的客观情况，对农垦土地与建设用地的资产化资本化在契税等税种上设置差异化政策（表 8-13）。

表 8-13 不同类型土地资产化资本化中的差异

土地类型		生产特点	土地权属转移	资产化资本化后土地用途	土地评估价值
农用地	农村集体土地	农业生产，预期收益相对低	承包经营权和土地经营权转让	农业生产	低
	国有农用地		承包经营权和土地经营权转让、国有土地使用权出让、转让、作价出资（入股）	农业生产	低
建设用地	农业建设用地	与农业生产直接相关，预期收益相对低	国有土地使用权出让、转让、作价出资（入股）	农业生产	较低
	非农建设用地	工矿业、旅游业、住宅、公共设施，预期收益相对高	国有土地使用权出让、转让、作价出资（入股）	非农生产	中，高

其次，从土地资产化资本化后作为无形资产的摊销政策看。长期以来，土地作为农垦的重要生产资料，只作为资源使用，未确认价值和计入资产。农垦国有农用地在资产化资本化后被确认为无形资产入账，要求按现行企业会计准则规定进行摊销，这与建设用地资产化资本化后的处理是相同的。

（三）对国有农用地资产化资本化实施税收优惠政策不会造成不利影响

对农垦国有农用地资产化资本化实施契税优惠等税收优惠政策，在有利于促进农垦加快改革改制的同时，不会对国家税收收入、国有资产、税收政策公平性等方面带来不利影响。

1. 不会造成国家税收收入和国有资产流失

税收优惠政策过多过滥，容易形成税收漏洞进而导致税收收入损失。对农垦国有农用地资产化资本化实施税收优惠政策后，由于农垦和国有农用地的特殊性质，优惠政策会被局限于特定的范围内（农垦土地的作价出资或入股等），难以被其他经济主体运用进行逃税避税。此外，减免的税收收入实际上仍然保留在农垦企业中，有助于促进国有资产的保值增值。

2. 不会导致行业和企业间的税收政策不公平问题

同样的道理，由于税收优惠政策限定在农垦国有农用地的作价出资（入股）等处置方式上，与农场集体土地（农用地）土地权属转移适用相同的免税政策，且与国有建设用地出让等方式的征税之间不具有可比性，因而能够在农业企业方面保持税收政策的公平性，在符合国家税收政策方向的同时也不违背税收公平原则。

3. 从中长期看有助于推进农垦以及相关产业的持续健康发展

制定税收优惠政策的目的是促进农垦改革改制和发展，进而促进整体经济社会发展，与国家实施大规模的减税降费政策类似，尽管短期看会降低税收收入，但从中长期看有助于推进农垦以及相关产业的持续健康发展。

根据前面的测算，如果对农垦土地资本化改革中的契税进行免税，保守估算涉及的契税收入为 540 亿元。这 540 亿元并不会在一年期间产生，且还需要分摊到全国 34 个垦区，假设改革分 5 年完成，则 34 个垦区的各个地方财政平均减收约 3 亿元。因此，实施对农垦土地资本化改革的契税免税政策，对地方财政收入的影响不大。

三、农垦国有农用地资产化资本化的会计政策分析

（一）对国有农用地资产化资本化的无形资产摊销会计政策的理论分析

理论上看，农垦企业改制后土地使用权入账增加了资产，也应按规定对确认的无形资产进行摊销，否则就有虚增资产的风险。同时，由于使用

无形资产而损耗的价值不能合理地归集到费用中，也会出现营业成本不实，不符合会计的配比原则要求的问题。

如果农垦企业改制后上市，作为上市公司，农垦企业同样需要说明无形资产不摊销的原因及其损益影响。结合历年的上市公司年报来看，上市公司将所拥有或控制的无形资产评估为使用寿命不确定的情况并不多见。被评估为使用寿命不确定的无形资产主要是商标和许可证，另外也有少数特许经营权、行政划拨土地使用权以及企业合并取得的品牌。多数上市公司披露的确定使用寿命不确定的无形资产的理由是可以较低的成本申请延期或续期。另外，有少数上市公司披露了期末对使用寿命不确定的无形资产进行减值测试的过程、使用的参数及测试结果等。

部分农垦企业建议土地使用权无形资产不摊销的目的，主要是增加企业利润，以符合在国企经营业绩考核、银行融资等方面的相关指标要求。但就此问题看，不摊销只是在形式上提高了企业经营业绩，能否实质上解决问题存在疑问。如果目的只是业绩考核，可以通过调整考核基准值等方法解决问题；如果目的是进行融资，那么目前进行的农垦国有农用地使用权抵押担保试点，也是可以解决融资问题的。

（二）对农垦企业土地资产化资本化实践中土地摊销实际做法和建议的分析

按照现行会计准则规定，作价出资（入股）的国有农用地使用权应作为无形资产入账，并按照规定的使用年限进行摊销。由于进行无形资产摊销对农垦企业的当期损益影响较大，部分农垦提出了对无形资产不摊销的建议。

具体看，目前实践中对（土地使用权）无形资产不摊销的做法主要为：

一是宁夏农垦在将土地作价作为无形资产入账后直接不进行摊销。考虑其做法较早（2009 年），后续财政、审计等部门以及国家发改委 2010 年核准发行债券时都没有就此做法提出异议。

二是通过将（土地使用权）无形资产确定为使用寿命不确定的情形不摊销。安徽农垦现有各类土地共 96.64 万亩，其中：农用地 74.18 万亩，交通水利用地 16.77 万亩，建设用地 5.69 万亩。截止到 2014 年 4 月底，农垦集团资产总额 81.9 亿元，负债总额 70.2 亿元，资产负债率 85.7%。

2014 年，安徽农垦集团有限责任公司也通过作价出资的方式，对分布在全省 10 个地级市、19 个县的 20 个农场，304 宗、面积 63.99 万亩的土地进行评估，评估价值约 241 亿元。后经省政府及国资部门批准，将土地价值作为国有资本金全部注入农垦集团公司。安徽省国资委就土地作价后资产的会计处理召集相关会计师事务所进行了论证，提出由于农用地没有明确使用年限，根据财政部颁发的《企业会计准则》"使用寿命不确定的无形资产不需要摊销，但在会计期末进行减值测试"的相关规定，将农用地作价作为无形资产入账后可以不摊销。

三是海南农垦集团在《关于请求帮助海南农垦土地资源资产化资本化资产摊销等相关问题的请示》中提出了类似的建议，即根据《企业会计准则》的上述规定，从"实质重于形式原则"理解，建议在《企业会计准则解释》中明确"农业用地是永续的，不改变农业用途的农业用地符合上述条件的土地资产可按核定后的评估价值作为初始价值入账，不摊销"。

上述方法存在的主要问题还是不符合企业会计准则的相关规定。《关于扩大国有土地有偿使用范围的意见》（国土资规〔2016〕20 号）规定，国家以出让、作价出资或者入股、授权经营方式处置国有农用地的，最高使用年限不得超过 50 年。尽管海南农垦提出"农业用地是永续的"，这在土地用途上是可以成立的，但使用年限并不是永续的。因此，只要是按照会计准则的相关规定执行，即"来源于合同性权利或其他法定权利的无形资产，其使用寿命不应超过合同性权利或其他法定权利的期限"，实际上并不能将作价出资（入股）的国有农用地使用权认定为使用寿命不确定的情形。

值得注意的是，部分农垦企业宁愿违规也不对土地进行摊销的做法，表明土地摊销会计政策在很大程度上已经影响到农垦国有农用地资产化资本化的改革，如果这个问题不能明确，与税收问题类似，也会对未来农垦国有农用地资产化资本化的进一步改革构成障碍。

四、基本结论

从农垦的特殊地位和重要作用、重大领域企业重组改制、国有农用地的农业生产性质等方面，以及国内实施减税降费促进经济社会发展的角度看，应对农垦国有农用地资产化资本化中的土地权属转移（不改变用途的国有农用地）给予税收政策支持。同时，对农垦国有农用地资产化资本化实施契税免税等政策，不会导致国家税收收入损失和国有资产流失，不违背税收公平原则，也不会对财政收入产生重大影响。

对于农垦企业而言，土地是农垦发展的基础，是农垦最重要的生产资料。在企业进行国有农用地资产化资本化改革增加了资产总额的情况下，按照现行会计准则的规定，有必要对土地使用权摊销，从而客观反映企业财务状况和经营成果，为财务报告使用者提供更加真实准确的会计信息。但改制后的土地摊销成本与企业其他消耗性资产不同，可能会大幅度影响农垦企业的改革经营成果，因而对于农垦企业因巨额土地摊销成本所提出不摊销的建议也并非不能理解，须引起重视，避免土地摊销会计政策对农垦改革造成阻碍。

第四节　农垦国有农用地资产化资本化的税收和会计政策建议

一、农垦国有农用地资产化资本化的税收政策建议

现行国有农用地资产化资本化过程中涉及的税收政策主要是契税和印花税政策，相应的政策建议如下。

（一）明确农垦国有农用地作价出资（入股）的契税免税政策

按照现行契税政策，农垦企业以作价出资（入股）方式处置原划拨国有农用地的，不属企业改制重组规定的免税范围，应按规定征收契税。建议争取对以作价出资（入股）方式处置原划拨国有农用地免征契税。

根据前文分析可知，基于农垦的重要性和国有农用地的特殊性质，从鼓励农业生产和促进农垦企业改制的角度看，应对农垦企业改制中的国有农用地作价出资（入股）制定特殊税收优惠政策。具体看，建议规定："以作价出资（入股）方式处置原国有划拨农用地的，纳入国家企业改制重组规定的免税范围，予以免征契税。"

（二）争取对国有农用地资产化资本化的新增实收资本和资本公积实施印花税免税政策

现行印花税规定企业改制中经评估增加的资金（新增实收资本和资本公积）按规定贴花，2022年实施的《印花税法》中继续保持对营业账簿

征收印花税的规定。从农垦改革的地方实践看，因国有农用地资产化资本化增加的实收资本和资本公积也是按规定缴纳印花税。

目前印花税也规定：自 2018 年 5 月 1 日起，对按万分之五税率贴花的资金账簿减半征收印花税。因此，在 2018 年 5 月 1 日后实施农垦改制新增实收资本和资本公积应缴纳的印花税也会降低。

但根据前面分析可知，财税部门在有些企业改制中也出现过对于部分企业新增资金给予印花税免税的情况，且对文化行业等企业改制在现行一般性重组改制政策基础上还给予了更为优惠的税收政策。因此，基于农垦改制的特殊性，也可考虑积极争取印花税免税政策。

二、农垦国有农用地资产化资本化的会计摊销政策建议

国有农用地资产化资本化的土地摊销政策目前面临着两难问题。在企业进行国有农用地资产化资本化增加了资产总额的情况下，按照现行会计准则的规定，有必要对土地使用权摊销，从而客观反映企业财务状况和经营成果，以及给财务报告使用者提供更加真实准确的会计信息。如果不按照会计准则进行无形资产摊销，农垦企业存在着违反规定的问题。而如果进行无形资产摊销，改制后的土地摊销成本与企业其他消耗性资产不同，可能会大幅度影响农垦企业的改革经营成果，农垦企业又会面临经营收益大幅度下降乃至亏损的问题。

对此，建议根据农垦国有农用地资产化资本化的不同进展情况，分别采取不同的应对办法。

（一）国有农用地资产化资本化处于局部试点的情况：建议对国有农用地进行会计摊销

目前，农垦国有农用地资产化资本化仍然处于试点阶段。如果只是试点而不是在全部农垦企业范围进行推广的话，在目前国有农用地资产化资本化的规模还不大、只涉及少数农垦企业的情况下，要求调整会计准则的条件尚不具备，现阶段直接向政府相关部门提出修订要求的难度较大。

对于改革涉及的农垦企业，也可以分情况进行具体处理。对于部分具备条件的农垦企业，在涉及的土地摊销金额不大的情况下，应按照会计准则规定进行无形资产摊销，避免违规。例如，目前海南就是采用这种处理办法。而对于部分不愿意进行摊销的农垦企业，也允许其在地方采取相关

措施，争取获得省内相关部门的同意。如早期进行改革的宁夏农垦，就采用了不摊销的做法。

对于按照会计准则规定进行无形资产摊销的农垦企业，为了在不干扰会计准则有效执行的基础上，充分利用土地资源这一优势，可通过调整农垦财务统计和业绩考核规定、合理选择融资方式等措施，尽可能地减少高额土地摊销成本给农垦企业在业绩考核和融资信誉等方面带来的负面影响。

1. 调整对农垦企业的财务统计和业绩考核规定

在进行有关农垦经营状况情况统计时，可以分土地摊销和不摊销两种情况来进行核算，这样能够将土地资本化改革对农垦企业经营收益的影响在相关财务指标上反映出来。同时，在现有国有企业或国有农垦企业考核办法的基础上，对于实施国有农用地资产化资本化后的农垦企业，应充分考虑企业在土地摊销后带来的财务指标变化情况，对相关评价指标进行相应调整，客观评价农垦企业经营业绩。

2. 农垦企业合理选择融资方式

农垦企业在国有农用地资产化资本化后，实际上仍然可以充分探寻合理的土地资产融资方式，如陕西农垦发行债券等。再以海南农垦为例，2019 年"海垦控股集团土地承包资金支持专项计划"在上海证券交易所挂牌，这是全国首单以国有土地租金收益权为基础资产的资金支持证券产品。2020 年海垦集团又在深圳证券交易所成功发行 2020 年第一期公司债券。上述实践，可以为农垦企业实施土地资产化、资本化、证券化，进一步盘活农垦土地资源进行融资提供相关思路。

（二）国有农用地资产化资本化处于全面推广的情况：建议争取对国有农用地的会计摊销给予例外处理

如果我国明确了对农垦企业实行国有农用地资产化资本化的全面改革，在这种情况下，就必须考虑土地摊销对农垦企业带来的相关影响。考虑到农垦企业和国有农用地的特殊性，即使对农垦企业实行特殊的会计摊销政策，对其他企业也难以构成会计政策上的不公平等问题。为了避免土地无形资产摊销成为改革的障碍，应向有关部门提出修订会计准则规定的建议，争取在会计摊销政策上给农垦企业一个出口。即在会计准则中对国有农用地的土地使用权无形资产摊销问题进行特殊规定，并允许农垦企业选择是否进行摊销。

三、其他政策建议

调研中部分农垦企业也提出：农场改制、改名后，涉及原来的土地权证换发的问题。但换证的时候，政府要求将土地从划拨转为出让，农场难以承担需要缴纳的契税和土地出让金等税费。考虑到土地从划拨转为出让，与作价出资（入股）、授权经营方式处置不需要缴纳土地出让金存在差别，企业的税费负担过重，建议地方政府和财税部门就农垦企业的土地出让金和契税等缴纳问题出台延迟纳税的政策，在能够保证财政收入不流失和企业及时办理土地权证的条件下，允许农垦企业缓缴相关契税。

第九章

农垦国有农用地使用权抵押担保的
实践及其完善建议

第一节　农垦国有农用地使用权抵押
担保试点的主要做法

《中共中央、国务院关于进一步推进农垦改革发展的意见》围绕建立健全适应市场经济要求，充满活力、富有效率的农垦管理体制和经营机制要求，提出有序开展农垦国有农用地使用权抵押、担保试点。2016年，农业部组织开展深化农垦改革专项试点工作，共有10个垦区开展了国有农用地使用权抵押担保试点，取得了一些阶段性成果。

一、强化组织政策引领，保障试点工作顺利推进

（一）积极出台相关政策，细化试点工作方案

开展国有农用地使用权抵押担保专项试点在各试点地区均为"摸着石头过河"，并无实践经验可循，也缺乏具体的政策及办法作为实施依据。为此，各地区农垦管理部门与试点农垦单位高度重视，积极出台相关政策并制定具体工作方案，对推进试点工作起到了关键作用。

其一，出台省级引领性政策，确保试点有策可依。各地省级政府层面积极出台推进国有农用地资产化资本化的引领性政策，并将有序推进国有农用地使用权抵押担保试点的内容纳入其中，确保试点农垦单位在实践中有政策依据。如海南、河南等地省级政府出台推进新一轮农垦改革发展实

施意见，明确表示要"有序开展农垦国有农用地使用权抵押、担保试点"。广西壮族自治区政府更是出台农垦国有土地资源资产化资本化具体实施方案，明确指出"创新农垦国有土地抵押、担保等融资方式"。此外，辽宁省政府出台意见，表示"鼓励和支持国有农场开展农用地使用权抵押、担保试点工作"，并出台专项试点实施方案，细化国有农用地使用权抵押担保试点的具体目标与内容。

其二，制定详细工作方案，明确试点推进流程。试点开展以来，多地试点农垦单位在实践中积极出台具体工作方案，明确国有农用地使用权抵押担保的推进流程。如河南淮滨县农场结合地区实际，研究制定《淮滨县农场开展国有农用地使用权抵押、担保改革专项试点工作方案》，明确了农场国有农用地使用权抵押担保试点工作的工作原则、目标任务、方法步骤和责任分工等内容。又如江西省农垦办和承担试点任务的农垦单位对标专项试点任务书，制定了详细的工作方案。

（二）推动成立工作小组，确保方案实施落实

为加强对农垦改革专项试点工作的组织引领，实践中各农垦地区积极成立改革专项工作领导小组，为试点工作提供制度保障。具体而言，河南垦区淮滨县委、县政府成立由常务副县长任组长，县国土、财政等相关部门主要负责人为成员的淮滨县农场开展国有农用地使用权抵押、担保改革试点工作领导小组。江西省农垦办和承担试点任务的农垦企业均成立了深化农垦改革专项试点工作领导小组及办公室，明确工作人员及其职责分工。同时，积极向人民银行南昌中心支行、省政府金融办以及当地党委、政府工作报告，连续两年召开全省农垦改革专项试点工作推进会，对试点任务进行布置、督导、检查。广西农垦农场抽调精兵强将，成立试点推进领导小组。其中，由农垦场长挂帅，统筹推进国有农用地抵押担保工作，农场土地管理科、休闲农业基地办公室具体负责工作办理，其他部门根据分工相互支持、密切配合。

二、加强部门沟通协调，争取金融机构支持认可

（一）主动对接相关部门，完善抵押工作机制

国有农用地使用权抵押担保本质上属于不动产产权担保业务，为成功实现其抵押担保办理流程，需要地方农垦局、金融机构、评估机构、测绘

机构、国土资源局、不动产登记部门等多个主体参与，涉及部门较多，政策衔接相对复杂，各试点农垦单位在实践中学透用好现有政策，加强部门之间协调，积极争取地方政府和有关部门的支持。

其一，学透用好现有政策，破解相关部门顾虑。由于从未受理和办理过类似的抵押担保业务，也无现成的经验可借鉴，加之对于政策理解和认识的不一致，实践中有的部门并不愿意受理试点农垦单位关于国有农用地使用权抵押担保贷款事项。如广西农垦在开展国有农用地使用权抵押担保贷款时，桂林市阳朔县国土局最初并不予受理良丰农场国有农用地使用权抵押担保贷款的审批事项。办理过程中，良丰农场相关负责人学透用好现有政策，深挖有关文件找到相关依据，积极与有关部门沟通协调；同时，阳朔县国土资源局相关领导及经办人员主动到市局咨询协调，帮助解决手续办理中的难题。经过多次沟通和对接，国土部门领导和经办人员在进一步了解政策、明晰要求的情况下，最终放下包袱和顾虑，全力支持良丰农场办理相关手续。

其二，明确不同部门分工，完善抵押担保工作机制。实践中，各试点单位积极推进部门间的沟通讨论，明确不同部门在抵押贷款办理流程中的职能分工，为推动抵押担保试点成功提供保证。如辽宁大洼农垦集团有限公司邀请所在市县国土资源局、不动产交易中心、金融机构、评估公司对国有农用地使用权抵押、担保试点工作进行座谈，根据国有农用地抵押担保新型功能，就抵押办理程序、价值评估、抵押物处置机制等环节进行了深入探讨，研究解决推进试点工作的前置性政策和技术难题的路径，健全完善国有农用地抵押担保工作机制，为试点全面推进扫清路障。

（二）积极接洽金融机构，获取金融机构认可

国有农用地抵押担保融资成功的关键在于获取资金供给方对于抵押标的物的认可，各试点农垦单位积极接洽金融机构，疏解困扰金融机构的相关政策谜团，并以优良项目为载体，增加金融机构贷款供给的积极性。

其一，主动接洽金融机构，疏解抵押政策谜团。实践中，各试点农垦单位依托一定期限的国有农用地使用权，主动接洽金融机构，疏解困扰金融机构的以国有农用地使用权作为抵押标的物的政策谜团，并充分探讨机

制设置难题的解决路径，为推动抵押担保试点成功提供保证。如辽宁大洼农垦集团就国有农用地使用权抵押贷款合作事宜积极与大洼恒丰村镇银行洽谈，探讨解决推进试点工作的前置性政策和技术难题的路径，就贷款利率达成共识。甘肃农垦加强与金融机构的沟通合作，分别与中国建设银行、中国农业银行、兰州银行签署了合作框架协议，与农行甘肃省分行签订债务减免协议。河南省淮滨县农场在县领导小组的直接领导下，主动向县委县政府汇报，和县政府各职能部门协调与配合，积极对接金融机构，累计融资 960 万元。

其二，依托优良项目建设，增加银行授信积极性。除国有农用地使用权外，试点农垦单位还以建立在抵押标的物上的优良项目的发展定位和市场前景为载体，增加金融机构供给国有农用地抵押担保融资资金的积极性。如广西农垦良丰农场在积极对接桂林银行时，以旅游休闲观光农业项目为载体，多次与银行相关负责人沟通，详细介绍项目有关资源禀赋、发展定位、市场前景，陪同银行相关负责人深入施工现场调查，努力取得银行的认可，不仅在利率上取得了较大优惠，而且还围绕在银行客户端进行展示、宣传、体验、销售等达成了合作共识。

三、明晰抵押标的权属，完善具体环节实施办法

（一）完成土地确权颁证，明确产权权属关系

良好的抵押担保品需要拥有包括权属明晰、产权价值稳定便于评估等在内的良好性质。推进国有农用地使用权抵押担保融资试点时，具体的机制环节设置便需要从完善上述特征展开。其中，完成农垦国有土地使用权确权登记发证，确保其产权归属明晰，是开展农垦国有农用地抵押担保试点的前提。实践中，承担试点任务的农垦单位大力推动土地确权登记发证，尽早地完成了土地发证或换证工作，为推进国有农用地抵押担保奠定了基础。如辽宁省大洼农垦集团有限公司根据土地价值评估结果和拟获取的贷款额度，计算出拟抵押贷款的耕地面积，经不动产交易中心审核后，完成原有土地使用权证书"大证"的分割工作。河南淮滨农场及时划定与周边农民集体土地边界，开挖了宽 4 米、深 3 米的界线沟，埋入界线桩，栽植特色界线绿化带，明晰了土地使用权。江西共青垦殖场对国有农垦土地及养殖水面进行不动

产产权确权登记发证，已完成 1.12 万亩国有土地发证工作，完成率达 94.3%。

（二）合理制定评估办法，显化土地资产价值

农垦国有农用地地价评估，是农垦企业在金融机构成功融资、显化土地资产价值的保障。只有各参与主体就农垦国有农用地评估作价的方法等达成一致，保证评估金额得到农垦企业与金融机构的共同认可，才能促成金融机构与农场签订相应的借款合同或抵押合同。实践中各试点单位经过探索逐渐形成了根据土地差异化特征进行价值评估的方法，并力争消除农用地与其他地类的认识差异，争取评估价值最大化。

其一，根据特征差异评估作价，实现土地资源变资本。国有农用地使用权评估价值的高低，直接关系到抵押贷款授信额度的多少，各试点单位依照地区实际，运用科学方法，测算各级别、各类型国有农用地价格，为国有农用地出让、租赁、作价出资或入股价值评估打下坚实基础，也为国有农用地转让、出租、抵押担保等价值评估环节提供参考。如河南省淮滨县农场对 7 834 亩农用地按不同区位、不同区域、不同价格进行评估作价，评估作价总金额 3.7 亿元，作为注册资金本金，实现土地资源变资本。陕西华阴农场与陕西正衡房地产土地评估有限责任公司合作，对 518 亩土地进行评估。

其二，消除地类认识差异，争取评估价值最大化。由于农用地在价值评估方面具有天然的弱势性，实践中部分试点单位力争国土部门对土地评估区别于普通农用地地类认定，争取评估价值最大化。如广西良丰农场用于抵押贷款的 910 亩国有农用地，自 1954 年成立以来都用于柑橘等经济农作物种植，在国有土地使用证上登记为"综合用地"。但是，该土地在土地利用总体规划、全国第二次土地调查图中均为"农用地"，所以国土部门在地类认定时也将其作为一般农用地来处理。但是按当地国有划拨农用地评估价，最多为 60 000 元/亩。为实现土地评估价值最大化，良丰农场仔细研究分析"综合用地"概念，结合相关政策以及综合用地操作实际，说服评估单位和国土部门，同意对其区别于普通农用地地类认定进行土地评估，最终土地评估价为 117 333 元/亩，比按纯农用地评估高出近一倍，为尽可能多地争取贷款提供了保障。

第二节 农垦国有农用地使用权抵押担保试点的实践模式

试点以来，各地区试点农垦单位积极探索国有农用地使用权抵押担保融资的有效实现路径，并在多个地区形成了具体的成功案例。依据试点地区的具体做法，按照融资类型主要分为间接融资与直接融资两种模式。

一、以银行抵押贷款为主的间接融资模式

间接融资即金融中介化，指以银行等金融机构作为中介的资金融通方式。在国有农用地抵押担保试点中，间接融资模式主要指以国有农用地作为担保标的物，向银行申请抵押贷款。实践中，主要取得以下两点成效：

一是形成相对完善的国有农用地抵押贷款流程。综合部分农垦开展的较为系统的国有农用地抵押贷款办理流程，农垦农场与金融中介机构设立国有农用地抵押贷款合同大致需要历经8个步骤（图9-1）。

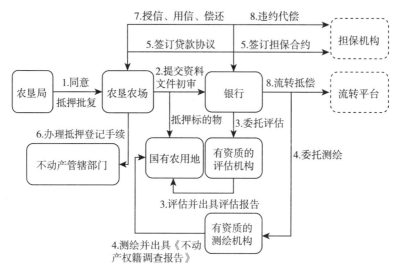

图9-1 农垦国有农用地抵押贷款办理参与主体及办理流程

步骤为：第一，试点农垦单位取得当地农垦局同意国有农用地抵押贷款的批复文件。第二，试点农垦单位将批复文件和拟用于抵押的国有农用地的相关证件、资料提交给银行初审。第三，银行初审通过后，委托有资

质的评估机构对拟抵押国有农用地进行评估，并出具评估报告，作为贷款授信的依据。第四，根据不动产登记相关规定，银行委托有资质的专业测绘机构对抵押土地进行测绘，出具《不动产权籍调查报告》，作为办理不动产抵押登记的依据。第五，试点农垦单位协调银行部门，双方签订贷款协议，同时可引入第三方担保主体并与之签订担保合约。第六，试点农垦单位与银行持抵押登记相关资料到国土局不动产管辖部门办理国有农用地抵押登记手续。第七，抵押登记审批完成后，银行给予本次贷款的授信额度。在试点农垦单位用信过程中，所申请的抵押贷款可一次性放款，也可根据农场资金需求或项目进度申请额度放款，利息按每次放款额度计。贷款到期后，由试点农垦单位负责偿还本息。第八，当出现违约情况时，金融机构获得国有农用地的使用权，并通过农垦土地交易平台处置标的物获得资金本息抵偿，同时根据合同的差异性可能还涉及第三方担保主体承担一定比例的本息赔付。

二是形成多元国有农用地创新抵押贷款模式。从政策目标来看，国有农用地抵押担保试点的目标为探索在保证国有农用地性质和用途不改变的前提下，将一定年期的农用地使用权抵押担保，盘活农垦农用地资源，增强农用地资源效能和融资能力。因此，实践中部分地区采用国有农用地使用权直接抵押的模式申请贷款。此外，为增强抵押标的物的评估价值以及分担银行所承受的违约风险，以提高银行给予农垦农场的贷款授信额度，部分地区分别从抵押标的物的外部增信与内部增信两种途径出发形成了"国有农用地使用权＋第三方担保"以及"国有农用地使用权＋土地承包应收账款质押"的创新模式。具体而言，其一，国有农用地使用权直接抵押模式。实践中，部分地区直接以国有农用地使用权作为全部标的物向银行申请贷款。如广西农垦良丰农场顺利实现以910亩国有划拨农用地使用权作抵押向桂林银行贷款，获取5年期较低利率项目贷款4500万元，其中项目建设贷款3500万元、流动资金贷款1000万元，解决了农场旅游休闲观光农业项目建设资金问题。辽宁盘锦大洼农垦新兴农场有限公司用320亩国有农用地使用权作抵押，获取贷款500万元。其二，"国有农用地抵押使用权＋第三方担保"创新模式。实践中为分担银行所承受的违约风险，部分地区引入了第三方担保主体。如海南农垦以33万余平方米国有农用地使用权抵押贷款300万元，在签订抵押贷款合约的同时引入第三方担保主体作为本笔贷款的还款保证，担保主体以其自有的资金和合法资产保证企业按期归还贷款。若贷款违约行为发生，由该主体承担一定比例的贷款赔付。其三，"国有农用地使用权＋土地承包应收账款质押"创新模式。实践中，为增强抵押标的物的评估价值，部分试点单位除国有农用地使用权外，还质押了土地承包应收账款合同。以河南黄泛区实业集团为例，其主要资产只有租赁给职工的 11 万亩国有划拨农业用地，缺少抵押物一直是集团高标准农田建设的融资瓶颈。2015 年，河南黄泛区农场为增强担保标的物的评估价值，除抵押国有农用地的使用权外，还配以土地承包经营协议项下应收账款质押，并通过"主体垫资、银行贷款、财政补助"的模式，获得国开行河南省分行授信额度 6 200 万元，用于开展 7 万亩高标准农田建设，改变了过去高标准农田建设资金来源单一、项目推进缓慢的缺陷，直接带动集团实现粮食增产 1 万吨/年、农户增收 290 元/亩、节约用水 300 立方米/年。其中，"主体垫资、银行贷款、财政补助"的模式指河南黄泛区实业集团负责偿还贷款和垫付项目总投资 1/3 的资本金，国开行河南省分行负责为黄泛区集团提供总投资 2/3 的中长期贷款；项目建成后，中央财政农业综合开发资金以先建后补的方式，对黄泛区集团垫付的资本金（总投资的 1/3）给予全额补助。此外，河南黄泛区农场塔吉克斯坦农业产业链项目（境外企业），也通过土地抵押和以土地承包合同项下应收账款提供质押的方式，从国开行河南省分行取得 3 000 万美元借款，支持境外企业发展。

二、以资产证券化为主的直接融资模式

直接融资是间接融资的对称，指没有金融中介机构介入的资金融通方式，以股票、债券为主要金融工具。在国有农用地使用权抵押担保试点中，主要指以国有农用地使用权作为标的物担保，以其可以带来的预期收益为保证，通过在资本市场发行债券来募集资金的融资模式。实践中，主要取得以下两点成效：

一是实现多个国有农用地证券化创新产品设计。实践中，为释放国有土地的价值，让资本的"活水"顺利"流入"实体经济，多地试点农垦单位积极探索国有农用地资本化、证券化的有效实现途径，并形成了多个有效产品设计的成功案例。如其一，宁夏农垦顺利发行 18 亿实名制记账式

公司债券。早在 2011 年，宁夏农垦为建设奶牛养殖基地、30 万亩葡萄种植基地等项目，在得到国家发改委、中国证监会、中国人民银行正式核准后，采取土地使用权抵押担保方式，成功发行为期 7 年的实名制记账式公司债券，共募集 18 亿元资金，年利率为 7.1%。该项债券成为当时全国农垦系统中发债规模最大的一支。债券的成功发行，有力地促进了集团公司资本结构的优化调整，从根本上缓解了企业的营运压力，特别是缓解了葡萄和奶牛产业发展上的资金压力。其二，海南农垦顺利发行基于企业土地承包金的 5.5 亿资产抵押债券。2019 年 10 月，为建设农垦"八八"战略①确定的耕地开垦、30 万头生猪全产业链、100 万只蛋鸡等骨干产业项目，海南农垦在上海证券交易所以其每年对海胶集团承包的 258.29 万亩土地享有的对应承包金及其他应收款项的合同债权及其从权利作为基础资产，成功挂牌发行"工银瑞投—海垦控股集团土地承包金资产支持专项计划"，成为全国首单以国有土地租金收益权为基础资产的资产支持证券产品（ABS）。该项计划共有 6 个品种，分别为专项计划优先级资产支持证券 01 至 05、专项计划次级资产支持证券，累计发行规模 5.5 亿元，期限 3＋2 年，优先级证券加权平均利率为 3.98%（最低 3.5%，最高 4.2%），属同期同类产品中发行成本较低的产品。此外，该产品设置了优先/次级结构、现金流超额覆盖、差额支付承诺等多项增信措施，专业机构将其优先级的信用等级评定为最高的债项 AAA 级，增强了产品对投资者的吸引力。其三，广西农垦顺利发行面向职工和农户土地承包金的 10.5 亿资产抵押债券。2020 年 10 月，广西农垦在上海证券交易所以其每年从近万名农垦职工及农户处取得的土地承包租金收入作为基础资产，成功挂牌发行"国开—广西农垦土地承包费资产支持专项计划"，成为全国首单面向农户的农村土地承包费 ABS。该专项计划优先级规模 10 亿元，产品期限 10 年，票面利率 5.10%，获 AAA 评级；次级规模 0.5 亿元。上述两种以合同债权发行资产支持证券的思路不仅可以继续应用于海南农垦、广西农垦等剩余庞大土地资源，对全国范围内探索国有土地证券化也具有借鉴参考意义。

---

① 指发展天然橡胶、热带水果、热带作物、草畜养殖、南繁育种、旅游健康地产、商贸物流、金融服务等八大产业，建设桂林洋国家热带农业公园、万宁槟榔城、五指山金江茶文化产业园、红光草畜产业园等八大园区。

二是有效增强国有农用地资源效能和融资能力。各试点单位对于土地证券化的探索，有效地增强了国有农用地的抵押担保融资能力，为企业的发展提供了多元融资渠道，大力支持了农垦企业项目建设与发展。具体而言，其一，有效增强国有农用地担保融资能力。由于在直接融资模式中，资金供给者较为分散，风险也由众多投资主体承担，不像间接融资模式下风险积聚在银行部门，其募集资金规模一般较抵押贷款大，大规模盘活了农垦农用地资源，增强了农用地资源效能和融资能力。如海南农垦标的规模 258.29 万亩国有农用地，在证券市场获得融资规模 5.5 亿元；广西农垦土地承包费资产支持专项计划也获得 10.5 亿元的融资规模。相对而言，以抵押贷款为代表的间接融资规模一般在亿元级以下（表 9-1）。其二，为企业发展提供多元融资渠道。以海南农垦为例，以国有土地承包金进行资产证券化融资，不占用企业净资产 40% 的发债额度，不影响发行其他债务融资工具，且发行利率低于传统银行贷款融资成本（优先级加权平均利率仅为 3.98%），可成为企业一项长期、持续、定期发行的补充融资工具，对企业发展具有重要意义。其三，资金灵活支持企业项目发展。通过国有农用地证券化直接融资模式募集的资金，可以运用农垦企业在其他项目中的承包金收入作为担保融得资金，用于支持农垦企业的其他项目发展，以增强农垦经济实力与内生发展动力。如海垦集团募集资金主要用于"八八"战略确定的南繁育制种、草畜养殖、热带作物等重点产业项目和园区建设，将既有土地资源优势转换为产业发展的资产资本优势，所募集的资金可灵活地用于支持海垦集团产业优化升级，建设热带现代农业的大基地、大企业、大产业，培育和打造一批具有市场竞争力的产业集团，推动海南农垦在海南自贸试验区（港）建设中实现高质量发展。

表 9-1　部分地区农垦农用地抵押担保融资类型实践现状

地区	融资类型	
	直接融资	间接融资
广西农垦（合计 2 笔）	标的规模：以农垦职工与农户的承包地租金为标的物； 融资额度：10.5 亿元； 利率期限：10 年期 5.10% 利率	标的规模：910 亩国有农用地； 融资额度：项目贷款 4 500 万元，其中项目建设贷款 3 500 万元、流动资金贷款 1 000 万元； 利率期限：5 年期较低利率

（续）

地区	融资类型	
	直接融资	间接融资
河南农垦 （合计3笔）	暂无相关信息	标的规模：国有农用地使用权＋合同未来收益； 授信额度：960万元；6 200万元/3 000万美元 利率期限：中长期贷款
海南农垦 （合计2笔）	标的规模：258.29万亩国有农用地； 授信额度：5.5亿元； 利率期限：3＋2年期，优先级证券加权平均利率为3.98%（最低3.5%，最高4.2%）	标的规模：33万平方米国有农用地＋第三方担保； 授信额度：300万元
宁夏农垦 （合计数笔）	标的规模：国有农用地； 授信额度：18亿元； 利率期限：较低利率	暂无相关信息

第三节　农垦国有农用地使用权抵押
担保试点的现实困境

虽然国有农用地使用权抵押担保试点在盘活农垦土地资源、增强土地资源效能与融资能力方面形成了一定的成功案例，取得了一定的成效，但也的确存在着一些无法回避的现实困境。具体表现为以下三点。

一、农垦国有农用地使用权抵押担保的"三低"困境

从各地试点单位国有农用地使用权抵押担保成功案例数据来看，目前全国农垦土地要素与金融要素的结合还主要停留在"数笔"的象征性层面（见本章第二节表9-1），金融要素与农垦国有农用地要素结合的比例还很低，未能有效形成规模化效应，效果低于预期目标。主要表现如下。

（一）抵押融资规模占土地资产总规模比例较低

依据试点数据来看，试点农垦单位成功用于抵押担保的国有农用地规模占土地总规模的比例较低，利用国有农用地抵押担保获取融资金额的规模占实际土地资产化资本化规模的比例也较低。具体而言，其一，成功抵押规模占农用地总规模比例低。数据显示，广西农垦、海南农垦、辽宁农

垦等省级试点单位在国有农用地确权发证实践中已确权登记的农用地规模均处于数十万亩级别。然而，从试点重点国有农用地抵押贷款数据来看，实践中成功获取抵押贷款的国有农用地使用权规模大多处于百亩级别。如广西农垦成功获取国有农用地抵押贷款的土地规模仅为910亩，海南农垦成功抵押的农用地规模仅为33万余平方米（497亩），辽宁盘锦大洼农垦新兴农场成功获取抵押贷款的国有农用地规模也仅为320亩。可见，成功用于抵押的国有农用地规模占比还处于非常低的水平。其二，抵押获取融资规模占土地资产化资本化规模比例低。数据显示，省级农垦在国有农用地作价入股或资产化资本化的规模大多处于百亿元、数十亿元级别，单个试点农垦单位作价入股的规模也在数亿元级别。然而，同样从试点重点国有农用地抵押贷款数据来看，实践中成功获取的国有农用地使用权抵押贷款规模仅处于百万元级别。如以海南农垦为例，2017年至2019年，其土地要素资产化资本化快速发展，累计实现土地资产化资本化28.81万亩，土地入账金额达198.4亿元，但是通过国有农用地抵押贷款规模仅为300万元，占比低至可忽略不计。即使纳入直接融资规模，海南农垦抵押担保融资规模为5.53亿元，占农垦土地直接资产化资本化总额的比例也不足3%。又如河南省淮滨县农场对7 834亩农用地按不同区位、不同区域、不同价格进行评估作价，评估作价总金额3.7亿元，但目前也仅累计融得960万元国有农用地使用权抵押贷款，占比2.6%。又如海南农垦抵押的497亩国有农用地，第三方评估价格达2 570万，但仅获得300万融资，折价率高达88.33%。

（二）抵押融资规模占融资规模总额比例较低

依据试点单位的融资情况来看，实践中农垦农场一般具有较为丰富的融资渠道，以国有农用地使用权抵押担保获取融资的规模占农垦农场获取的全部外源融资规模的比例较低。如海南农垦土地资产化资本化中通过金融渠道融资的金额，仅相当于2019年海南农垦集团筹资活动现金流的4.56%。宁夏农垦负责人也表示，目前集团内部融资基本没有使用国有农用地抵押，贷款性质都属于集团信用担保贷款。此外，根据广西农垦年度审计报告数据，以其报告中显示的122项重要在建工程项目的资金来源渠道情况来看，项目资金即使是源于金融机构贷款融资的项目数也仅为5笔。

（三）单位国有农用地抵押融资授信规模较小

依据试点数据来看，除广西良丰农场用于抵押担保的国有农用地按照"综合地块"类评估价值为 175.99 元/平方米（117 333 元/亩）外，试点农垦农场利用单位国有农用地抵押担保获取融资金额大多不足 25 元/平方米（1.67 万元/亩），远低于利用单位建设用地获取的贷款融资规模。如海南农垦间接融资方面，利用 33 万平方米国有农用地，获取抵押款授信额度 300 万元，约合 9.10 元/平方米（6 666.67 元/亩）；直接融资方面，利用 258.29 万亩国有农用地获取融资额度 5.5 亿元，约合 0.32 元/平方米（212.94 元/亩）。又如，辽宁盘锦大洼农垦新兴农场有限公司用 320 亩国有农用地使用权作抵押，获取贷款 500 万元，约合 23.43 元/平方米（1.56 万元/亩）。

二、部分垦区推动国有农用地抵押担保动力不足

从财务管理角度分析，试点农垦单位开展国有农用地使用权抵押担保试点动力不足的主要原因有以下三点。

（一）制度性成本过高

1. 部门责任分工不明确

根据前述实践案例分析，国有农用地使用权抵押担保融资的实现可能需要涉及地方农垦局、金融机构、评估机构、测绘机构、国土资源局、不动产登记部门等多个部门。然而，诸多单位在探索初期并不清晰办理业务时所涉及的相关审批部门，政策研究、学习以及沟通成本较高，进而抑制了各农垦单位开展试点的积极性。

2. 跨部门沟通成本较高

即使明确了业务相关的审批部门，也会由于不同市县政府部门对农垦土地抵押的审批程序以及政策理解不一致，在不同部门办理抵押手续的时候出现诸多政策性障碍，导致试点农垦单位开展国有农用地抵押担保的制度性成本较高，进一步抑制其推进试点的积极性。

（二）缺乏较好的投资机会

融资是一个企业的资金筹集行为与过程，其主要目的是防止在寻求新投资项目机会时出现资金短缺现象，以促进企业自身经济实力的发展壮大。然而，受制于行业发展、企业自身规划等因素，并非所有的试点农垦单位都一直存在较好的投资机会。以海南农垦为例，其 60% 左右的营业

收入来自天然橡胶产业。但是，一方面，近年来受国际市场价格持续低位运行影响，天然橡胶上下游产业链缺少较好的投资机会，导致海南农垦没有通过融资进一步扩大主营业务的诉求。另一方面，其新培育的林下经济等产业尚处于起步阶段，对资金的持续需求及吸纳能力均较弱。

（三）具有充足的资金来源

1. 内部资金来源相对充足

近年来，我国各级农垦部门深入推进垦区集团化、农场企业化改革，推动农垦事业不断取得新进展。据农业农村部统计，截至 2022 年底，全国农垦企业资产总额达到 1.61 万亿元，实现营业总收入 7 981 多亿元，积累了较为充裕的内源资金。以 2022 年海南为例，海南农垦资产负债率仅为 32％，实现利润总额 13.92 亿元，内部具有充裕的资金。

2. 外源资金来源渠道充足

近年来，广西农垦、宁夏农垦、海南农垦等集团的信用等级在稳步提升，主体评级逐渐从 A 级一直提升到 AA＋级，前述两个专项资金计划也均被评级为 AAA 级别，且还有很大的提升空间。此外，各农垦集团充分发挥农垦组织协调优势和政策性金融的优势，重点在现代农业生产等方面精准发力，积极探索统一授信、贷款贴息、投贷联动、风险补偿基金等融资模式。随着一系列配套金融政策的陆续出台，各农垦企业整体实力、资本金、融资能力和授信能力大大提高，资金来源渠道相对丰富。事实上，即使不配套国有农用地使用权作为抵押担保品，也能获取相对充裕的授信资金来源。如根据广西农垦年度审计报告数据，占据前三的项目资金来源渠道为自筹、财政以及自有资金。又如宁夏农垦，调研中相关负责人表示，目前集团融资现状均为金融机构主动对接农垦企业，企业并不缺乏正规的金融融资渠道。此外，对于有贷款需求的农垦承包职工而言，大多农垦集团也配备小贷公司或担保服务帮助他们获得经营性资金。

三、农垦国有农用地使用权抵押担保融资机制设置有待完善

根据良好的抵押担保物品的性质要求，一个完整的国有农用地抵押融资机制应该包含法律政策供给、确权登记发证、抵押担保登记、土地流转平台建设、抵押物价值评估、违约处置机制等配套制度建设。我国现阶段试点已经在法律政策供给、确权登记发证、抵押担保登记等方面取得积极

成效，但是仍有部分配套制度建设不完善，制约着国有农用地抵押担保融资的整体试点效果。具体表现如下。

（一）较难形成稳定可靠的定价机制

1. 农用性质土地融资能力存在天然弱势性

国有农用地使用权评估价值的高低，直接关系到抵押贷款授信额度的多少。就国有农用地市场价值而言，由于农用地具有资产专用性，一般仅能用作农业生产经营，而农业的弱势性致使金融机构或市场投资者对农地交易价值预期长期处于较低水平，这也是单位国有农用地抵押融资授信规模较小的主要原因之一。对于农垦企业而言，拥有的最大资源和资产就是土地，但是绝大部分都是农用地性质，银行青睐的商业用地和建设用地抵押担保相对匮乏。

2. 价值评估缺乏统一的规范标准

目前，在省级层面还缺乏统一的农垦国有农用地使用权抵押、担保登记制度，同时也没有活跃的交易市场和成熟的评估机构，难以对农垦国有划拨农用地准确估值。由于价值评估缺乏统一性，实践中对于国有农用地的价值评估具有很强的临时性与不确定性，不同的评估机构对同一块土地可能会估算出不同价值，金融机构往往会质疑价值评估的准确性，甚至大部分金融机构对农用地抵押目前还处于不接受状态。

（二）抵押担保违约处置机制不完善

对于一个完整的国有农用地抵押担保融资机制而言，其中最为关键的一环一般为违约抵押标的物处置机制设计，设定的优劣直接影响金融机构的贷款供给能否形成低风险闭环，进而直接影响金融机构的贷款供给意愿。然而，从目前试点来看，国有农用地使用权抵押担保违约机制的设置并不完善，抵押标的物承担贷款违约风险抵偿的能力并不理想。主要存在以下三点问题。

1. 土地处置的制度不配套

目前，关于国有农用地使用权抵押担保的表述仅出现在与农垦改革挂钩的政策文件中，现行的土地管理政策文件，尤其是土地管理法律中对国有农用地抵押担保还没有明确的规定，这就使得一旦贷款农垦企业不履行还款义务，金融机构将面临较高的抵押土地处置制度成本。根据《土地管理法》第58条第1款第（四）项及《城镇国有土地使用权出让和转让暂行条例》第 47 条规定，"以划拨方式取得国有土地使用权的土地使用者因迁移、解散、撤销、破产或其他原因停止使用土地的，市、县人民政府可以无偿收回土地"，若土地使用权被无偿收回，抵押权也一并灭失，可能导致债权无法实现。那么，抵押担保的国有农用地使用权是否可以由金融机构处置？这些无法避免的难题给农垦企业上级主管部门和有关金融机构在实际操作过程中带来了很多不确定因素，极大地限制了金融机构参与的积极性。

2. 缺少活跃的土地流转平台

目前，虽然部分农垦企业自建有土地流转平台（如海垦资源交易网），但是，一方面，平台交易限制在内部，缺少外部交易者，交易并不活跃，另一方面，国有划拨农用地流转面临较为烦琐的手续，共同导致金融机构即使能够获得国有农用地使用权，也难以形成短期内通过交易平台成功处置农地的预期。同时，当流转失败时，金融机构自身又缺乏专业有效的农业经营手段通过标的物产生收益进行抵偿。即金融机构存在着较大的标的物处置失败概率，使得国有农用地在承担解决贷款违约抵偿职能时，即使本身评估价值处于较高水平，作用也较不明显。

3. 抵押物行使抵偿职能的可能性极低

除由于现行制度以及土地流转平台不活跃的限制，国有农用地使用权在行使违约抵偿职能时表现不佳外，实践中，国有农用地可能基本不会被用来行使违约抵偿职能。如根据调研，宁夏农垦相关负责人表示，当贷款项目经营不善时，农垦企业肯定会想方设法通过其他资金来源渠道偿还贷款，不会动用国有农用地使用权抵偿。这就使得即使是成功的国有农用地使用权抵押担保融资案例，其本质还是依靠农垦企业信用进行融资，国有农用地使用权的担保职能较弱。

第四节　农垦国有农用地使用权抵押担保试点的完善建议

一、创新激励机制，增强农垦主体试点意愿

（一）创新多元激励政策

农垦是各地区最大的涉农经济组织，农垦土地要素改革对全省"三

农"和经济工作均具有"一子落、满盘活"的关键作用，有必要激发农垦推进国有农用地抵押担保改革的主动性，服务全省经济社会发展大局。

1. 强化行政考核激励

一方面，用好绩效考核"指挥棒"，科学设计农垦管理层的激励约束机制，赋予农垦更大的自主决策权，激发农垦推动国有农用地抵押担保的主动性，增加国有农地抵押贷款的比例。另一方面，用好地方税费改革权限，结合制定相关规划，建议深化地方税改革，赋予省级更大地方税优惠政策制定权限，允许对农垦暂时未能形成现金流入的土地资产化资本化项目缓征契税和印花税以及土地出让金等税费，降低农垦流动性压力。

2. 强化抵押优惠激励

积极向各金融机构传达政策导向，依托贷款贴息等政策引导金融机构针对国有农用地使用权权能属性，在产品设计、贷款利率、期限、额度等方面加大支持力度，争取更加契合农垦企业农业产业特点的国有农用地抵押融资产品设计，增强国有农用地抵押担保融资相对于信用贷款等融资渠道的比较优势。如通过低利率、长期贷款，提升农垦主体实施国有农用地抵押担保的积极性。

（二）优化抵押办理流程

抵押办理的制度性成本较高，是抑制农垦企业推进国有农用地抵押担保的重要原因之一，实践中应该及时明确抵押担保的具体流程以及各部门责任分工，消除政策性障碍，增强农垦单位推进试点的积极性。

1. 及时明确授权经营资格

根据现行政策，应及时明确农垦国有农场（企业）为国家授权投资机构，可凭借国土部门出具的国有土地使用权授权经营书，向权属企业以作价出资（入股）或租赁等方式配置土地，以及按规定办理变更土地登记手续，以保证国有划拨农用地的抵押担保工作更加顺畅。

2. 规范省域抵押办理程序

出台省内统一的农垦国有农用地等涉农土地使用权抵押担保登记制度，对全省涉农土地使用权抵押担保进行统一登记，并针对不同土地类型明确业务办理的责任分工。细化审批制度，由省政府制定出台、市县政府审批农垦土地资产化资本化流程细则，为市县政府决策提供行政依据。引导金融机构深耕农业产业链金融服务，简化国有农用地抵押担保业务办理流程，优化审批程序，提高信贷投放效率。充分发挥移动互联网、手机银行客户端的联结作用，推动相关部门网络信息系统的互联互通，使农垦企业可以通过网络及时办理相关部门的审批、登记以及金融机构的授信、用信业务，降低农垦企业的贷款获取成本。

二、完善配套措施，消除部门机构参与顾虑

要推动完善确权登记发证、抵押担保登记、土地流转平台建设、抵押物价值评估等配套措施，加快打通农垦国有划拨农用地评估、抵押、担保、登记、处置等市场化流转的各个堵点。具体而言，要作好如下工作。

（一）加快农垦土地确权发证工作

确权发证是开展土地使用权抵押担保的前提。农垦企业要积极与省自然资源厅等部门衔接，加强同地方政府的沟通协调，加快推进土地权籍调查，及时提出登记发证申请，确保全部完成土地确权登记发证工作，为深入开展国有农用地使用权抵押担保打好基础。

（二）适时出台抵押标的物处置规范

为明确农垦国有划拨农用地抵押处置责任划分，保障抵押权正常行使，保护金融机构合法权益，可参照 2018 年 12 月 29 日修订的《农村土地承包法》中关于集体农用地经营权抵押担保的第 47 条表述，将"使用权主体可用国有农用地使用权向金融机构融资担保。担保物权自融资担保合同生效时设立。实现担保物权时，担保物权人有权就国有农用地使用权优先受偿"等内容适时纳入国有农用地相关法律或政策文件中，以确保贷款违约发生时，金融机构或相关投资者可以依法依策获得国有农用地的优先受偿权，并尽量简化获取程序，降低金融机构的制度性成本。

（三）培育活跃国有农用地流转市场

由于金融机构缺乏农地经营基础，农垦国有农用地使用权可以市场化流转是金融机构在获取优先受偿权后能够将土地变现抵偿的前提。为此，应积极探索由省发改、自然资源、农业农村和金融监管等部门以及农垦集团共同建立涉农抵押土地经营权流转平台，培育活跃的评估中介机构和土地流转市场。一方面，健全规范国有农用地使用权流转流程，在保证国有

资产属性的前提下，拓宽国有农用地使用权的市场流转空间。另一方面，科学制定国有农用地地价评估标准，合理评估基准价值，推动形成透明合理的市场价格。同时，可创新探索将土地未来收益等纳入抵押估值范围，以增加标的物单位评估价值。

（四）构建多元风险分担机制

现阶段，金融机构即使获取国有农用地使用权的优先受偿权，也存在流转失败的可能性。因此，应一方面充分发挥农业社会化服务组织的作用，以土地托管服务弥补正规市场不活跃下标的物违约处置能力不足的缺陷；或在违约农垦企业仍然拥有经营能力的情况下，采用展期或再投资等金融工具，帮助农垦企业再经营，以抵押国有农用地使用权未来收益权作为贷款抵偿。另一方面，深化农业保险与担保体系构建，形成保险、银行、政府、担保等多元主体风险共担、实时联合违约处置机制。对于财政资源较为丰厚、规模化经营发展较为深入的农村地区，设立政策性的担保机构与担保基金为符合条件的抵押贷款提供担保。同时，充分发挥农业保险在规避自然风险与市场价格风险上的作用，推进产量保险、价格保险、收入保险等"保险＋农地抵押"试点，尽量拓宽保险赔付范围。

三、加大监督力度，把控国有资产流失风险

（一）加大抵押融资审批监督力度

根据国有农用地试点的具体要求，农垦国有农用地抵押担保试点工作必须在依法依规、防范风险的前提下进行，同时须坚守土地国有性质，防范风险，防止国有资产流失。目前，实践还未出现农地抵押导致国有资产流失的现象，但在后续推进进程中仍不能懈怠。应加大对国有农用地使用权抵押融资的审批监督力度，严格把控资产流失风险。可参考河南省淮滨县政府成立"农场融资发展审批委员会"，建立农场融资发展联审联批和会审会商机制，在实施每一项担保抵押或各项融资业务时，进行联审联批和会审会商。同时，建立完善的问责制度，有效避免和遏制国有资产流失。

（二）确保产权农用属性稳定

在推进国有农用地使用权抵押担保试点中，应该尽量保证"两明确、两稳定"，以确保国有农用地在抵押担保过程中，贷款主体风险较低，农

用地性质和用途不改变。其中，"两明确"指土地权属明确归农垦企业所有、土地农用用途以及种植作物明确；"两稳定"指土地承租对象的财务状况优异，主营业务稳定，以及土地承包金稳定，未发生过单价变动、承包金拖缴及欠缴的情况。

后 记

　　本书根据农业农村部农垦局研究确定的写作框架，由中央党校（国家行政学院）、中国政法大学、中国财政科学研究院、农业农村部农村经济研究中心、安徽财经大学、南京财经大学、中国人民人寿保险股份有限公司重庆市分公司、江苏衡鼎（安庆）律师事务所等单位的专家学者分工撰写，由安徽财经大学的专家统稿修改。在书稿撰写过程中，农业农村部农垦局组织专家多次进行研究讨论，提出修改意见建议，并向王卫真、江泰、杨德宪、洪其斌、马丹丹等专家征求意见；中国农业科学院农业信息研究所杜欣蔚，中国农垦经济发展中心赵瑞、王艺越帮助审查修改；最后由农业农村部农垦局把关定稿。

　　具体的写作分工如下：

　　第一、二、三章执笔人：刘锐［中央党校（国家行政学院）］；

　　第四、五、六章执笔人：高海（安徽财经大学）、程俊霖（中国人民人寿保险股份有限公司重庆市分公司）、李文慧［江苏衡鼎（安庆）律师事务所］；

　　第七章执笔人：于文轩（中国政法大学）、冯瀚元（中国政法大学博士生）、姜峻婷（中国政法大学硕士生）、庞玥坤（中国政法大学硕士生）、蒲思倩（中国政法大学硕士生）；

　　第八章执笔人：许文（中国财政科学研究院）、朱安（中国财政科学研究院）；

　　第九章执笔人：刘俊杰（农业农村部农村经济研究中心）、顾庆康（南京财经大学）；

　　第七、八、九章审稿人：王卫真（自然资源部自然资源所有者权益司原二级巡视员）；

全书统稿人：高海（安徽财经大学）。

各位作者和专家为本书付出了艰辛的努力，在此一并表示衷心感谢！

编　者

2024 年 6 月 28 日

图书在版编目（CIP）数据

农垦国有农用地：管理与利用研究 / 左常升主编. --
北京：中国农业出版社，2024.12. -- ISBN 978-7-109-
32697-2

Ⅰ. F321.1

中国国家版本馆 CIP 数据核字第 2024UU0613 号

中国农业出版社出版

地址：北京市朝阳区麦子店街 18 号楼
邮编：100125
责任编辑：潘洪洋
版式设计：王　晨　　责任校对：张雯婷
印刷：北京通州皇家印刷厂
版次：2024 年 12 月第 1 版
印次：2024 年 12 月北京第 1 次印刷
发行：新华书店北京发行所
开本：700mm×1000mm　1/16
印张：14.25
字数：226 千字
定价：78.00 元
